日本語
文　法

NIHONGO

Japonés para hispanohablantes

BUNPOO

Gramática

Junichi Matsuura
Lourdes Porta Fuentes

Herder

Diseño de la cubierta: Claudio Bado

1ª edición, 5ª impresión

© *2000, Junichi Matsuura y Lourdes Porta*
© *2000, Herder Editorial, S.L., Barcelona*

ISBN: 978-84-254-2052-8

Imprenta: Tesigraf
Depósito legal: B-38.447-2008
Printed in Spain – Impreso en España

Herder
www.herdereditorial.com

A Margarita Fancelli Durán

A Yoshio Matsuura

ÍNDICE

LAS PARTÍCULAS (*JOSHI*)

EL NOMBRE Y EL PRONOMBRE (*TAIGEN*)

EL VERBO Y EL ADJETIVO (**YOOGEN**)

EL ADJETIVO (*YOOGEN II*)

文法

¿Por qué una gramática de la lengua japonesa en español? La respuesta inmediata debería hacer, sin duda, referencia a la necesidad de cubrir un vacío en la bibliografía actual en nuestro idioma de la enseñanza del japonés, una enseñanza que, por este motivo, acaba siendo en buena medida dependiente de la bibliografía editada en otras lenguas, principalmente la inglesa, con todos los inconvenientes que ello comporta.

Aunque esto es cierto, también lo es que esta gramática, que hemos titulado **Nihongo Bunpoo**, nace de unas necesidades pedagógicas concretas. Unas necesidades constatadas a lo largo de nuestra labor docente en el departamento de japonés, creado hace ya casi tres décadas, de la Escuela Oficial de Idiomas de Barcelona. Durante este tiempo, quienes hemos sido profesores del departamento hemos podido observar las principales dificultades a las que se enfrentaban nuestros alumnos en cada uno de los diferentes estadios del aprendizaje. Por ello, a la hora de editar esta obra, queremos remarcar que nuestra experiencia docente ha decidido tanto el modo de exponer los diferentes aspectos gramaticales como la insistencia en determinados temas. Este libro, pues, parte del aula y tiene como destinatario principal al estudiante de japonés como lengua extranjera, así como a los profesores, nativos o no, de este idioma.

Nihongo Bunpoo es una gramática descriptiva, escrita en español y con referencias constantes a la lengua española. Hace un especial hincapié en aquellos temas que presentan una dificultad especial para el alumno hispanohablante. La gramática se estructura siguiendo los criterios propios de la gramática japonesa –el **yoogen** lo componen el verbo y el adjetivo; el **taigen**, el nombre y el pronombre; los numerales pertenecen al nombre, etc.–, aunque se ha intentado presentarla de la manera más clara y cercana posible.

Asimismo y con el objetivo de facilitar al máximo la comprensión, hemos optado, en lo que a la terminología se refiere, por utilizar, junto al término japonés, el término propio de la gramática castellana. El uso de ambos términos, aparte de tener la función de familiarizar al alumno con la terminología japonesa, es imprescindible ya que las categorías gramaticales no siempre se corresponden en los dos idiomas, por lo que hay términos de traducción imposible. La explicaciones están acompañadas por numerosos ejemplos en japonés –escritos en **kanji**, **hiragana** y **katakana** y, también, en su transcripción a nuestro alfabeto siguiendo el sistema Hepburn– y traducidos al español.

El interés hacia la lengua japonesa ha experimentado un importante auge en los últimos años que no ha sido acompañado por un crecimiento paralelo de la infraestructura educativa de la lengua. La demanda de plazas desborda en mucho la oferta de los centros privados y públicos. Hay, por lo tanto, una bolsa significativa de alumnos autodidactos que precisan de herramientas completas y precisas para acceder al idioma. A ellos también va destinada esta obra.

Esperamos, con esta gramática, facilitar el aprendizaje de esta lengua a los estudiantes hispanohablantes y contribuir, de paso, a la destrucción de uno de los mitos más sólidos creados en torno a la lengua japonesa: el de su inaccesibilidad.

Queremos expresar nuestro agradecimiento, ante todo, a nuestros alumnos, sin quienes esta gramática probablemente nunca se hubiera escrito. Nuestro agradecimiento, también, a Eva Costa y Ricardo Jordana por sus comentarios a diversas partes esta gramática. Reservamos un último y especial agradecimiento a Pablo Ley por su constante aliento y por las valiosas observaciones realizadas a lo largo de la elaboración de este trabajo.

Asimismo, queremos expresar nuestro reconocimiento a la Editorial Herder por el gran interés mostrado hacia este proyecto desde el principio y por su constante apoyo.

Los autores

Barcelona, julio de 2,000

El japonés, o **nihongo**, es la lengua del archipiélago japonés, compuesto por cuatro islas principales: **Hokkaidoo**, **Honshuu**, **Shikoku** y **Kyuushuu** y una multitud de islas más pequeñas.

El japonés es una lengua hablada por más de ciento veinticinco millones de personas, lo que la convierte en una de las lenguas mayoritarias en cuanto a número de hablantes.

A pesar de que hay muchos dialectos, existe una lengua estándar utilizada en los documentos oficiales, en la escuela y en los medios de comunicación. Desde la época **Meiji** (1868-1912) se han hecho grandes esfuerzos por enseñar la lengua estándar o **hyoojun-go** en las escuelas de todo Japón. Actualmente, el **hyoojun-go**, basado en el dialecto hablado por las personas cultas de clase media de Tokyo, está ampliamente difundido por todo el país y lo puede hablar y entender la práctica totalidad de los japoneses.

El japonés es una lengua aglutinante, en la que el procedimiento principal para formar palabras que expresan ideas compuestas consiste en la unión de elementos simples, independientes, con sentido propio y fácilmente separables.

La filiación genética del japonés es una cuestión aún no resuelta. Se ha intentado incluirlo en el grupo de las lenguas altaicas (conjunto de lenguas hablado en Asia Menor, Asia Central y Siberia) y en el de las dravídicas (habladas en el sur de la India). También se ha estudiado su parentesco con las lenguas de los indios norteamericanos e incluso se lo ha relacionado con el vasco.

El japonés tiene en común con las lenguas uralianas, como el húngaro, o con las altaicas, como el turco y el mongol, el hecho de no poseer declinaciones complicadas e irregulares ni diferencias de género, como sí ocurre en muchas lenguas europeas. En las lenguas altaicas y uralianas, los casos se especifican con unas partículas que se posponen al nombre, y en cuanto a los verbos, la conjugación es regular y puede expresar pequeños matices. El coreano, cuya pertenencia a las lenguas altaicas se discute todavía, reúne también estas características y es una de las lenguas que más se ha relacionado con el japonés.

La lengua japonesa ha recibido una enorme influencia de la lengua china a lo largo de su historia, influencia que se traduce en un sistema de escritura ideográfica tomado de China y en una gran aportación de léxico de origen chino a la lengua japonesa. Sin embargo, lingüísticamente, el japonés tiene muy poco en común con la familia de lenguas chino-tibetanas a las que pertenece el chino.

LA ESCRITURA JAPONESA

La escritura japonesa se compone de diversos signos, cada uno con su función específica. Estos signos son:

1. KANJI: caracteres picto-ideográficos de origen chino.

2. KANA: compuesto de dos silabarios creados en Japón llamados *hiragana* y *katakana*. Actualmente, tienen cuarenta y seis signos fonéticos básicos cada uno.

1. KANJI

Los *kanji* (*hanzi* en chino) son unos caracteres picto-ideográficos de origen chino introducidos en Japón a través de la península coreana a partir del siglo IV de nuestra era.

En japonés moderno, se escriben con caracteres chinos los sustantivos y la raíz de verbos y adjetivos, así como algunos adverbios. También se escriben con *kanji* los nombres japoneses de persona y los topónimos.

No se conoce el número exacto de caracteres que existen. El diccionario de chino-japonés *Dai-Kanwa Jiten* (*Morohashi Tetsuji*, editorial *Taishuukan*) recoge alrededor de cincuenta mil *kanji*. El diccionario *Japanese-English Character Dictionary* (Andrew N. Nelson, editorial Tuttle) recoge cinco mil cuatrocientos cuarenta y seis *kanji*. Pero los *kanji* de uso corriente sí están reglamentados. Después de la segunda guerra mundial éstos se fijaron en mil ochocientos cincuenta. En 1981, los *kanji* de uso diario fueron establecidos en mil novecientos cuarenta y cinco por el Consejo de Ministros. Estos *kanji* se llaman *jooyoo-kanji*, que significa *kanji de uso normal*.

2. KANA
a) Hiragana

El *hiragana* es un silabario creado en Japón, compuesto por los signos fonéticos representados en *gojuu-on-zu* o tabla de los cincuenta sonidos. Actualmente, los sonidos de la tabla *gojuu-on* han bajado a cuarenta y seis. Desde que los *kanji* fueron introducidos en Japón, los japoneses, que carecían de escritura, intentaron escribir su lengua utilizándolos. Había dos formas de hacerlo: aplicando la pronunciación japonesa a un *kanji* chino sin tener en cuenta su pronunciación original, o escribiendo en japonés utilizando los **kanji** por su valor fonético, sin tener en cuenta su significado. A esta segunda forma de escritura que utiliza los **kanji** como signos fonéticos se la llama **man´yoogana**. El silabario **hiragana** nació de la forma cursiva del **man´yoogana** y se perfeccionó entre los siglos VIII y XII. En el año 905 el **hiragana** fue adoptado oficialmente en la antología de poemas **Kokin Wakashuu** y, de este modo, reconocido como escritura oficial.

En japonés moderno, se escriben con **hiragana** las flexiones de adjetivos y verbos –la raíz se escribe con **kanji**–, las partículas (posposiciones), la mayoría de conjunciones, algunos adverbios y algunos sustantivos cuyo **kanji** ha quedado obsoleto.

b) Katakana

Así como el **hiragana** se creó simplificando el estilo cursivo de los **kanji**, el **katakana** se inventó para que los bonzos budistas pudieran apuntar con rapidez pronunciaciones y comentarios al copiar o escuchar la lección de las escrituras sagradas del budismo. El **katakana** nació, pues, tomando como símbolo una parte de algunos **kanji**. Aunque los signos son distintos, los **katakana** representan los mismos sonidos que los **hiragana** y están dispuestos en la tabla siguiendo el mismo orden.

El **katakana** se usa principalmente para escribir **gairaigo** o palabras de origen extranjero. En este caso, por extranjero se entiende Occidente, ya que las palabras procedentes de China no se llaman así.

Actualmente, las tablas de **hiragana** y **katakana**, que componen el alfabeto de la lengua japonesa, han quedado constituidas de la siguiente manera:

CUADRO BÁSICO *HIRAGANA**

	a あ	i い	u う	e え	o お
k	ka か	ki き	ku く	ke け	ko こ
s	sa さ	shi し	su す	se せ	so そ
t	ta た	chi ち	tsu つ	te て	to と
n	na な	ni に	nu ぬ	ne ね	no の
h	ha は	hi ひ	fu ふ	he へ	ho ほ
m	ma ま	mi み	mu む	me め	mo も
y	ya や		yu ゆ		yo よ
r	ra ら	ri り	ru る	re れ	ro ろ
w	wa わ				o を

n	ん

* Según el sistema de romanización **Hepburn** (*hebon-shiki*)

KATAKANA*

	a ア	i イ	u ウ	e エ	o オ
k	ka カ	ki キ	ku ク	ke ケ	ko コ
s	sa サ	shi シ	su ス	se セ	so ソ
t	ta タ	chi チ	tsu ツ	te テ	to ト
n	na ナ	ni ニ	nu ヌ	ne ネ	no ノ
h	ha ハ	hi ヒ	fu フ	he ヘ	ho ホ
m	ma マ	mi ミ	mu ム	me メ	mo モ
y	ya ヤ		yu ユ		yo ヨ
r	ra ラ	ru リ	ru ル	re レ	ro ロ
w	wa ワ				o ヲ

n	ン

* Según el sistema de romanización **Hepburn** (*hebon-shiki*)

CONSONANTES SONORAS (*DAKU-ON*)

A los sonidos de las tablas anteriores hay que sumar las sonorizaciones (*daku-on*) que afectan a las líneas de la *k*, *s*, *t*, *h*, que dan *g*, *z*, *d*, *b*, respectivamente; y la semi-sonorización (*handaku-on*) de la *h*, que da *p*. Las sonorizaciones se marcan con un signo llamado *daku-ten* o *nigori-ten* (un signo parecido a las comillas), y las líneas de la *p*, con uno llamado *handaku-ten* o *maru* (un círculo pequeño).

DAKU-ON Y *HANDAKU-ON*
HIRAGANA*

g	ga が	gi ぎ	gu ぐ	ge げ	go ご
z	za ざ	ji じ	zu ず	ze ぜ	zo ぞ
d	da だ	ji ぢ	zu づ	de で	do ど
b	ba ば	bi び	bu ぶ	be べ	bo ぼ
p	pa ぱ	pi ぴ	pu ぷ	pe ぺ	po ぽ

* Según el sistema de romanización **Hepburn** (*hebon-shiki*)

KATAKANA*

g	ga ガ	gi ギ	gu グ	ge ゲ	go ゴ
z	za ザ	ji ジ	zu ズ	ze ゼ	zo ゾ
d	da ダ	ji ヂ	zu ヅ	de デ	do ド
b	ba バ	bi ビ	bu ブ	be ベ	bo ボ
p	pa パ	pi ピ	pu プ	pe ペ	po ポ

* Según el sistema de romanización **Hepburn** (*hebon-shiki*)

YOO-ON

KI / SHI / CHI / NI / HI / MI / RI / GI / JI / BI / PI + YA / YU / YO

Los sonidos que aparecen en el siguiente cuadro (**yoo-on**) también se sumaron al original **gojuu-on-zu**.

YOO-ON HIRAGANA*

	ya や	yu ゆ	yo よ
ky	kya きゃ	kyu きゅ	kyo きょ
sh	sha しゃ	shu しゅ	sho しょ
ch	cha ちゃ	chu ちゅ	cho ちょ
ny	nya にゃ	nyu にゅ	nyo にょ
hy	hya ひゃ	hyu ひゅ	hyo ひょ
my	mya みゃ	myu みゅ	myo みょ
ry	rya りゃ	ryu りゅ	ryo りょ
gy	gya ぎゃ	gyu ぎゅ	gyo ぎょ
jy	ja じゃ	ju じゅ	jo じょ
by	bya びゃ	byu びゅ	byo びょ
py	pya ぴゃ	pyu ぴゅ	pyo ぴょ

* Según el sistema de romanización **Hepburn** (*hebon-shiki*)

KATAKANA*

	ya ヤ	yu ユ	yo ヨ
ky	kya キャ	kyu キュ	kyo キョ
sh	sha シャ	shu シュ	sho ショ
ch	cha チャ	chu チュ	cho チョ
ny	nya ニャ	nyu ニュ	nyo ニョ
hy	hya ヒャ	hyu ヒュ	hyo ヒョ
my	mya ミャ	myu ミュ	myo ミョ
ry	rya リャ	ryu リュ	ryo リョ
gy	gya ギャ	gyu ギュ	gyo ギョ
jy	ja ジャ	ju ジュ	jo ジョ
by	bya ビャ	byu ビュ	byo ビョ
py	pya ピャ	pyu ピュ	pyo ピョ

* Según el sistema de romanización **Hepburn** (*hebon-shiki*)

Los diccionarios y enciclopedias japoneses siguen el orden ***gojuu-on-zu*** (***a-i-u-e-o***), no el orden alfabético occidental. Las listas de vocabulario que salen en este libro siguen, asimismo, el orden japonés ***gojuu-on-zu***.

Aparte de ***kanji***, ***hiragana*** y ***katakana***, en la escritura japonesa se pueden encontrar letras del alfabeto en nombres, siglas y signos. También es muy corriente el uso de los números arábigos. A pesar de tener su propio ideograma, se suelen emplear los números arábigos cuando se escribe en horizontal.

ROMANIZACIÓN (***ROOMAJI***)

Hay dos sistemas de romanización usados en las transcripciones al alfabeto occidental: el estilo ***kunrei*** (***kunrei-shiki***) y el **Hepburn** (***hebon-shiki***). El estilo ***kunrei*** se adecua a la ortografía japonesa. En consecuencia, la consonante inicial de cada línea (las consonantes que aparecen en la columna de la izquierda del cuadro I) encabeza las cinco sílabas aunque haya algún cambio fonético. El estilo **Hepburn**, por el contrario, se adecua a la pronunciación y cambia la/s consonante/s si hay alguna alteración. Se basa en los sonidos de las consonantes inglesas y de las vocales italianas.

El estilo **kunrei** es más sistemático y regular. Sin embargo, el estilo **Hepburn** se aproxima mucho más a la pronunciación original japonesa y es el más utilizado como alfabeto fonético en diccionarios y textos romanizados dirigidos a estudiantes de japonés como lengua extranjera. En esta gramática, asimismo, se ha utilizado el sistema **Hepburn**.

ROOMAJI (TRANSCRIPCIÓN)/SISTEMA HEPBURN

Yoshida-san wa tomodachi to kissaten de <u>koohii</u> o nonde imasu.
Yoshida-san está tomando <u>un café</u> en la cafetería con un/a/os/as amigo/a/os/as.

ESCRITURA JAPONESA: KANJI + HIRAGANA + KATAKANA

吉田さんは友達と喫茶店で<u>コーヒー</u>を飲んでいます。
Yoshida-san está tomando <u>un café</u> en la cafetería con un/a/os/as amigo/a/os/as.

Están escritos en **kanji** (color granate) los nombres **Yoshida** (un apellido japonés), **tomodachi** (*amigo/a/os/as*), **kissaten** (*cafetería*) y la raíz del verbo **no-mu** (*beber*). En **hiragana** (color negro), el sufijo de tratamiento **–san** (*señor, señora, señorita*), las partículas (posposiciones) y la flexión del verbo. Está escrita en **katakana** (color negro, subrayada) la palabra de origen occidental **koohii** (*café*).

KUNREI-SHIKI (color granate) Y HEPBURN-SHIKI (color negro)
CUADRO I

	a / a	i / i	u / u	e / e	o / o
K	ka / ka	ki / ki	ku / ku	ke / ke	ko / ko
S	sa / sa	si / shi	su / su	se / se	so / so
T	ta / ta	ti / chi	tu / tsu	te / te	to / to
N	na / na	ni / ni	nu / nu	ne / ne	no / no
H	ha / ha	hi / hi	hu / fu	he / he	ho / ho
M	ma / ma	mi / mi	mu / mu	me / me	mo / mo
Y	ya / ya		yu / yu		yo / yo
R	ra / ra	ri / ri	ru / ru	re / re	ro / ro
W	wa / wa				o / o

CUADRO II

	a	i	u	e	o
G	ga / ga	gi / gi	gu / gu	ge / ge	go / go
Z	za / za	zi / ji	zu / zu	ze / ze	zo / zo
D	da / da			de / de	do / do
B	ba / ba	bi / bi	bu / bu	be / be	bo / bo
P	pa / pa	pi / pi	pu / pu	pe / pe	po / po

CUADRO III

	YA	YU	YO
K	kya / kya	kyu / kyu	kyo / kyo
S	sya / sha	syu / shu	syo / sho
T	tya / cha	tyu / chu	tyo / cho
N	nya / nya	nyu / nyu	nyo / nyo
H	hya / hya	hyu / hyu	hyo / hyo
M	mya / mya	myu / myu	myo / myo
R	rya / rya	ryu / ryu	ryo / ryo
G	gya / gya	gyu / gyu	gyo / gyo
J	zya / ja	zyu / ju	zyo / jo
B	bya / bya	byu / byu	byo / byo
P	pya /pya	pyu /pyu	pyo / pyo

LA ORACIÓN SIMPLE
(*KIHON-BUN*)

Funciones de las partículas *wa* y *ga*

La oración simple japonesa se articula alrededor de las partículas **WA** y **GA**.

| 1.1 | Funciones de las partículas *wa* y *ga* | **La partícula *wa* (は)** |

WA indica tema y contraste.

| 1.1.1 | Funciones de las partículas wa y ga | La partícula wa (は) | **Tema** |

WA indica el tema. El tema no siempre coincide con el sujeto de la oración.

> 夏は日が長いです。
> Natsu wa hi ga nagai desu.
> *En verano los días son largos* (lit. Hablando del verano, *los días son largos*).

WA marca el sujeto cuando ya ha sido introducido previamente en la conversación y es conocido por los interlocutores. Este uso de **WA** puede equipararse al del artículo determinado (*el/la/los/las*) en español. Cuando se trata de algo desconocido por uno de los interlocutores o por ambos, está señalado con **GA**. (Véase usos de **GA**).

> あそこに本があります。本は日本語の教科書です。
> Asoko ni hon ga arimasu. Hon wa nihongo no kyookasho desu.
> *Allí hay un libro. El libro es un manual de japonés.*

WA señala la palabra que se quiere remarcar. Esta palabra puede estar ya marcada previamente por otra partícula que indique la función que desempeña en la frase. **WA** sustituye a algunas partículas (**O**, **GA**) y se añade a otras (**E**, **NI**, etc). En caso de no haber ninguna partícula, se pone **WA**.

SIN PARTÍCULA	*WA*	DE	DE *WA*
GA	*WA*	TO	TO *WA*
O	*WA*	KARA	KARA *WA*
E	E *WA*	MADE	MADE *WA*
NI	NI *WA*		

家の近くに公園があります。そこには、花がたくさんあります。

Uchi no chikaku ni kooen ga arimasu. Soko ni wa, hana ga takusan arimasu.

Cerca de casa hay un parque. Ahí hay muchas flores.

| 1.1.2 | Funciones de las partículas wa y ga | La partícula wa (は) | Contraste |

WA marca los elementos de la oración que se contrastan. Los términos opuestos se enlazan con la conjunción **GA** (*pero*).

A *WA~*   GA,   B *WA~*

私は魚は好きですが、肉は好きではありません。

Watashi wa sakana wa suki desu ga, niku wa suki dewa arimasen.

A mí, el pescado me gusta, pero la carne no.

私は新聞は買いましたが、雑誌は買いませんでした。

Watashi wa shinbun wa kaimashita ga, zasshi wa kaimasen deshita.

El periódico sí lo he comprado/compré, pero revistas no.

Un uso específico de contraste se da en las oraciones negativas, en las que **WA** marca el elemento que se niega.

A：朝、紅茶を飲みますか。

　　Asa, koocha o nomimasu ka.

　　¿Por la mañana bebes té inglés?

B：いいえ、紅茶は飲みません。コーヒーを飲みます。

　　Iie, koocha wa nomimasen. Koohii o nomimasu.

　　No, no bebo té inglés. Bebo café.

| 1.2 | Funciones de las partículas *wa* y *ga* | **La partícula *ga* (が)** |

GA señala el sujeto cuando se introduce por primera vez. Su uso es equiparable al del artículo indeterminado español *un/a/os/as*.

あそこに本があります。本は日本語の教科書です。

Asoko ni hon ga arimasu. Hon wa nihongo no kyookasho desu.

Allí hay un libro. El libro es un manual de japonés.

GA marca las palabras interrogativas (pronombres, etc.) cuando son el sujeto de la oración.

{
だれが来ましたか。
Dare ga kimashita ka.
¿Quién ha venido? / ¿Quién vino?

{
どれがあなたのですか。
Dore ga anata no desu ka.
¿Cuál es el suyo /a/os/as?

GA señala el objeto en las estructuras "**WA**, **GA**":

A) Objeto de verbos y adjetivos que expresan posibilidad o habilidad como los verbos **dekiru**, **wakaru**, los adjetivos **joozu**, **heta**, **tokui**, **nigate** y, además, el modo potencial del verbo.

{
マリアさんは日本語がわかります。
Maria-san wa nihongo ga wakarimasu.
María comprende/sabe japonés.

{
上田さんは歌が上手です。
Ueda-san wa uta ga joozu desu.
Ueda-san canta bien (es bueno/a cantando).

B) Objeto de verbos y adjetivos que expresan necesidad (**iru**, **hitsuyoo**).

{
私は新しい車がいります。
Watashi wa atarashii kuruma ga irimasu.
Necesito un coche nuevo.

C) Objeto de adjetivos que expresan emoción y deseo (**suki**, **kirai**, **hoshii**, **-tai**, **ureshii**, **natsukashii**, **urayamashii**…).

{
私は車が欲しいです。
Watashi wa kuruma ga hoshii desu.
Quiero un coche.

GA marca el objeto de verbos de sensación (**mieru**, **kikoeru**, **aji /nioi ga suru**).

{
コーヒーのにおいがします。
Koohii no nioi ga shimasu.
Huele a café.

ここから海が見えます。
Koko kara umi ga miemasu.
Desde aquí se ve el mar.

GA marca el sujeto de frases que expresan una impresión, una sensación o que describen un fenómeno. En este grupo hay, aunque no exclusivamente, muchos verbos intransitivos.

雨が降っています。
Ame ga futte imasu.
Está lloviendo.

水が冷たいです。（水は冷たいということと違って）
Mizu ga tsumetai desu. (Mizu wa tsumetai toiu koto to chigatte).
El agua está fría (al tocarla), (frente a mizu wa tsumetai: el agua es una cosa fría).

GA señala el sujeto de las oraciones subordinadas si éste es distinto del de la principal.

私は友達が来た時、パエーリャを作ります。
Watashi wa tomodachi ga kita toki, paeerya o tsukurimasu.
Cuando vienen mis amigos, hago paella.

> En las oraciones de relativo, la partícula NO puede sustituir a GA cuando entre el sujeto y el verbo no hay ninguna palabra.
>
> これは私が／の作ったケーキです。
> Kore wa watashi ga/no tsukutta keeki desu.
> *Éste es el pastel que he hecho/hice yo.*

私が<u>学校の前の本屋で</u>買った小説はとても面白いです。
Watashi ga <u>gakkoo no mae no hon´ya de</u> katta shoosetsu wa totemo omoshiroi desu.
La novela que yo compré <u>en la librería de delante de la escuela</u> es muy interesante.

Estructuras de la oración simple

Equivale a la frase simple española SUJETO-VERBO SER/ESTAR-ATRIBUTO, en la que el atributo es un nombre.

DESU, es el presente afirmativo formal de **dearu**, que se traduce por *ser* o *estar*. No flexiona por persona (*yo-**desu**/soy, tú-**desu**/eres*, etc.).

> 私は病気です。
> Watashi wa byooki desu.
> *Yo estoy enfermo/a.*

> 尾崎さんは先生です。
> Ozaki-san wa sensei desu.
> *Ozaki-san es profesor/a.*

> 尾崎さんが先生です。
> Ozaki-san ga sensei desu.
> *El/la profesor/a es Ozaki-san.*

El uso de **WA** o **GA** dependerá de cuál sea la parte de la oración donde está la información nueva. En la frase: *Ueda-san fue a Londres*, por ejemplo, la palabra **Ueda-san** puede ir marcada con **WA** o con **GA**.

A) **UEDA-SAN GA RONDON E IKIMASHITA.**

GA nos indica que la información nueva está en **UEDA-SAN**. Se sobreentiende que ya sabíamos que alguien había ido a Londres, pero desconocíamos **QUIÉN**.

B) **UEDA-SAN WA RONDON E IKIMASHITA.**

WA nos indica que la información nueva está en **RONDON E IKIMASHITA**. Sabíamos que **Ueda-san** había hecho algo pero desconocíamos **QUÉ**.

Con la adición de la partícula final **KA**, una oración enunciativa se transforma en una interrogativa.

> 尾崎さんは先生ですか。
> Ozaki-san wa sensei desu ka.
> *¿Ozaki-san es profesor/a?*

La forma presente negativa formal (*no soy*, *no eres…*) es ***DEWA ARIMASEN*** o ***JA ARIMASEN***.

A : 尾崎さんは先生ですか。
Ozaki-san wa sensei desu ka
¿Ozaki-san es profesor/a?
B : はい、先生です。/はい、そうです。
Hai, sensei desu / Hai, soo desu.
Sí, es profesor/a / Sí, lo es.

A : 尾崎さんは先生ですか。
Ozaki-san wa sensei desu ka.
¿Ozaki-san es profesor/a?
B : いいえ、先生ではありません。／いいえ、そうではありません。
Iie, sensei dewa arimasen / Iie, soo dewa arimasen.
No, no es profesor / No, no lo es.

2.2	Estructuras de la oración simple	SUJETO + *WA* (*GA*) + ADJETIVO + NOMBRE + *DESU*

El sustantivo puede estar precedido por un adjetivo.

尾崎さんは厳しい先生です。
Ozaki-san wa kibishii sensei desu.
Ozaki-san es un profesor severo.

2.3	Estructuras de la oración simple	SUJETO + *WA* (*GA*) + C. NOMBRE + *NO* + NOMBRE + *DESU*

El complemento del nombre precede al sustantivo y está unido a él por la partícula ***NO***.

尾崎さんは数学の先生です。
Ozaki-san wa suugaku no sensei desu.
Ozaki-san es profesor de matemáticas.

2.4	Estructuras de la oración simple	SUJETO + *WA* (*GA*) + ADJETIVO + *DESU*

Equivale a la frase simple española SUJETO-VERBO SER/ESTAR-ATRIBUTO, en la que el atributo es un adjetivo. Los adjetivos calificativos se dividen en adjetivos –*I* –, llamados así porque terminan en –*i*–, y los adjetivos –*NA* –, llamados así porque cuando preceden al nombre se unen a él con –*na*–. (Véase 23. EL ADJETIVO.)

この鉛筆は長い（です）。
Kono enpitsu wa nagai (desu).
Este lápiz es largo.

あの部屋は静かです。
Ano heya wa shizuka desu.
Aquella habitación es tranquila.

| **2.5** | Estructuras de la oración simple | **TEMA + *WA* + OBJETO-SUJETO + *GA* ADJETIVO + *DESU*** |

Ésta es una de las estructuras básicas más características de la lengua japonesa. En ésta, ***WA*** marca el tema general, ***GA*** señala un aspecto concreto que forma parte de este tema y el adjetivo expresa una característica de este aspecto.

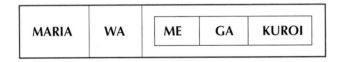

マリアさんは目が黒い（です）。
Maria-san wa me ga kuroi (desu).
María tiene los ojos negros (lit. Hablando de María, los ojos son negros).

トムさんはあしが長い（です）。
Tomu-san wa ashi ga nagai (desu).
Tom tiene las piernas largas.

あのブラウスはボタンが小さい（です）。
Ano burausu wa botan ga chiisai (desu).
Aquella blusa tiene los botones pequeños.

> Pese a ser, en japonés, un adjetivo el que conforma estas estructuras, en español equivale frecuentemente a un verbo.

SUKI (adjetivo –**NA**). Se traduce por *gustar*.

田中さんはすいかが好きです。
Tanaka-san wa suika ga suki desu.
A Tanaka-san le gusta la sandía.

KIRAI (adjetivo **–NA**). Se traduce por *desagradar, detestar*.

> 吉田さんは野菜がきらいです。
> Yoshida-san wa yasai ga kirai desu.
> *Yoshida-san detesta las verduras.*

OOI (adjetivo **–I**). Se traduce por *haber en abundancia*.

> 東京は美術館が多い（です）。
> Tookyoo wa bijutsukan ga ooi desu.
> *En Tokio hay muchos museos.*

SUKUNAI (adjetivo **–I**). Se traduce por *haber poco, escasear*.

> バルセロナは劇場が少ない（です）。
> Baruserona wa gekijoo ga sukunai desu.
> *En Barcelona hay pocos teatros.*

JOOZU (adjetivo **–NA**). Se traduce como *saber* o *hacer algo bien*.

> 鈴木さんはテニスが上手です。
> Suzuki-san wa tenisu ga joozu desu.
> *Suzuki-san juega bien al tenis.*

HETA (adjetivo **–NA**). Se traduce por *no saber hacer algo bien*.

> 前田さんは歌が下手です。
> Maeda-san wa uta ga heta desu.
> *Maeda-san canta mal*

KOWAI (adjetivo **–I**). Se traduce por *temer, tener miedo*.

> 私はネズミが恐い（です）。
> Watashi wa nezumi ga kowai (desu).
> *A mí me dan miedo las ratas.*

ITAI (adjetivo **–I**). Se traduce por *doler*.

> 私は頭が痛い（です）。
> Watashi wa atama ga itai (desu).
> *Me duele la cabeza.*

HOSHII (adjetivo –**I**). Equivale a *querer* (*tener*) + sustantivo.

> 私は赤いセーターが欲しい（です）。
> Watashi wa akai seetaa ga hoshii (desu).
> *Quiero un jersey rojo.*

VERBO TRANSITIVO (***masu***) +**TAI** (adjetivo –**I**). Equivale a la forma *querer* (*hacer*) + verbo infinitivo.

> 私は冷たいビールが／を飲みたい（です）。
> Watashi wa tsumetai biiru ga/o nomitai (desu).
> *Quiero beber una cerveza fría.*

> En la estructura -**TAI**, **GA** se puede sustituir por **O**. Además, cuando entre el C. DIRECTO y el adjetivo hay otras palabras es preferible usar **O**.

> 私はこの本を<u>静かな所で</u>読みたい（です）。
> Watashi wa kono hon o <u>shizuka-na tokoro de</u> yomitai (desu).
> *Quiero leer este libro <u>en un lugar tranquilo</u>.*

> Sólo el C. DIRECTO puede ir marcado con **GA**. Los complementos llevarán la partícula que les corresponda.
>
> > 私はあの公園を散歩したいです。
> > Watashi wa ano kooen o sanpo shitai desu.
> > *Quiero pasear por aquel parque.*
> >
> > 私は映画に行きたいです。
> > Watashi wa eiga ni ikitai desu.
> > *Quiero ir al cine.*

URAYAMASHII (adjetivo –**I**). *Envidiar, tener envidia.*

> 私は田中さんがうらやましい（です）。
> Watashi wa Tanaka-san ga urayamashii (desu).
> *Envidio a Tanaka-san.*

HITSUYOO (adjetivo –**NA**). *Necesitar.*

{ 私は時間が必要です。
Watashi wa jikan ga hitsuyoo desu.
Necesito tiempo.

| 2.6 | Estructuras de la oración simple | TEMA + *WA* + OBJETO-SUJETO + *GA* NOMBRE + *DESU* |

{ 吉川さんは奥さんが先生です。
Yoshikawa-san wa okusan ga sensei desu.
La esposa de Yoshikawa-san es profesora (lit. Hablando de Yoshikawa-san, su esposa es profesora).

| 2.7 | Estructuras de la oración simple | TEMA + *WA* + OBJETO + *GA* + VERBO |

Aquí se encuentran los verbos **wakaru** (*comprender*), **iru** (*necesitar*) y el modo potencial japonés del verbo.

{ 松本さんは英語がわかります。
Matsumoto-san wa eigo ga wakarimasu.
Matsumoto-san entiende/sabe inglés.

{ 私は時間がいります。
Watashi wa jikan ga irimasu.
Necesito tiempo.

{ リサさんは日本語の新聞が読めます。
Risa-san wa nihongo no shinbun ga yomemasu.
Lisa-san sabe/puede leer el periódico en japonés.

| 2.8 | Estructuras de la oración simple | SUJETO + *WA* (*GA*) + VERBO |

El sujeto suele omitirse cuando ya está suficientemente determinado por el contexto, siempre que no se quiera poner énfasis en él.

{ 吉田さんはとても疲れていました。だから（吉田さんは）早く寝ました。
Yoshida-san wa totemo tsukarete imashita. Dakara (Yoshida-san wa) hayaku nemashita.
Yoshida-san estaba muy cansado/a. Por eso, (Yoshida-san) se ha acostado pronto.

Aunque no se haya creado un contexto previo, el sujeto puede omitirse cuando se trata de la primera persona, siempre que no se quiera poner énfasis en él. Si se trata de otra persona, evidentemente, ha de mencionarse.

（私は）書いています。
(Watashi wa) kaite imasu.
(Yo) estoy escribiendo.

吉本さんは書いています。
Yoshimoto-san wa kaite imasu.
Yoshimoto-san está escribiendo.

Esta frase se podría completar con diferentes complementos (directo, especificando qué escribe; indirecto, a quién; circunstancial de lugar, dónde está escribiendo, etc.) y esto nos remite a la siguiente estructura.

| 2.9 | Estructuras de la oración simple | SUJETO + *WA* (*GA*) + COMPLEMENTOS + VERBO |

En japonés, los complementos se señalan con partículas. Las partículas o posposiciones son una parte de la oración. Son unos términos invariables que se colocan detrás de una palabra para mostrar la relación que tiene con otra y para especificar la función que cumple ésta dentro de la frase.

吉本さんは手紙を書いています。
Yoshimoto-san wa tegami o kaite imasu.
Yoshimoto-san está escribiendo una carta.

吉本さんは加藤さんに手紙を書いています。
Yoshimoto-san wa Katoo-san ni tegami o kaite imasu.
Yoshimoto-san está escribiendo una carta a Katoo-san.

吉本さんは図書館で加藤さんに手紙を書いています。
Yoshimoto-san wa toshokan de Katoo-san ni tegami o kaite imasu.
Yoshimoto-san está escribiendo una carta a Katoo-san en la biblioteca.

2.10	Estructuras de la oración simple	Expresiones de ubicación

2.10.1	Estructuras de la oración simple	Expresiones de ubicación	**SUJETO + *WA* + C.C. LUGAR + *NI* + VERBO *ARU/IRU***

かばんは部屋にあります。

Kaban wa heya ni arimasu.

La maleta está en la habitación.

学生は教室にいます。

Gakusei wa kyooshitsu ni imasu.

El/la/los/las estudiante/s está/n en el aula.

2.10.2	Estructuras de la oración simple	Expresiones de ubicación	**C.C. LUGAR + *NI* + SUJETO + *GA* + VERBO *ARU/IRU***

部屋にかばんがあります。

Heya ni kaban ga arimasu.

En la habitación hay una maleta.

教室に学生がいます。

Kyooshitsu ni gakusei ga imasu.

En el aula hay estudiante/s.

La oración interrogativa simple

La partícula final **KA** convierte una oración enunciativa en una interrogativa.
Hay dos tipos de interrogación, la total y la parcial.
Las formas interrogativas dependen del nivel de lenguaje.

| **3.1** | La oración interrogativa simple | **La partícula KA (か)** |

El carácter interrogativo de la frase japonesa se denota fundamentalmente con la partícula **KA**, no con la entonación como en español. Por lo tanto, aunque la oración interrogativa japonesa se pronuncia con una ligera entonación ascendente, ésta es menos marcada que en español.

La partícula final **KA** indica interrogación. Por lo tanto, con **KA**, el uso de los signos de interrogación no es necesario y se omite.

El orden de las palabras es el mismo que en la oración enunciativa.

> 田村さんは喫茶店でコーヒーを飲んでいます。
> Tamura-san wa kissaten de koohii o nonde imasu.
> *Tamura-san está tomando un café en la cafetería.*

> 田村さんは喫茶店でコーヒーを飲んでいますか。
> Tamura-san wa kissaten de koohii o nonde imasu ka.
> *¿Está tomando Tamura-san un café en la cafetería?*

| **3.2** | La oración interrogativa simple | **Interrogación total** |

La interrogación total es aquélla que se responde con un sí o con un no.

> A : 太田さんは図書館で宿題をしていますか。
> Oota-san wa toshokan de shukudai o shite imasu ka.
> *¿Está haciendo Oota-san los deberes en la biblioteca?*
> B : はい、しています。
> Hai, shite imasu.
> *Sí, los está haciendo.*
> B : いいえ、していません。
> Iie, shite imasen.
> *No, no los está haciendo.*

En la respuesta, no es preciso repetir los elementos que no son necesarios. No es necesario el uso de pronombres para sustituir algunas palabras como suele suceder en español.

A：吉田さんは朝コーヒーを飲みますか。
Yoshida-san wa asa koohii o nomimasu ka.
¿ Bebe café por las mañanas, Yoshida-san?
B：いいえ、飲みません。／いいえ、（私は朝コーヒーは）飲みません。
Iie, nomimasen./ Iie (watashi wa asa koohii wa) nomimasen.
No, no bebo. / No, (yo) no bebo (café por las mañanas).

A：夕べパーティーへ行きましたか。
Yuube paatii e ikimashita ka.
¿Fue a la fiesta anoche?
B：いいえ、（パーティーへは）行きませんでした。
Iie, (paatii e wa) ikimasen deshita.
No, no fui (a la fiesta).

3.3 | La oración interrogativa simple | Interrogación parcial

No se pide un *sí* o un *no*, sino una explicación. En japonés, la pregunta se formula con nombres y pronombres interrogativos.

3.3.1 | La oración interrogativa simple | Interrogación parcial | *DARE: ¿Quién?*

DARE GA: *¿Quién?*
DARE O: *¿A quién?* (complemento directo)
DARE NO: *¿De quién?*
DARE NI: *¿A quién?* (complemento indirecto)

さっきだれが来ましたか。
Sakki dare ga kimashita ka.
¿Quién ha venido hace un rato?

あなたはだれを待っていますか。
Anata wa dare o matte imasu ka.
¿A quién está esperando? (complemento directo)

君はだれに手紙を書きましたか。
Kimi wa dare ni tegami o kakimashita ka.
¿A quién has escrito una carta? (complemento indirecto)

| 3.3.2 | La oración interrogativa simple | Interrogación parcial | *DOKO*: ¿Dónde? |

DOKO GA:	*¿Dónde?*	(sujeto)
DOKO O:	*¿Por dónde?*	
DOKO NO:	*¿De dónde?*	
DOKO NI:	*¿Dónde?*	(c.c.lugar/localización)
DOKO E/NI:	*¿Adónde?*	
DOKO DE:	*¿Dónde?*	(c.c.lugar/verbos acción)
DOKO KARA:	*¿Desde dónde?*	
DOKO MADE:	*¡Hasta dónde?*	

| 3.3.3 | La oración interrogativa simple | Interrogación parcial | *ITSU*: ¿Cuándo? |

ITSU:	*¿Cuándo?*
ITSU NO:	*¿De cuándo?*
ITSU KARA:	*¿Desde cuándo?*
ITSU MADE:	*¿Hasta cuándo?*

| 3.3.4 | La oración interrogativa simple | Interrogación parcial | *NANI*: ¿Qué? |

NANI GA:	*¿Qué?*	(sujeto)
NANI O:	*¿Qué?*	(complemento directo)
NAN NO:	*¿De qué?*	
NAN/NANI DE:	*¿En qué? ¿Con qué?*	

| **3.4** | **La oración interrogativa simple** | **Formas interrogativas** |

| 3.4.1 | La oración interrogativa simple | Formas interrogativas | **Japonés formal** |

El verbo o adjetivo va en forma formal (***TEINEI-GO*** o forma ***DESU-MASU***). Para convertir una frase enunciativa en una interrogativa simplemente se pospone la partícula interrogativa **KA**.

これはあなたの傘です。
Kore wa anata no kasa desu.
Éste es su paraguas.

これはあなたの傘ですか。
Kore wa anata no kasa desu ka.
¿Es éste su paraguas?

El verbo va en informal (***futsuu-kei***). En lenguaje masculino pueden añadirse las partículas **KA** o **NO** al verbo o adjetivo en informal, o dejar el verbo y adjetivo en informal sin partícula que los posponga. También pueden añadirse las partículas interrogativas finales **KAI** –en interrogativas totales: responder *sí* o *no*–, o **DAI** –en interrogativas parciales, pospuesto al interrogativo: INTERROGATIVO + **DAI**.

行くか。
Iku ka.
¿Vas?

どうしたの？
Dooshita no?
¿Qué te pasa?

何（を）飲む？
Nani (o) nomu?
¿Qué vas a beber?

これは君の車かい。
Kore wa kimi no kuruma kai.
¿Es éste tu coche?

これ、何だい。
Kore, nan dai.
¿Qué es esto?

En lenguaje femenino, o bien no se pone ninguna partícula, o bien se añade la partícula final **NO** al verbo y adjetivo en informal. Delante de nombre y adjetivo –**NA**, **NO** pasa a **NA-NO**. La interrogación se expresa mediante una entonación ascendente y, por escrito, mediante el signo de interrogación.

どうしたの？
Dooshita no?
¿Qué te pasa?

これはあなたの傘なの？
Kore wa anata no kasa na-no?
¿Es éste tu paraguas?

何（を）飲む？
Nani (o) nomu?
¿Qué vas a beber?

LAS PARTÍCULAS
(*JOSHI*)

Las partículas

Aparte de las partículas **WA** y **GA** que señalan el sujeto-tema y el sujeto u objeto respectivamente, en las estructuras *SOV* y *OSV* de la oración simple encontraremos muchas otras partículas, cada una de ellas con su función específica.

4.1	Las partículas	**La partícula** *KA* (か)

KA convierte una frase enunciativa en una interrogativa.

これは本です。
Kore wa hon desu.
Esto es un libro.

これは本ですか。
Kore wa hon desu ka.
¿Esto es un libro?

佐藤さんは来ました。
Satoo-san wa kimashita.
Satoo-san ha venido/vino.

佐藤さんは来ましたか。
Satoo-san wa kimashita ka.
¿Ha venido/vino Satoo-san?

KA marca las oraciones interrogativas indirectas.

原さんがいつ来るかわかりません。
Hara-san ga itsu kuru ka wakarimasen.
No sé cuándo vendrá Hara-san.

その漢字は何というか忘れました。
Sono kanji wa nan-to iu ka wasuremashita.
He olvidado cómo se lee ese ideograma.

KA expresa incertidumbre sobre la causa de algo. *No sé si es por, quizá sea por.*

暑さのせいか、体がだるいんです。
Atsusa no sei ka, karada ga darui n desu.
No sé si es por el calor, pero me siento un poco flojo/a.

KA indica incompatibilidad o alternativa entre las oraciones o elementos de la oración que relaciona. Equivale a la conjunción española *o*.

私は家か喫茶店で朝ご飯を食べます。
Watashi wa uchi ka kissaten de asagohan o tabemasu.
Yo desayuno en casa o en la cafetería.

映画に行きましょうか、それとも家でビデオを見ましょうか。
Eiga ni ikimashoo ka, soretomo uchi de bideo o mimashoo ka.
¿Vamos al cine, o vemos un vídeo en casa?

金本さんが来るかどうかわかりません。
Kanemoto-san ga kuru ka doo ka wakarimasen.
No sé si Kanemoto-san vendrá o no.

KA expresa invitación o sugerencia, con las terminaciones **–MASEN KA** y **–MASHOO KA**.

映画に行きませんか。
Eiga ni ikimasen ka.
¿Le gustaría ir al cine?

アイスクリームを食べましょうか。
Aisukuriimu o tabemashoo ka.
¿Comemos un helado?

KA forma equivalentes a adjetivos y pronombres indefinidos uniéndose a interrogativos como **DOKO** (*dónde*), **DARE** (*quién*), etc.

教室に誰かいますか。
Kyooshitsu ni dareka imasu ka
¿Hay alguien en el aula?

デパートで何か買いましたか。
Depaato de nanika kaimashita ka.
¿Has comprado/compraste algo en los grandes almacenes?

いつかどこかへ遊びに行きませんか。
Itsuka dokoka e asobini ikimasen ka.
¿Por qué no vamos algún día a alguna parte a pasar el rato?

TO une nombres marcados por la misma partícula o seguidos por el verbo ***DEARU*** (ser). Equivale a la conjunción castellana *y*.

> Para unir frases, se sustituye por ***SOSHITE*** u otra conjunción.

> 私は銀座でセーターとズボンを買いました。
> Watashi wa Ginza de seetaa to zubon o kaimashita.
> *He comprado/compré un jersey y unos pantalones en Ginza.*

> 夕べパーティーに行ったのは田中さんと山田さんです。
> Yuube paatii ni itta no wa Tanaka-san to Yamada-san desu.
> *Los que ayer fueron a la fiesta son Tanaka-san y Yamada-san.*

> 石川さんと松本さんは踊っています。
> Ishikawa-san to Matsumoto-san wa odotte imasu.
> *Ishikawa-san y Matsumoto-san están bailando.*

> Para indicar que la lista no está completa, se sustituye *TO* por *YA*.

> デパートでセーターやズボンを買いました。
> Depaato de seetaa ya zubon o kaimashita.
> *He comprado/compré un jersey, unos pantalones... en los grandes almacenes.*

TO indica compañía. Equivale a la preposición española *con*.

> 石川さんは松本さんと踊っています。
> Ishikawa-san wa Matsumoto-san to odotte imasu.
> *Ishikawa-san está bailando con Matsumoto-san.*

TO indica comparación. Aparece en las oraciones comparativas y con verbos o adjetivos que expresan comparación, similitud o contraste.

> テニスとゴルフとどちらの方が好きですか。
> Tenisu to gorufu to dochira no hoo ga suki desu ka.
> *¿Qué te gusta más, el tenis o el golf?*

> このかばんは私のと同じです。
> Kono kaban wa watashi no to onaji desu.
> *Esta maleta es igual que la mía.*

> 吉田さんの部屋は田中さんのとずいぶん違います。
> Yoshida-san no heya wa Tanaka-san no to zuibun chigaimasu.
> *La habitación de Yoshida-san es muy diferente de la de Tanaka-san.*

> あの国はドイツと比べると、開発が遅れています。
> Ano kuni wa Doitsu to kuraberu to, kaihatsu ga okurete imasu.
> *Comparándolo con Alemania, aquel país está subdesarrollado.*

Con los verbos **IU** (*decir*), **OMOU** (*creer*), **SETSUMEI SURU** (*explicar*), etc. **TO** señala lo que se dice, cree, explica, etc. Equivale a la conjunción española *que*.

> 坂本さんはとても疲れていると言いました。
> Sakamoto-san wa totemo tsukarete iru to iimashita.
> *Sakamoto-san ha dicho/dijo que estaba muy cansado.*

> 私はあの帽子が大変きれいだと思います。
> Watashi wa ano booshi ga taihen kirei da to omoimasu.
> *Creo que aquel sombrero es muy bonito.*

> **TO IU** (*llamado/a*) indica el nombre de la cosa, persona o lugar que lo sigue. Ej. **Tanaka-san to iu hito** (*una persona llamada Tanaka-san*).

> 「ダンス」というディスコへ行ったことがありますか。
> "Dansu" to iu disuko e itta koto ga arimasu ka.
> *¿Has ido a una discoteca llamada "Dance"?*

TO va detrás de adverbios que son onomatopeyas.

> 山本さんはじっと待っています。
> Yamamoto-san wa jitto matte imasu.
> *Yamamoto-san está esperando pacientemente.*

Como conjunción, detrás de verbos y adjetivos, indica tiempo y condición. Se puede traducir por *cuando, al* o *si*. (Véase 32.ORACIONES TEMPORALES y 34.ORACIONES CONDICIONALES.)

私が図書館へ行くともう閉まっていました。
Watashi ga toshokan e iku to, moo shimatte imashita.
Cuando fui a la biblioteca, ya estaba cerrada.

このボタンを押すと切符が出ます。
Kono botan o osu to, kippu ga demasu.
Al pulsar este botón, sale el billete.

部屋がうるさいと勉強ができません。
Heya ga urusai to, benkyoo ga dekimasen.
Si hay ruido en la habitación, no puedo estudiar.

PARTÍCULAS COMPUESTAS CON *TO*

TO KA: une tanto frases como nombres. Es similar a **–*TARI –TARI SURU*** y ***YA*** respectivamente. Equivale a la conjunción española *y*.

週末は魚釣りに行くとか、サッカーをするとか。
Shuumatsu wa sakanatsuri ni iku toka, sakkaa o suru toka…
Los fines de semana voy a pescar, juego a fútbol…

今朝スーパーでコーヒーとか洗剤とかを買いました。
Kesa suupaa de koohii toka senzai toka o kaimashita.
Esta mañana en el supermercado he comprado café, detergente, etc.

TO SHITE: *como, en función de, en calidad de…*

ジョンソンさんは英語の先生として日本へ行きました。
Jonson-san wa eigo no sensei to shite Nihon e ikimashita.
Johnson-san ha ido/fue a Japón como/en calidad de profesor de inglés.

TO SHITE WA: *para ser… es demasiado…*

あの靴はイタリア製の靴としては安すぎますよ。
Ano kutsu wa itaria-sei no kutsu to shite wa yasusugimasu yo.
Aquellos zapatos son demasiado baratos para ser italianos.

YA une los elementos que componen una lista no exhaustiva. Estos elementos están marcados por la misma partícula o van seguidos del verbo **DEARU** (*ser*). Frecuentemente se añade **NADO** en último lugar, antes de la partícula. Equivale a la conjunción española y.

> ハンドバッグの中に手帳やペンやハンカチなどがあります。
> Handobaggu no naka ni techoo ya pen ya hankachi nado ga arimasu.
> *Dentro del bolso hay una agenda, una pluma, un pañuelo, etc.*

> スーパーで砂糖やミルクなどを買いました。
> Suupaa de satoo ya miruku nado o kaimashita.
> *En el supermercado he comprado/compré azúcar, leche, etc.*

> **YA** no puede unir frases. Para indicar que las acciones que se citan no son todas las que se realizaron, se utiliza la estructura **-TARI SURU**.

> 夕べレストランで晩ご飯を食べたり映画に行ったりしました。
> Yuube resutoran de bangohan o tabetari, eiga ni ittari shimashita.
> *Anoche cené en un restaurante, fui al cine, etc.*

Con **MO** se incluye, en una afirmación ya expresada, un nuevo elemento al que también afecta. Equivale a *también*. **MO** sustituye a algunas partículas (**O**, **GA**, **WA**) o se añade a otras (**E**, **NI**, **DE**, **MADE**, etc).

SIN PARTÍCULA	MO	NI	NI MO
WA	MO	DE	DE MO
GA	MO	TO	TO MO
O	MO	KARA	KARA MO
E	E MO	MADE	MADE MO

これは本です。それも本です。
Kore wa hon desu. Sore mo hon desu.
Esto es un libro. Eso también es un libro.

私はミカンが好きです。バナナも好きです。
Watashi wa mikan ga suki desu. Banana mo suki desu.
Me gustan las mandarinas. También me gustan los plátanos.

私は東京へ行きました。大阪へも行きました。
Watashi wa Tookyoo e ikimashita. Oosaka e mo ikimashita.
He ido/fui a Tokio. También he ido/fui a Osaka.

私は吉田先生と話しました。金田先生とも話しました。
Watashi wa Yoshida-sensei to hanashimashita. Kaneda-sensei to mo hanashimashita.
He hablado/hablé con el profesor Yoshida. También he hablado/hablé con el profesor Kaneda.

MO da énfasis. Se puede traducir por *incluso* o, en oraciones negativas, por *ni siquiera.*

トムさんはひらがなも書けません。
Tomu-san wa hiragana mo kakemasen.
Tom-san no sabe escribir ni siquiera hiragana.

ジョンさんは日本語の新聞も読めます。
Jon-san wa nihongo no shinbun mo yomemasu.
John-san puede leer incluso el periódico japonés.

MO sustituye a *TO* uniendo elementos dentro de una misma frase. *MO* da énfasis a la inclusión de un nuevo elemento: *y además…; no sólo… sino también…*

あのアパートは駅にも商店街にも近いのでとても便利です。
Ano apaato wa eki ni mo shootengai ni mo chikai node totemo benri desu.
Aquel apartamento no sólo está cerca de la estación, sino también de las tiendas, por lo que es muy práctico.

Detrás de una cifra, *MO* indica que el hablante considera que la cantidad o el número expresados son elevados. Hay dos estructuras posibles:

CANTIDAD / NÚMERO + *MO*

学校まで一時間もかかります。

Gakkoo made ichi-jikan mo kakarimasu.

Hasta la escuela, se tarda una hora (y creo que es mucho).

渡辺さんはコーヒーを四杯も飲みました。

Watanabe-san wa koohii o yon-hai mo nomimashita.

Watanabe-san se ha bebido cuatro tazas de café (y creo que es mucho).

NAN + SUFIJO NUMERAL + **MO**

日本の小説は何冊もあります。

Nihon no shoosetsu wa nan-satsu-mo arimasu.

Tengo muchas novelas japonesas.

日本へは何度も行ったことがあります。

Nihon e wa nan-do-mo itta koto ga arimasu.

He ido a Japón muchas veces.

MO indica negación mediante su adición a algunos interrogativos: **NANI-MO** (nada), **DARE-MO** (nadie), **DARE-NI-MO** (a nadie), **DOKO-KARA-MO** (de/desde ninguna parte), etc.

あの部屋には誰もいません。

Ano heya ni wa daremo imasen.

En aquella habitación no hay nadie.

今朝何も食べませんでした。

Kesa nanimo tabemasen deshita.

Esta mañana no he comido nada.

去年の夏休みはどこへも行きませんでした。

Kyonen no natsuyasumi wa dokoemo ikimasen deshita.

Las vacaciones de verano del año pasado no fui a ningún sitio.

MO, añadido a una unidad (de objetos encuadernados = **issatsu**; de objetos planos = **ichimai**, etc.) indica inexistencia.

本が一冊あります。

Hon ga issatsu arimasu.

Hay un libro

$$\left\{\begin{array}{l}\text{本は一冊もありません。}\\ \text{Hon wa issatsu-mo arimasen.}\\ \textit{No hay ningún libro.}\end{array}\right.$$

NO señala el complemento del nombre. Equivale a la preposición *de*.

$$\left\{\begin{array}{l}\text{これは日本語の本です。}\\ \text{Kore wa nihongo no hon desu.}\\ \textit{Esto es un libro de japonés.}\end{array}\right.$$

$$\left\{\begin{array}{l}\text{田中先生は数学の先生です。}\\ \text{Tanaka-sensei wa suugaku no sensei desu.}\\ \textit{El profesor Tanaka es profesor de matemáticas.}\end{array}\right.$$

$$\left\{\begin{array}{l}\text{これは桜の花です。}\\ \text{Kore wa sakura no hana desu.}\\ \textit{Esto es la flor del cerezo.}\end{array}\right.$$

$$\left\{\begin{array}{l}\text{友達からの手紙を読みました。}\\ \text{Tomodachi kara no tegami o yomimashita.}\\ \textit{He leído/leí la carta de (parte de) mi amigo.}\end{array}\right.$$

NO particulariza un nombre genérico con un nombre propio.

$$\left\{\begin{array}{l}\text{友達の尾崎さんは東京に住んでいます。}\\ \text{Tomodachi no Ozaki-san wa Tookyoo ni sunde imasu.}\\ \textit{Mi amigo Ozaki-san vive en Tokio.}\end{array}\right.$$

$$\left\{\begin{array}{l}\text{課長の松浦さんはまだ来ていません。}\\ \text{Kachoo no Matsuura-san wa mada kite imasen.}\\ \textit{El jefe de sección Matsuura-san aún no ha llegado.}\end{array}\right.$$

NO indica localización. Forma equivalentes a expresiones prepositivas españolas. En castellano equivale a: adverbio + *de*.

$$\left\{\begin{array}{l}\text{机の上に本があります。}\\ \text{Tsukue no ue ni hon ga arimasu.}\\ \textit{Encima de la mesa hay un libro.}\end{array}\right.$$

{
車は学校の前にあります。
Kuruma wa gakkoo no mae ni arimasu.
El coche está delante de la escuela.
}

NO compone formas posesivas equivalentes a los adjetivos y pronombres posesivos españoles.

{
私の傘は赤いです。
Watashi no kasa wa akai desu.
Mi paraguas es rojo.
}

{
あなたのはどこですか。
Anata no wa doko desu ka.
¿Dónde está el/la/los/las suyo/a/os/as?
}

NO nominaliza oraciones.

{
私はコーヒーを飲みながら新聞を読むのが好きです。
Watashi wa koohii o nominagara shinbun o yomu no ga suki desu.
Me gusta leer el periódico mientras tomo un café.
}

{
外国語を覚えるのは難しいです。
Gaikokugo o oboeru no wa muzukashii desu.
Es difícil aprender una lengua extranjera.
}

{
田中さんが日本へ帰るのを知っていますか。
Tanaka-san ga Nihon e kaeru no o shitte imasu ka.
¿Sabes que Tanaka-san regresa a Japón.
}

NO forma pronombres.

{
私は黒いのを買いました。
Watashi wa kuroi no o kaimashita. (kuroi no= kuroi seetaa).
He comprado/compré el/uno negro. (el/uno negro = el/un jersey negro).
}

{
私が作ったのはこれです。
Watashi ga tsukutta no wa kore desu. (tsukutta no = tsukutta keeki).
Este es el que he hecho yo. (el que he hecho = el pastel que he hecho).
}

NO puede reemplazar a **GA** como sujeto de una oración de relativo (Véase 1.2. LA PARTÍCULA **GA**).

> これは私の作ったケーキです。
> Kore wa watashi no tsukutta keeki desu.
> *Este es el pastel que he hecho/hice yo.*

NO también es una partícula final enfática propia del lenguaje coloquial. En las oraciones enunciativas es usado fundamentalmente por mujeres.

> 吉本さんはフランスへ行ったの。
> Yoshimoto-san wa Furansu e itta no.
> *Yoshimoto-san ha ido/fue a Francia.*

FRENTE A:
Formal: **Yoshimoto-san wa Furansu e itta n desu**.
Masculino coloquial: **Yoshimoto-san wa Furansu e itta n da**.

> どうしたの？
> Dooshita no?
> *¿Qué te pasa?*

4.6	Las partículas	La partícula *O* (を)

O señala el complemento directo.

> 私は朝新聞を読みます。
> Watashi wa asa shinbun o yomimasu.
> *Yo leo el periódico por la mañana.*

> 吉田さんは田中さんを待っています。
> Yoshida-san wa Tanaka-san o matte imasu.
> *Yoshida-san está esperando a Tanaka-san.*

Indica el lugar de donde se sale. Va con los verbos **DERU** (*salir*), **SHUPPATSU SURU** (*salir, partir*), etc. Equivale a la preposición **de**.

> 尾崎さんは家を出ました。
> Ozaki-san wa uchi o demashita.
> *Ozaki-san ha salido/salió de casa.*

O indica el medio de transporte del que uno se apea y el lugar de donde baja. Equivale a la preposición *de*.

谷原さんは電車を降りました。
Tanihara-san wa densha o orimashita.
Tanihara-san se ha apeado/apeó del tren.

私は階段をおりました。
Watashi wa kaidan o orimashita.
He bajado/bajé las escaleras.

Con verbos que expresan desplazamiento a través de un lugar, **O** indica *por dónde*. Aparece con los verbos **HASHIRU** (*correr*), **TOORU** (*pasar*), **ARUKU** (*andar*), **SANPO SURU** (*pasear*), etc.

あのバスは学校の前を通ります。
Ano basu wa gakkoo no mae o toorimasu.
Aquel autobús pasa por delante de la escuela.

松村さんは公園を散歩しています。
Matsumura-san wa kooen o sanpo shite imasu.
Matsumura-san está paseando por el parque.

吉本さんはにぎやかな通りを歩いています。
Yoshimoto-san wa nigiyaka-na toori o aruite imasu.
Yoshimoto-san está andando por una calle concurrida.

4.7	Las partículas	La partícula *NI* (に)

NI tiene un sentido fundamentalmente puntual, tanto en lo que se refiere al espacio como al tiempo.

NI señala el tiempo en que tiene lugar una acción, cuando la expresión de tiempo puede traducirse por un número (*hora, fecha, día de la semana,* etc.). Indicadores de tiempo como **SAIKIN** o **KONO AIDA** (*últimamente*) no llevan **NI**. (Véase 24. EL ADVERBIO.)

EXPRESIONES DE TIEMPO SIN *NI*	TIEMPO CON *NI*
Asa, yoru... (*por la mañana, por la noche*)	Horas y minutos
Kinoo, kyoo, ashita... (*ayer, hoy, mañana*)	Día, mes, año y siglo
Senshuu... (*La semana pasada*)	Días de la semana
Kyonen... (*El año pasado*)	Fechas (*día de~*)

朝コーヒーを飲みますか。
Asa koohii o nomimasu ka.
¿Bebes café por la mañana?

私は十二月二十七日に東京へ行きます。
Watashi wa juu ni-gatsu ni-juu shichi-nichi ni Tookyoo e ikimasu.
Iré a Tokio el veintisiete de diciembre.

> Si añadimos **GORO** (*Aproximadamente*) a hora y fechas, es optativo el uso de la partícula **NI**.

尾崎さんは八時ごろ（に）家へ帰りました。
Ozaki-san wa hachi-ji goro (ni) uchi e kaerimashita.
Ozaki-san ha regresado/regresó a casa a las ocho aproximadamente.

NI indica frecuencia e intervalo de tiempo. En castellano equivale a la expresión *al + período, cada vez que + verbo*, etc.

> PERÍODO + **NI** + CIFRA + SUFIJO CONTABLE

一週間に一度映画に行きます。
Isshuukan ni ichi-do eiga ni ikimasu.
Voy al cine una vez a la semana.

上田さんは一ヵ月に本を五冊読みます。
Ueda-san wa ik-ka-getsu ni hon o go-satsu yomimasu.
Ueda-san lee cinco libros al mes.

> NOMBRE + **NO** / VERBO FORMA DICCIONARIO + **TABI** + **NI**

サン・ジョルディの日のたびに、夫からバラの花をもらいます。
San·Jorudi no hi no tabi ni otto kara bara no hana o moraimasu.
Cada día de San Jordi (cada año, el día de San Jordi) mi marido me regala una rosa.

ベルリンへ行くたびにマサパンを買います。
Berurin e iku tabi ni masapan o kaimasu.
Cada vez que voy a Berlín, compro mazapán.

{
マリアさんは一週間ごとに美容院へ行きます。
Maria-san wa is-shuu-kan goto ni biyooin e ikimasu.
María-san va a la peluquería cada semana.

{
一課ごとに漢字のテストがあります。
Ikka goto ni kanji no tesuto ga arimasu.
Hay exámenes de ideogramas cada lección.

{
マリアさんは一週間おきに美容院へ行きます。
Maria-san wa is-shuu-kan oki ni biyooin e ikimasu.
María-san va a la peluquería cada quince días.

{
一課おきに漢字のテストがあります。
Ikka oki ni kanji no tesuto ga arimasu.
Hay exámenes de ideogramas cada dos lecciones.

NI señala el sujeto con expresiones de habilidad o capacidad. Con los verbos **WAKARU** (*comprender, saber*), **DEKIRU** (*poder, saber*), etc.

{
私には出来ません。
Watashi ni wa dekimasen.
Yo no puedo/no sé.

Señala el C. Indirecto. Equivale a la preposición española *a*.

{
松永さんは山下さんにお金を貸しました。
Matsunaga-san wa Yamashita-san ni okane o kashimashita.
Matsunaga-san ha prestado/prestó dinero a Yamashita-san.

{
金田さんは松本さんに手紙を書きました。
Kaneda-san wa Matsumoto-san ni tegami o kakimashita.
Kaneda-san ha escrito/escribió una carta a Matsumoto-san.

{
父は私に時計を買ってくれました。
Chichi wa watashi ni tokei o katte kuremashita.
Mi padre me ha comprado/compró un reloj.

{
次の質問に答えなさい。
Tsugi no shitsumon ni kotaenasai.
Responde a las siguientes preguntas.

NI indica causa. La encontraremos (al igual que **O**) con verbos que expresan emoción: **YOROKOBU** (*alegrarse, de qué*), **KANSHIN SURU** (*admirarse, de qué*), **ODOROKU** (*sorprenderse, asustarse, de qué*), etc.

{
私は大きな物音に驚きました。
Watashi wa ookina mono-oto ni odorokimashita.
Me asusté a causa de aquel estrépito. (Aquel estrépito me asustó.)

{
私は田中さんの努力に関心しました。
Watashi wa Tanaka-san no doryoku ni kanshin shimashita.
Me sentí admirado/a ante el esfuerzo de Tanaka-san.

NI señala el lugar al que se sube. Con los verbos **NORU** (*subirse a, coger un medio de transporte*), **NOBORU** (*subir a*), etc. Equivale a la preposición española *a*.

{
子供は母親の膝の上に乗っています。
Kodomo wa hahaoya no hiza no ue ni notte imasu.
El niño está (subido) encima de las rodillas de su madre.

{
田中さんは電車に乗りました。
Tanaka-san wa densha ni norimashita.
Tanaka-san ha cogido/cogió el tren.

{
竹田さんは富士山に登ったことがあります。
Takeda-san wa Fuji-san ni nobotta koto ga arimasu.
Takeda-san ha subido al Fuji-san.

NI indica desplazamiento hacia el interior. Con los verbos **HAIRU** (*entrar*), **IRERU** (*meter*), etc. Equivale a la preposición castellana *en*.

{
先生は教室に入りました。
Sensei wa kyooshitsu ni hairimashita.
El profesor/a ha entrado/entró en el aula.

$\left\{\begin{array}{l}\text{コーヒーに砂糖を入れましょうか。}\\ \text{Koohii ni satoo o iremashoo ka.}\\ \textit{¿Le pongo azúcar en el café?}\end{array}\right.$

NI indica localización y existencia, así como adscripción a un lugar y permanencia en éste. Aparecerá, entre otros, con los verbos **ARU** e **IRU** (*estar* y *haber*), **SUMU** (*vivir en*), **TSUTOMERU** (*trabajar en*). Equivale a la preposición *en*.

> Cuando hablamos de un acontecimiento que ocurre en un determinado lugar, la partícula adecuada será **DE**. Ej. ***Daigaku de Shiken ga arimasu***. (*Hay exámenes en la universidad.*)

$\left\{\begin{array}{l}\text{田村さんは授業に出席しています。}\\ \text{Tamura-san wa jugyoo ni shusseki shite imasu.}\\ \textit{Tamura-san está en clase.}\end{array}\right.$

$\left\{\begin{array}{l}\text{教室に先生がいます。。}\\ \text{Kyooshitsu ni sensei ga imasu.}\\ \textit{Hay un/a/os/as profesor/a/es/as en el aula.}\end{array}\right.$

$\left\{\begin{array}{l}\text{本は棚にあります。}\\ \text{Hon wa tana ni arimasu.}\\ \textit{El libro está en el estante.}\end{array}\right.$

$\left\{\begin{array}{l}\text{尾崎さんは出版社に勤めています。}\\ \text{Ozaki-san wa shuppansha ni tsutomete imasu.}\\ \textit{Ozaki-san está empleado en una editorial.}\end{array}\right.$

$\left\{\begin{array}{l}\text{上田さんは東京に住んでいます。}\\ \text{Ueda-san wa Tookyoo ni sunde imasu.}\\ \textit{Ueda-san vive en Tokio.}\end{array}\right.$

NI señala el lugar donde recae directamente la acción. Con los verbos **KAKU** (*escribir*, dónde se escribe), **OKU** (*depositar*, dónde se deja algo), etc. Equivale a las preposiciones españolas *en* y *a*.

$\left\{\begin{array}{l}\text{この紙にあなたの名前と電話番号を書いてください。}\\ \text{Kono kami ni anata no namae to denwa-bangoo o kaite kudasai.}\\ \textit{Escriba en este papel su nombre y número de teléfono.}\end{array}\right.$

あのかばんは、机の横に置いてください。
Ano kaban wa, tsukue no yoko ni oite kudasai.
Aquella maleta, déjela al lado de la mesa.

En este apartado hay muchos verbos en los que la acción se convierte en un estado: **suwaru** (*sentarse, estar sentado*), **tatsu** (*ponerse en pie, estar en pie*), etc. Equivale a *estar* + participio + preposición + lugar.

壁に絵がかけてあります。
Kabe ni e ga kakete arimasu.
El cuadro está colgado en la pared.

壁にポスターをはりました。
Kabe ni posutaa o harimashita.
Pegué un poster en la pared.

部屋の真中に男の人が立っています。
Heya no man´naka ni otoko no hito ga tatte imasu.
Hay un hombre de pie en el centro de la habitación.

NI indica desplazamiento, dirección. Con los verbos **IKU** (*ir*), **KURU** (*venir*), **KAERU** (*regresar*), **MUKAU** (*dirigirse a*), etc. Equivale a la preposición *a*.

今日は早く家に帰ります。
Kyoo wa hayaku uchi ni kaerimasu.
Hoy volveré pronto a casa.

山下さんは今朝東京に向かって出発しました。
Yamashita-san wa kesa Tookyoo ni mukatte shuppatsu shimashita.
Yamashita-san esta mañana ha salido con dirección a Tokio.

La partícula **E** también expresa desplazamiento y puede sustituir a **NI**.

NI indica orientación. Con los verbos **MUKU** (*dar a*), **MUKERU** (*orientar hacia, consagrarse a*), etc. Equivale a *hacia* y *a*.

あの窓は南に向いています。
Ano mado wa minami ni muite imasu.
Aquella ventana da al sur.

松浦さんは暇な時間をピアノの練習に向けます。
Matsuura-san wa hima-na jikan o piano no renshuu ni mukemasu.
Matsuura-san dedica su tiempo libre a las prácticas de piano.

NI indica el punto de llegada, concreto o abstracto. Con **TSUKU** y **TOOCHAKU SURU** (*llegar*), **TASSURU** (*llegar, alcanzar, ascender a*), **ITARU** (*llegar a, conducir a*), etc. Equivale a las preposiciones españolas *a*, *en* y *hacia*.

私は今朝八時に会社に着きました。
Watashi wa kesa hachi-ji ni kaisha ni tsukimashita.
Esta mañana he llegado a las ocho a la empresa.

飛行機は三時に成田空港に到着します。
Hikooki wa san-ji ni Narita-kuukoo ni toochaku shimasu.
El avión llega al aeropuerto de Narita a las tres.

NI indica el estado resultante de una transformación. Lo encontraremos con verbos que implican cambio como **NARU** (*transformarse, pasar a ser*), **KAWARU** (*cambiar a*), –**NI AGERU** (*subir el nivel a/hasta*), –**NI SAGERU** (*bajar el nivel a/hasta*), **WAKERU** (*dividir en*), etc.

部屋の温度が二十度に上がりました。
Heya no ondo ga ni-juu-do ni agarimashita.
La temperatura de la habitación ha subido/subió hasta los veinte grados.

あの靴の値段が一万六千円に下がりました。
Ano kutsu no nedan ga ichi-man roku-sen-en ni sagarimashita.
El precio de aquellos zapatos ha bajado/bajó a dieciséis mil yenes.

将来何になりたいですか。
Shoorai nani ni naritai desu ka.
¿Qué quieres ser de mayor? (lit. ¿En qué quieres convertirte en el futuro?)

信号が青にかわりました。
Shingoo ga ao ni kawarimashita.
El semáforo se ha puesto verde.

> 母はケーキを半分に分けました。
> Haha wa keeki o hanbun ni wakemashita.
> *Mi madre partió el pastel por la mitad.*

NI indica objetivo o propósito. Va detrás de un nombre que expresa actividad (concierto, compras, etc.) o de la forma verbo-(*masu*) del verbo. Equivale a (*ir/venir a comer, a comprar,* etc.).

> NOMBRE / VERBO (*masu*) + **NI** + **IKU/KURU/KAERU**

> 買物に行きましょうか。
> Kaimono ni ikimashoo ka.
> *¿Vamos de compras?*

> 大野さんはデパートへセーターを買いに行きました。
> Oono-san wa depaato e seetaa o kai ni ikimashita.
> *Oono-san ha ido/fue a comprarse un jersey a los grandes almacenes.*

NI señala el complemento agente en la pasiva o causativa-pasiva, así como la persona de quien se recibe con los verbos **MORAU** y **ITADAKU** (*recibir,* señala la persona de quien se recibe), **NARAU** (*aprender,* de quien se aprende), etc.

> 私は母にドレスを買ってもらいました。
> Watashi wa haha ni doresu o katte moraimashita.
> *Mi madre me ha comprado/compró un vestido.*

> 私はロペス先生に日本語を習いました。
> Watashi wa Ropesu-sensei ni nihongo o naraimashita.
> *He aprendido/aprendí japonés con el profesor López.*

> 私は友達にパーティーに行かされました。
> Watashi wa tomodachi ni paatii ni ikasaremashita.
> *He ido/ fui a la fiesta obligado/a por mis amigos.*
> *Mis amigos me han hecho/hicieron ir a la fiesta.*

> 私は弟にケーキを食べられました。
> Watashi wa otooto ni keeki o taberaremashita.
> *Mi hermano menor se (me) ha comido el pastel (y esto me molesta).*

NI une dos nombres. Equivale a la conjunción española *y*.

Como nexo de unión es mucho más común el uso de *TO*.	ロメオにジュリエット Romeo ni Jurietto *Romeo y Julieta*

PARTÍCULAS COMPUESTAS CON *NI*

NI OITE: en...

環境汚染問題の国際会議は東京において開催されます。
Kankyoo-osen-mondai no kokusai kaigi wa Tookyoo ni oite kaisai saremasu.
La conferencia internacional sobre contaminación del medio ambiente se celebrará en Tokyo.

NI KAGIRAZU : no sólo...

学生にかぎらず先生も休みになるのを待っている。
Gakusei ni kagirazu sensei mo yasumi ni naru no o matte iru.
No sólo los estudiantes, sino también los profesores están esperando que lleguen las vacaciones.

NI KANSHITE/ NI KAN SURU: en lo que concierne/ en relación con...

このテーマに関する意見を聞かせてください。
Kono teema ni kansuru iken o kikasete kudasai.
Dígame su opinión sobre este tema.

NI KAWATTE: a cambio de...

山本さんに代わって木村さんが講演しました。
Yamamoto-san ni kawatte Kimura-san ga kooen shimashita.
Kimura-san ha dado/dio la conferencia en lugar de Yamamoto-san.

NI KURABERU TO: en comparación, comparando con...

この事故は昨日のに比べるとたいしたことはない。
Kono jiko wa kinoo no ni kuraberu to taishita koto wa nai.
Este accidente no es nada en comparación con el de ayer.

NI MO KAKAWARAZU: *a pesar de…*

彼は5年も中国にいたにもかかわらず中国語が話せない。
Kare wa 5-nen mo Chuugoku ni ita ni mo kakawarazu chuugokugo ga hanasenai.
A pesar de haber estado cinco años en China, no sabe hablar chino.

NI MOTOZUITE: *basándose en…*

私は調査したことにもとづいてレポートを書きます。
Watashi wa choosa shita koto ni motozuite repooto o kakimasu.
Yo escribiré un informe basándome en lo que he investigado.

NI SHITAGATTE: *en consecuencia, según, de acuerdo con…*

民主主義では全て多数の意見に従って決定される。
Minshushugi de wa subete tasuu no iken ni shitagatte kettei sareru.
En democracia todo se decide según la opinión de la mayoría.

NI SHITE WA: *para ser…*

秋野さんは日本人にしては背が高いです。
Akino-san wa nihon-jin ni shite wa se ga takai desu.
Para ser japonés, Akino-san es alto.

NI TAISHITE: *respecto a, frente a, contra a…*

政府のやり方に対していろいろ反対意見がある。
Seifu no yarikata ni taishite iroiro hantai iken ga aru.
Hay diversas opiniones respecto a la manera de actuar del gobierno.

NI TOTTE: *para…*

外国人にとって漢字を覚えることは大変なことだ。
Gaikoku-jin ni totte kanji o oboeru koto wa taihen-na koto da.
Para los extranjeros es difícil aprender ideogramas.

NI TSUITE: *sobre…*

田中さんが言ったことについて意見がありますか。
Tanaka-san ga itta koto ni tsuite iken ga arimasu ka.
¿Tienes alguna opinión sobre lo que ha dicho Tanaka-san?

NI TSURETE: *a medida que…*

> 年がたつにつれて街の様子が変わってきた。
> Toshi ga tatsu ni tsurete machi no yoosu ga kawatte kita.
> *A medida que han ido pasando los años el aspecto de la ciudad ha ido cambiando.*

NI WA: *para…*

> この問題は子どもには難しすぎます。
> Kono mondai wa kodomo ni wa muzukashi-sugimasu.
> *Este problema es demasiado difícil para los niños.*

NI YOTTE: *según, depende de…*

> 値段によって買うか買わないか決めます。
> Nedan ni yotte kau ka kawanai ka kimemasu.
> *Según el precio, decidiré si lo compro o no.*

4.8	Las partículas	La partícula *DE* (で)

DE indica el lugar donde se realiza la acción. Equivale a la preposición española *en*.

> 金本さんは喫茶店でココアを飲んでいます。
> Kanemoto-san wa kissaten de kokoa o nonde imasu.
> *Kanemoto-san está bebiendo un cacao en la cafetería.*

> 松浦さんは駅で地下鉄を待っています。
> Matsuura-san wa eki de chikatetsu o matte imasu.
> *Matsuura-san está esperando el metro en la estación.*

DE indica material, ingrediente e instrumento. Equivale a las preposiciones españolas *con*, *en* y *por*.

> 鉛筆で書いてもいいですか。
> Enpitsu de kaite mo ii desu ka.
> *¿Puedo escribir con lápiz?*

> 健君は自転車で学校へ行きます。
> Ken-kun wa jitensha de gakkoo e ikimasu.
> *Ken-kun va a la escuela en bicicleta.*

天ぷらは、魚と野菜で作ります。

Tenpura wa, sakana to yasai de tsukurimasu.

El tempura se hace con pescado y verduras.

すみませんが、日本語で話してください。

Sumimasen ga, nihongo de hanashite kudasai.

Hable en japonés, por favor.

DE indica modo.

みんなで昼ご飯の用意をしましょう。

Minna de hirugohan no yooi o shimashoo.

Preparemos la comida entre todos.

自分で料理をしますか。

Jibun-de ryoori o shimasu ka.

¿Cocina usted mismo (por sí mismo)?

DE indica la cantidad de tiempo o dinero que se necesita para hacer o conseguir algo. Equivale a las preposiciones *en* (en caso de tiempo) o *por* (dinero).

日本には、五千円で買える靴がありますか。

Nihon ni wa, go-sen-en de kaeru kutsu ga arimasu ka.

¿En Japón hay zapatos que se puedan comprar por cinco mil yenes?

この仕事は五十分でできます。

Kono shigoto wa, go-jip-pun de dekimasu.

Este trabajo se puede hacer en cincuenta minutos.

DE indica el ámbito de donde extraemos el superlativo. Equivale a la preposición *de*.

フアンホさんはクラスで一番背が高い人です。

Fuanho-san wa kurasu de ichiban se ga takai hito desu.

Juanjo-san es la persona más alta de la clase.

エベレストは世界で一番高い山です。

Eberesuto wa sekai de ichiban takai yama desu.

Everest es la montaña más alta del mundo.

Detrás de un nombre, **DE** indica razón o causa. Equivale a las preposiciones *por*, *de*, o a la conjunción *a causa de*.

> 山田さんの妹さんは癌で死にました。
> Yamada-san no imooto-san wa gan de shinimashita.
> *La hermana menor de Yamada-san ha muerto/murió de cáncer.*

> 風で窓が閉まりました。
> Kaze de mado ga shimarimashita.
> *La ventana se ha cerrado por el viento.*

4.9	Las partículas	La partícula *E* (へ)

E indica la dirección hacia donde se desplaza un objeto. Equivale a la preposición española *a*. Va con los verbos **iku** (*ir*), **kuru** (*venir*), **kaeru** (*regresar*), etc.

> 来月日本へ／に行きます。
> Raigetsu Nihon e/ni ikimasu.
> *El mes que viene iré a Japón.*

> 何時に学校へ／に来ますか。
> Nan-ji ni gakkoo e/ni kimasu ka.
> *¿A qué hora vienes a la escuela?*

> *E* puede sustituirse por la partícula **NI**. *E* insistía en el desplazamiento y **NI** en el punto de llegada, pero actualmente se usan de modo indistinto.

E señala el complemento indirecto. Equivale a la preposición *a*.

> 僕は母へ／にプレゼントをしました。
> Boku wa haha e/ni purezento o shimashita.
> *Le he hecho/hice un regalo a mi madre.*

Aunque la partícula *E* puede marcar el C. INDIRECTO, es más común señalarlo con *NI*. Sin embargo, en caso de doble partícula debe utilizarse *E: E + NO + NOMBRE.*

大野さんへの荷物は重いです。
Oono-san e no nimotsu wa omoi desu.
El paquete de (dirigido a) Oono-san es pesado.

| 4.10 | Las partículas | La partícula *KARA* (から) |

KARA señala el punto inicial en expresiones de tiempo y espacio. Equivale a *desde, de, a partir de.*

上田さんは八時から仕事をします。
Ueda-san wa hachi-ji kara shigoto o shimasu.
Ueda-san trabaja desde las ocho.

子供は学校から家まで走りました。
Kodomo wa gakkoo kara uchi made hashirimashita.
El niño ha corrido/corrió desde la escuela hasta su casa.

KARA indica el punto de vista desde el que se habla. Equivale a *desde.*

先生の目から見れば、最近の教育政策はあまり良くないです。
Sensei no me kara mireba, saikin no kyooiku-seisaku wa amari
yokunai desu.
*Desde el punto de vista de los profesores, la reciente política educativa
no es muy buena.*

KARA señala el material. Equivale a *estar hecho de, venir de, hacerse con.*

豆腐は大豆から作ります。
Toofu wa daizu kara tsukurimasu.
El tofu se hace con soja.

La partícula **DE** también indica ingrediente o material. **KARA**, al indicar la fuente o causa de algo y ser más directo, se usa principalmente cuando el material o ingrediente ha experimentado una transformación.

KARA indica el complemento agente en la oración pasiva, así como la persona de quien se recibe con los verbos **morau** e **itadaku** (recibir, señala la persona de quien se recibe), **narau** (aprender, de quien se aprende), etc.

石川さんはイギリス人から英語を習いました。
Ishikawa-san wa igirisu-jin kara eigo o naraimashita.
Ishikawa-san ha aprendido/aprendió inglés con un inglés.

吉田さんは田中さんからお金を借りました。
Yoshida-san wa Tanaka-san kara okane o karimashita.
Yoshida-san ha pedido/pidió dinero prestado a Tanaka-san.

El uso de **NI** es igualmente posible. En el uso de **MORAU/ITADAKU** como auxiliares debe utilizarse **NI**.

私は尾崎さんから／に本をもらいました。
Watashi wa Ozaki-san kara/ni hon o moraimashita.
Ozaki-san me dio/regaló un libro.

私は尾崎さんに日本語の新聞を読んでもらいました。
Watashi wa Ozaki-san ni nihongo no shinbun o yonde moraimashita.
Ozaki-san me leyó el periódico en japonés.

Como conjunción, **KARA** indica causa o razón. (Véase 30. ORACIONES CAUSALES.) Causa + *por eso/por lo tanto* + consecuencia; *como* + *causa* + consecuencia; consecuencia + *porque* + causa, etc.

病気でしたから、学校を休みました。
Byooki deshita kara, gakkoo o yasumimashita.
Falté a clase porque estaba enfermo.

夕べとても疲れましたから、晩ご飯を食べないで寝ました。
Yuube totemo tsukaremashita kara, bangohan o tabenaide nemashita.
Como estaba muy cansado, anoche me acosté sin cenar.

Como conjunción, detrás de la forma –**TE** del verbo, **KARA** indica que después de tener lugar la acción o estado expresados en la primera oración, suceden la acción o estado expresados en la segunda. *Después de / tras + nombre/infinitivo.*

> お風呂に入ってから、ビールを飲んで晩ご飯を食べます。
> O-furo ni haitte kara, biiru o nonde, bangohan o tabemasu.
> *Después de bañarme, tomo una cerveza y ceno.*

> 仕事が終わってから、家へ帰りました。
> Shigoto ga owatte kara, uchi e kaerimashita.
> *Después de (acabar) el trabajo, he vuelto/volví a casa.*

Como conjunción, detrás de la forma –**TE** del verbo, **KARA** indica el tiempo transcurrido desde que sucedió la primera acción. *Hace… que /desde que.*

> 日本に来てから、三年になります。
> Nihon ni kite kara, san-nen ni narimasu.
> *Hace tres años que vine/llegué a Japón.*

> この会社に入ってから、六年です。
> Kono kaisha ni haitte kara, roku-nen desu.
> *Hace seis años que entré en esta empresa.*

4.11 Las partículas	**La partícula MADE** (まで)

MADE señala el punto final en expresiones de espacio y tiempo. Equivale a las preposiciones españolas *hasta, a.*

> 上田さんは午後四時まで仕事をします。
> Ueda-san wa gogo yo-ji made shigoto o shimasu.
> *Ueda-san trabaja hasta las cuatro de la tarde.*

> 子供は学校から家まで走りました。
> Kodomo wa gakkoo kara uchi made hashirimashita.
> *El niño ha corrido/corrió desde la escuela hasta su casa.*

MADE expresa límite. Equivale a *incluso, hasta.*

> 子供までその仕事ができますよ。
> Kodomo made sono shigoto ga dekimasu yo.
> *Incluso los niños pueden hacer ese trabajo.*

あなたまで。
Anata made!
¡Incluso ústed!

PARTÍCULA COMPUESTA CON *MADE*

MADE NI : indica límite y plazo. Equivale a *para, antes de*, etc.

木曜日までにこの本を返してください。
Mokuyoobi made ni kono hon o kaeshite kudasai.
Devuelva este libro antes del jueves.

明日までにコピーをしてください。
Ashita made ni kopii o shite kudasai.
Haga las fotocopias para (antes de) mañana.

お客さんが来るまでに掃除をしなければなりません。
O-kyaku-san ga kuru made ni, sooji o shinakereba narimasen.
Tengo que hacer la limpieza antes de que vengan/lleguen los invitados.

4.12	Las partículas	La partícula *SHIKA* (しか)

Detrás de cantidades, **SHIKA** indica limitación al igual que **DAKE**, pero es más enfático que éste. Se utiliza cuando el hablante considera que una determinada cantidad o número es escaso, insuficiente o inferior a la norma o a lo esperado. Va con el verbo en negativo. Se traduce por: *no más que…*

今日は五時間しか働きませんでした。
Kyoo wa go-ji-kan shika hatarakimasen deshita.
Hoy no he trabajado más que cinco horas (y creo que es poco).

Con la expresión ***jikan ga kakaru*** (*tardar tiempo*), no puede utilizarse
DAKE, sólo **SHIKA**.

学校から駅まで行くのに十分しかかかりませんでした。
Gakkoo kara eki made iku noni jip-pun shika kakarimasen deshita.
No he tardado más que diez minutos para ir de la escuela a la estación.

Detrás de un nombre, **SHIKA** expresa que sólo existe el objeto que éste denomina, al igual que **DAKE** o **BAKARI**. Va siempre con el verbo en negativo. **SHIKA** sustituye a las partículas **O** y **GA** y se pone detrás de las demás: **E**, **NI**, **DE**, **TO**, **KARA**, etc. Se traduce por: *no más que…*

> ジョンさんは天ぷらしか食べませんでした。
> Jon-san wa tenpura shika tabemasen deshita.
> *John-san no ha comido/comió más que tenpura.*

> 私は昨日松本さんとしか話しませんでした。
> Watashi wa kinoo Matsumoto-san to shika hanashimasen deshita.
> *Ayer no hablé más que con Matsumoto-san.*

Detrás de un verbo, con la estructura verbo + **shika** + **arimasen**, **SHIKA** indica falta de alternativa. Se traduce por: *no hay más remedio/no hay otro camino que* + verbo infinitivo.

> 日本語を覚えるために、勉強するしかありません。
> Nihongo o oboeru tame ni, benkyoo suru shika arimasen.
> *Para aprender japonés no hay otro camino que estudiar.*

| 4.13 | Las partículas | La partícula *DAKE* (だけ) |

Detrás de una cantidad, **DAKE** expresa límite o limitación. Va con el verbo en afirmativo. Se traduce por: *sólo, solamente, únicamente.*

> A：この車の中に人は何人入れますか。
> Kono kuruma no naka ni hito wa nan-nin hairemasu ka.
> *¿Cuántas personas caben en este coche?*
> B：五人だけです。
> Go-nin dake desu.
> *Sólo cinco.*

Detrás de un nombre, **DAKE** expresa que sólo existe el objeto que éste denomina, como **SHIKA** o **BAKARI**, aunque tiene un carácter más neutro que éstos. Va con el verbo en afirmativo. **DAKE** sustituye a las partículas **O** y **GA** y, en caso de mantenerlas, se pone delante. Con las otras partículas (**E**, **NI**, **DE**, **TO**, **KARA**, etc.) puede colocarse indistintamente delante o detrás. Se traduce por: *sólo, solamente, únicamente*, etc.

> ジョンさんは天ぷらだけ食べました。
> Jon-san wa tenpura dake tabemashita.
> *John-san sólo ha comido/comió tenpura.*

> 今朝郵便局（だけへ／へだけ）行きました。
> Kesa, yuubinkyoku dake e/e dake ikimashita.
> *Esta mañana sólo he ido a Correos.*

Detrás de un adjetivo calificativo, **DAKE** indica la única cualidad que posee el sustantivo. *Es sólo* + adjetivo.

> このブランドのジーンズは高いだけです。
> Kono burando no jiinzu wa takai dake desu.
> *Estos tejanos de marca sólo son caros.*

> この辺は静かなだけで、店も映画館も喫茶店もありません。
> Kono hen wa shizukana dake de mise mo eigakan mo kissaten mo arimasen.
> *Lo único que tiene este barrio es que es tranquilo: no hay ni tiendas, ni cines, ni cafeterías.*

Detrás de un verbo en informal, **DAKE** indica la única actividad que lleva a cabo el sujeto o la simple intención que le mueve. *Sólo* + verbo, *únicamente* + verbo.

> ちょっと見ているだけです。
> Chotto mite iru dake desu.
> *Sólo estoy mirando.*

> 散歩するだけです。
> Sanpo suru dake desu.
> *Sólo paseo.*

> 時間がなかったので少し話しただけです。
> Jikan ga nakatta no de sukoshi hanashita dake desu.
> *He hablado sólo un momento porque no tenía tiempo.*

EXPRESIONES FORMADAS POR *DAKE*

Verbo + **DAKE** + **DE**: *sólo con, sólo en, sólo para, con sólo que…*

> 漢字を覚えるだけで２時間かかりました。
> Kanji o oberu dake de 2-jikan kakarimashita.
> *Sólo para aprender los ideogramas, he tardado dos horas.*

DEKIRU +*DAKE* + adverbio: *lo más… posible.*

> できるだけ早く来てください。
> Dekiru dake hayaku kite kudasai.
> *Ven lo antes posible.*

Nombre + *DAKE* + *DE NAKUTE*: *no sólo… sino…*

> 日本には地震だけでなくて台風もあります。
> Nihon ni wa jishin dake denakute taifuu mo arimasu.
> *En Japón no sólo hay terremotos, sino también tifones.*

Verbo + *DAKE* + *DE (WA) NAKUTE*: *no sólo… sino…*

> 坂本さんはピアノを弾くだけでなくて作曲もします。
> Sakamoto-san wa piano o hiku dake denakute sakkyoku mo shimasu.
> *Sakamoto-san no sólo toca el piano, sino que también compone.*

4.14 | Las partículas | **La partícula *BAKARI* (ばかり)**

BAKARI indica cantidad o número aproximados, como *KURAI/GURAI* y *HODO*. Se traduce por: *unos/aproximadamente* + cantidad.

> 田中さんは吉田さんに二千円ばかり貸しました。
> Tanaka-san wa Yoshida-san ni ni-sen-en bakari kashimashita.
> *Tanaka-san le ha prestado/prestó unos dos mil yenes a Yoshida-san.*

Detrás de un nombre, *BAKARI* expresa que sólo existe el objeto que éste denomina. Va con el verbo en afirmativo como *DAKE*, pero *BAKARI* carece del tono neutro y objetivo de éste, pudiendo llegar a tener, por el contrario, una fuerte carga negativa y crítica. *BAKARI* sustituye a las partículas *O* y *GA*, y se une, por detrás, a las demás (*E*, *NI*, *DE*, *TO*, *KARA*, etc.). Equivale a *sólo*, *únicamente*.

> 武君は漫画ばかり読んでいます。
> Takeshi-kun wa manga bakari yonde imasu.
> *Takeshi-kun sólo lee manga (y no otra cosa mejor).*

Con un adjetivo calificativo, *BAKARI* indica la única cualidad que posee el sustantivo. *Es sólo* + adjetivo; *es* + adjetivo + *y nada más.*

あのアパートは広いばかりで、そこには住めないんです。

Ano apaato wa hiroi bakari de, soko ni wa sumenai n desu.

Lo único que tiene aquel apartamento es que es grande, pero allí no se puede vivir.

吉田さんはハンサムなばかりで頭はよくありません。

Yoshida-san wa hansamu na bakari de atama wa yoku arimasen.

Yoshida-san es sólo guapo; no es inteligente.

Con un verbo en forma diccionario (equivalente al presente afirmativo informal), **BAKARI** indica la única acción posible.

この腐ったミカンは捨てるばかりです。

Kono kusatta mikan wa, suteru bakari desu.

Estas mandarinas podridas son para tirar. (Lo único que puede hacerse es tirarlas)

Con verbo en presente continuo, detrás de la forma –**TE** y antes del **IRU**, **BAKARI** expresa ininterrupción. Equivale a *no hace más que* + verbo infinitivo, *sólo* + verbo.

平野さんは笑ってばかりいて、何も言わないんです。

Hirano-san wa waratte bakari ite, nanimo iwanai n desu.

Hirano-san no dice nada, sólo sonríe.

あの子はテレビを見てばかりいて、全然勉強しません。

Ano ko wa terebi o mite bakari ite, zenzen benkyoo shimasen.

Aquel niño no hace más que mirar la televisión y no estudia nunca.

Con verbo en forma –**TA** (informal afirmativo pasado), **BAKARI** indica que se acaba de realizar una acción.

私は作文を書いたばかりです。

Watashi wa sakubun o kaita bakari desu.

Acabo de escribir la redacción.

4.15 | Las partículas | **La partícula KURAI / GURAI** (くらい／ぐらい)

KURAI indica cantidad o número aproximados, como **BAKARI** o **HODO**. Equivale a *unos, aproximadamente...*

GORO también significa *aproximadamente*, pero siempre va con horas y fechas, nunca con cantidades. (Véase *NI.*)

家から会社まで三十分ぐらいかかります。
Uchi kara kaisha made san-jip-pun gurai kakarimasu.
De casa a la empresa, tardo unos treinta minutos.

あそこに人が三十人ぐらいいます。
Asoko ni hito ga san-juu-nin gurai imasu.
Allí hay unas treinta personas.

KURAI forma el interrogativo **DONOGURAI** o **DONOKURAI** equivalen a *cuánto*.

お宅から駅までどのぐらい／どのくらいかかりますか。
O-taku kara eki made donogurai/ donokurai kakarimasu ka.
¿Cuánto tarda desde su casa hasta la estación?

富士山の高さはどのぐらい／どのくらいですか。
Fuji-san no takasa wa donogurai/ donokurai desu ka.
¿Cuánto mide el Fuji-san?

山本さんの体重はどのぐらい／どのくらいですか。
Yamamoto-san no taijuu wa donogurai/ donokurai desu ka.
¿Cuánto pesa Yamamoto-san?

Con verbo o adjetivo, **KURAI** indica la condición o situación extremas que conlleva una acción. Equivalente a **HODO**. Se traduciría por *es tan… que casi…*

今朝、クラスで死ぬぐらい／ほど退屈しました。
Kesa, kurasu de shinu gurai/hodo taikutsu shimashita.
Esta mañana en clase casi me muero de aburrimiento.

課長は逃げたいぐらい／ほど恐い人です。
Kachoo wa nigetai gurai/hodo kowai hito desu.
El jefe de sección da tanto miedo que casi dan ganas de huir.

{ もう歩けないぐらい／ほど疲れています。
Moo arukenai gurai/hodo tsukarete imasu.
Estoy tan cansado que apenas puedo andar.

{ 何も言えないぐらい／ほど驚きました。
Nanimo ienai gurai/hodo odorokimashita.
Se sorprendió tanto que no podía articular palabra.

| **4.16** | Las partículas | **La partícula *HODO* (ほど)** |

HODO indica cantidad o número aproximados, como ***BAKARI*** o ***KURAI***, pero es más formal que éstos. Equivale a *unos, aproximadamente…*

> Nombre (cantidad/número) + ***HODO***

{ 去年日本に三週間ほどいました。
Kyonen Nihon ni san-shuu-kan hodo imashita.
El año pasado estuve unas tres semanas en Japón.

HODO expresa comparación. Equivale a *no tan / tanto como…*

> Nombre + ***WA*** + nombre + ***HODO*** + verbo/adjetivo negativo

{ 松永さんは石川さんほど背が高くないです。
Matsunaga-san wa Ishikawa-san hodo segatakakunai desu.
Matsunaga-san no es tan alto/a como Ishikawa-san.

{ 健君は淳君ほど速く走れません。
Ken-kun wa Jun-kun hodo hayaku hashiremasen.
Ken-kun no puede correr tan rápido como Jun-kun.

Con el verbo *ARU* e *IRU*, equivale a: *No hay... tan... como/no hay... tanto como...*

> Nombre + *HODO* + verbo/adjetivo informal + nombre + *WA/GA* + *ARU/IRU*

{
吉本さんほどよく勉強する学生はいません。
Yoshimoto-san hodo yoku benkyoo suru gakusei wa imasen.
No hay (ningún) alumno que estudie tanto como Yoshimoto-san.
}

{
これほどきれいなスカートはあまりありません。
Kore hodo kirei-na sukaato wa amari arimasen.
Hay pocas faldas tan bonitas como ésta.
}

Con verbo o adjetivo, *HODO* indica la condición o situación extremas que conlleva una acción. Equivalente a *KURAI/GURAI*. *Es tan… que casi…*

> Adjetivo/vebo informal + *HODO* + frase (donde se indica la causa)

{
動けないほど沢山食べました。
Ugokenai hodo, takusan tabemashita.
He comido tanto que casi no puedo moverme.
}

{
きのうハイキングに行って、もう一歩も歩けないほど疲れました。
Kinoo haikingu ni itte, moo ippo mo arukenai hodo, tsukaremashita.
Ayer fui de excursión y me cansé tanto que no podía dar ni un paso.
}

| 4.17 | Las partículas | La partícula *YORI* (より) |

YORI indica comparación. El verbo o adjetivo van siempre en afirmativo. Equivale a *más… que…*

{
A：飛行機と車とどちらのほうが速いですか。
　　Hikooki to kuruma to dochira no hoo ga hayai desu ka.
　　¿Qué es más rápido, el avión o el coche?
B：飛行機のほうが車より速いです。
　　Hikooki no hoo ga kuruma yori hayai desu.
　　El avión es más rápido que el coche.
}

私は出かけるより家にいたいです。
Watashi wa dekakeru yori uchi ni itai desu.
Prefiero estar en casa que salir.

今日のテストは思ったより難しかったです。
Kyoo no tesuto wa omotta yori muzukashikatta desu.
El examen de hoy ha sido más difícil de lo que pensaba.

コーヒーは熱いほうが冷たいよりいいと思います。
Koohii wa atsui hoo ga tsumetai yori ii to omoimasu.
El café, prefiero que esté caliente antes que frío.

YORI señala el punto de partida en espacio y tiempo. Similar a *KARA*. Se traduce por *desde, a partir de*.

首相会談は三月十三日より東京に於いて行われます。
Shushoo kaidan wa san-gatsu juu-san-nichi yori Tookyoo ni oite okonawaremasu.
La cumbre de primeros ministros tendrá lugar en Tokio a partir del trece de marzo.

4.18 | Las partículas | **La partícula *SAE* (さえ)**

SAE es una partícula enfática. Marca el ejemplo extremo que se da para hacer imaginar algo. Tiene un significado parecido a *MADE* y *SURA*. *SAE* normalmente sustituye a las partículas *O* y *GA*, y se une, por detrás, a las demás (*E*, *NI*, *DE*, *TO*, *KARA*, etc.). Se traduce por *incluso*, en afirmativo, y *ni siquiera*, en negativo.

田中さんはうるさいところでさえ勉強が出来ます。
Tanaka-san wa urusai tokoro de sae benkyoo ga dekimasu.
Tanaka-san puede estudiar incluso en lugares ruidosos.

それは専門家でさえ知らないでしょう。
Sore wa senmonka de sae shiranai deshoo.
Eso no deben saberlo ni siquiera los especialistas.

4.19 | Las partículas | **La partícula *SURA* (すら)**

SURA equivale a *SAE*, pero es una partícula más formal y propia de la lengua escrita.

KOSO es una partícula enfática. Equivale a _sí que..._

今年こそベルリンに行こうと思います。
Kotoshi koso Berurin ni ikoo to omoimasu.
Este año sí que voy a ir a Berlín.

A : どうぞよろしくお願いします。
　　Doozo yoroshiku onegai shimasu.
　　Mucho gusto.
B : こちらこそ。
　　Kochira koso.
　　El gusto es mío.

A : どうもありがとうございました。
　　Doomo arigatoo gozaimashita.
　　Muchísimas gracias.
B : いいえ、こちらこそ。
　　Iie, kochira koso.
　　No, soy yo quien debería darlas.

4.21	Las partículas	**Las partículas finales**	
4.21.1	Las partículas	Las partículas finales	_KA_ (か)

_KA_ es una partícula interrogativa. (Véase 3. LA ORACIÓN INTERROGATIVA SIMPLE.)

4.21.2	Las partículas	Las partículas finales	_KAI_ (かい)

KAI expresa una ligera interrogación o emoción. En tono irónico, expresa una afirmación tajante. Pertenece al lenguaje coloquial masculino.

A : 山本君が晩ご飯をおごってくれるそうだよ。
　　Yamamoto-kun ga bangohan o ogotte kureru soo da yo.
　　Yamamoto-kun dice que nos invita a cenar.
B : それ、本当かい。
　　Sore, hontoo kai.
　　¿Será eso verdad?

君、今晩家にいるかい。

Kimi, konban ie ni iru kai.

¿Esta noche estás en casa?

4.21.3	Las partículas	Las partículas finales	*KASHIRA* (かしら)

KASHIRA es una expresión femenina que denota duda. Su equivalente en lenguaje masculino es ***KANA***.

だれかしら。

Dare kashira.

¿Quién será?

4.21.4	Las partículas	Las partículas finales	*KANA* (かな)

KANA es una expresión que aúna la duda y la emoción. Es una expresión propia del lenguaje masculino.

明日晴れるかな。

Ashita hareru kana.

¿Hará buen tiempo mañana?

KANA expresa emoción.

「春の海ひねもすのたりのたりかな」 　　(蕪村)

Haru no umi hinemosu notari notari kana. 　(Buson)

El mar de primavera se mece, se mece sin cesar. 　*(Haiku de Buson)*

4.21.5	Las partículas	Las partículas finales	*NA* (な)

NA es una interjección propia del lenguaje masculino. Expresa emoción: contento, descontento, envidia, lástima, etc. Se usa también para confirmar algo o insistir en ello.

わかった、な。

Wakatta, na.

Los has entendido, ¿no?

Con la forma diccionario del verbo, ***NA*** expresa prohibición.

泣くな。

Naku na.

¡No llores!

| 4.21.6 | Las partículas | Las partículas finales | NE (ね) |

NE indica que el hablante espera que su interlocutor piense lo mismo. Puede utilizarse con el verbo formal e informal.

> いいですね。
> Ii desu ne.
> *Qué bien, ¿verdad/no?*

NE expresa una ligera interrogación o confirmación.

> わかったね。
> Wakatta, ne.
> *Lo has entendido, ¿verdad?*

NE se usa para suavizar afirmaciones u órdenes.

> 泣かないでね。
> Nakanaide ne.
> *No llores, ¿eh?*

NE sirve para llamar la atención del interlocutor o para confirmar algo.

> ね、ね、ちょっときいて。
> Ne, ne...chotto kiite.
> *Oye, oye, escucha.*

| 4.21.7 | Las partículas | Las partículas finales | ZE (ぜ) |

ZE es una expresión masculina propia del lenguaje vulgar que se utiliza cuando se quiere informar de algo o llamar la atención de alguien.

> おい、もう帰るぜ！
> Oi, moo kaeru ze!
> *¡Oye tú, que me voy, eh!*

| 4.21.8 | Las partículas | Las partículas finales | ZO (ぞ) |

ZO es una expresión masculina que denota sorpresa. Es una partícula final que aparece en oraciones exhortativas. También se utiliza para llamar la atención de alguien.

{
急げ!電車が来るぞ！
Isoge! Densha ga kuru zo!
¡Deprisa, que viene el tren!
}

| **4.21.9** | Las partículas | Las partículas finales | **WA (わ)** |

WA expresa admiración y sorpresa. Se usa con el verbo en formal e informal. Puede usarse junto a **NE** y **YO** (**WA-NE** y **WA-YO**).

{
食べるわ、食べるわ、あっというまにおすしを二人前も食べてしまった。
Taberu wa, taberu wa, atto iu ma ni o-sushi o ni-nin-mae mo tabete shimatta!
¡Cómo come! Se ha comido dos raciones de sushi en un santiamén.
}

WA suaviza aseveraciones. Es utilizado principalmente por mujeres.

{
あたし行きたくないわ。
Atashi, ikitakunai wa!
¡Es que yo no quiero ir!
}

| **4.21.10** | Las partículas | Las partículas finales | **YO (よ)** |

YO es una partícula final propia de oraciones exhortativas. Puede expresar orden, ruego o invitación. Puede ir con el verbo en formal e informal.

{
行こうよ。
Ikoo yo.
¡Vamos!
}

YO indica la intención de informar de algo al interlocutor.

{
私も行きますよ。
Watashi mo ikimasu yo.
¡Yo también voy!
}

YO expresa emoción.

{
いやだよ。
Iya da yo.
¡Qué rabia!
}

EL NOMBRE Y EL PRONOMBRE (*TAIGEN*)

| **5.1** | El nombre (meishi) | **Características generales** |

El nombre es una categoría léxica que, junto con el pronombre, forma el ***taigen***, la parte no flexiva de la oración capaz de desempeñar la función de sujeto, y que, en lengua japonesa, incluye los numerales.

El nombre no flexiona en género ni número. Hay varios sufijos que indican plural (*–tachi, –ra, –domo, –gata*), aunque su uso no es extensible a la totalidad de las palabras. Existe también el procedimiento de repetir determinadas palabras para indicar plural. Ej. ***hito***: *persona*, ***hito-bito***: *gente*; ***kuni***: *país*, ***kuni-guni***: *países*.

No hay artículos.

Hay nombres propios, comunes y abstractos, así como numerales, nombres formales o falsos nombres (***keishiki-meishi***), sustantivos que desempeñan el papel de adverbio, nombres compuestos (***fukugoo-meishi***) y nombres derivados (***tensei-meishi***).

Los prefijos (***settooji***) y sufijos (***setsubiji***) juegan un papel muy importante en la creación de léxico. Mediante la adición de sufijos puede alterarse la categoría gramatical de una palabra.

Para nominalizar oraciones contamos con los *falsos nombres* **NO** y **KOTO**.

5.2	El nombre (meishi)	**Tipología del nombre**
5.2.1	El nombre	Tipología del nombre	**Nombres propios (*koyuu-meishi*)**

Nombre determinado que se aplica a una única cosa, animal, persona, lugar o época o para distinguirlos de los de su especie.

Nihon (*Japón*), ***Heian-jidai*** (*época Heian*), ***Oosaka*** (*Osaka*), ***Iwanami-shoten*** (*editorial Iwanami*), ***Fuji-san*** (*monte Fuji*), etc.

| **5.2.2** | El nombre | Tipología del nombre | **Nombres comunes (*futsuu-meishi*)** |

Nombre que designa un ser u objeto que pertenece a una clase común de seres u objetos. Puede referirse a seres animados o inanimados.

Tsukue (*mesa*), ***hito*** (*persona*), ***hana*** (*flor*), ***neko*** (*gato*), etc.

Son nombres que señalan un concepto no material fruto de un proceso de abstracción mental.

Seigi (*la justicia*), **genjitsu** (*la realidad*), **kanashimi** (*la tristeza*), etc.

Los numerales (**suushi**) en japonés se consideran nombres. La división de los adjetivos numerales españoles entre cardinales (**suuryoo-suushi**, lit. *números que indican cantidad*) y ordinales (**junjo-suushi**, lit. *números que indican orden*) puede aplicarse a la lengua japonesa.

CIFRAS (*kazu*)

1 (一) : *ichi*		11 (十一) : *juu ichi*	
2 (二) : *ni*		12 (十二) : *juu ni*	
3 (三) : *san*		13 (十三) : *juu san*	
4 (四) : *shi / yon*		14 (十四) : *juu yon/juu shi*	
5 (五) : *go*		15 (十五) : *juu go*	
6 (六) : *roku*		16 (十六) : *juu roku*	
7 (七) : *shichi / nana*		17 (十七) : *juu nana/juu shichi*	
8 (八) : *hachi*		18 (十八) : *juu hachi*	
9 (九) : *ku / kyuu*		19 (十九) : *juu kyuu/juu ku*	
10 (十) : *juu*			

20 (二十) : *ni-juu*	60 (六十) : *roku-juu*
30 (三十) : *san-juu*	70 (七十) : *nana-juu*
40 (四十) : *yon-juu*	80 (八十) : *hachi-juu*
50 (五十) : *go-juu*	90 (九十) : *kyuu-juu*

100 (百) : *hyaku*	600 (六百) : *rop-pyaku*
200 (二百): *ni-hyaku*	700 (七百) : *nana-hyaku*
300 (三百): *san-byaku*	800 (八百) : *hap-pyaku*
400 (四百): *yon-hyaku*	900 (九百) : *kyuu-hyaku*
500 (五百): *go-hyaku*	

1,000 (千) : *sen/is-sen*	6,000 (六千) : *roku-sen*
2,000 (二千) : *ni-sen*	7,000 (七千) : *nana-sen*
3,000 (三千) : *san-zen*	8,000 (八千) : *has-sen*
4,000 (四千) : *yon-sen*	9,000 (九千) : *kyuu-sen*
5,000 (五千) : *go-sen*	

A partir de diez mil se cuenta: ***ichi-man*** (literalmente, *un diez mil*), ***ni-man*** (20.000: *dos diez miles*), ***juu-man*** (100.000: *diez diez miles*), etc. Del mismo modo, cien millones será ***ichi-oku*** (literalmente, *un cien millones*), ***juu-oku*** (1.000.000.000: *diez cien millones*) y así sucesivamente.

10,000 （一万）: *ichi-man*   30,000 （三万）: *san-man*
20,000 （二万）: *ni-man*   40,000 （四万）: *yon-man*

100,000	（十万）	: *juu-man*
1,000,000	（百万）	: *hyaku-man*
10,000,000	（一千万）	: *is-sen-man*
100,000,000	（一億）	: *ichi-oku*
1,000,000,000	（十億）	: *juu-oku*
10,000,000,000	（百億）	: *hyaku-oku*

Los números de teléfono se leen dígito a dígito. Los prefijos se separan del número con la partícula ***no***. *¿Qué número es?* = ***nan-ban desu ka***.

A：田中さんのうちの電話番号は何番ですか。
　Tanaka-san no uchi no denwa-bangoo wa nan-ban desu ka.
　¿Cuál es el número de teléfono de la casa de Tanaka-san?
B：03-7654-3245 です。
　Zero-san no nana-roku-go-yon no san-ni-yon-go desu.
　Es el cero, tres-siete, seis, cinco, cuatro-tres, dos, cuatro, cinco.

Las operaciones matemáticas se leen de la siguiente manera:

$1 + 3 = 4$ *ichi NI san O tasu TO yon (desu/NI narimasu)*
             forma abreviada: *ichi tasu san WA yon*

$3 - 2 = 1$ *san KARA ni O hiku TO ichi (desu/NI narimasu)*
             forma abreviada: *san hiku ni WA ichi*

$3 \times 2 = 6$ *san NI ni O kakeru TO roku (desu/NI narimasu)*
             forma abreviada: *san kakeru ni WA roku*

$3 : 1 = 3$ *san O ichi DE waru TO san (desu/NI narimasu)*
             forma abreviada. *San waru ichi WA san*

Respecto a unidades de peso, longitud, etc, la cifra precede a la unidad determinada. *¿Cuántos...? = **nan** + unidad **desu ka**.*

3,600 metros: *san-zen roppyaku meetoru*
500 gramos: *go-hyaku guramu*

> Las cifras **roku** (*seis*) y **juu** (*diez*) delante de **k** (por ej, **kiro**) contraen a **rokk**- y **jikk**-/**jukk**- respectivamente.

Los importes de dinero se leen: importe + **en** (*yen*). *¿Cuánto vale?=**Ikura desu ka**.*

A : あのシャツはいくらですか。
　　Ano shatsu wa ikura desu ka.
　　¿Cuánto vale aquella camisa?
B : 一万三千円です。
　　Ichi-man san-zen en desu.
　　Trece mil yenes.

Para indicar un determinado número o cantidad, debe añadirse un sufijo específco –**jo-suushi**, en japonés– a la cifra base –**hon-suushi**–. El sufijo varía según la tipología del objeto. Por ejemplo, para contar lápices (objetos alargados), añadiremos el sufijo –**hon** a la cifra:

> CIFRA + SUFIJO CONTABLE = NÚMERO

Al juntarse el número y el sufijo contable, pueden producirse cambios fonéticos según el sonido final del número (**chi**–, **ku**– y **juu**–) y el sonido inicial del sufijo contable (principalmente, –**k**, –**s**, –**t**, –**h**). Los números que suelen presentar alteraciones fonéticas cuando se pospone un sufijo contable son: *el uno* (**ichi**), *el seis* (**roku**), *el ocho* (**hachi**) y *el diez* (**juu**).

Un objeto encuadernado (sufijo –*satsu*):   *ichi + satsu = issatsu*
Ocho objetos encuadernados (sufijo –*satsu*):   *hachi + satsu = hassatsu*
Un objeto pequeño (sufijo –*ko*):   *ichi + ko = ikko*
Seis objetos largos (sufijo –*hon*):   *roku + hon = roppon*
Una lección (sufijo –*ka*):   *ichi + ka = ikka*

	-k	-s	-t	-h
ICHI	ikk-	iss-	itch-	ipp-
NI	nik-	nis-	nit-	nih-
SAN	sank-/sang-	sans-	sant-	sanb-
YON	yonk-	yons-	yont-	yonh-
GO	gok-	gos-	got-	goh-
ROKU	rokk-	rokus-	rokut-	ropp-
NANA	nanak-	nanas-	nanat-	nanah-
HACHI	hachik-/hakk-	hass-	hatt-	hachih-/happ-
KYUU	kyuuk-	kyuus-	kyuut-	kyuuh-
JUU	jukk-	juss-	jutt-	jupp-

5.2.4.1	El nombre	Tipología del nombre	Numerales (*suushi*)
Numerales cardinales			

Indican un número o cantidad determinados.

SUFIJOS CONTABLES

Bai: veces (múltiple) dos/tres/cuatro veces más.

Dai: máquinas: televisores, lavadoras, ascensores, coches...

Do: veces, grados

Doru: dólares

En: yenes

Fun: minutos

Guramu: gramos

Hai: vasos, copas, tazas. (Contenido)

Hiki: animales pequeños: insectos, ratones, gatos, perros...

Hon: objetos alargados: botellas, lápices, palos, películas, cintas de vídeo, etc.

Jikan: horas

Ka: días

Ka-getsu: meses

Kai: veces

Ken: casas

Kiro: kilómetros, kilogramos

Ko: objetos pequeños: manzanas, gomas de borrar...

Mai: objetos planos y algunas prendas de vestir: hojas de papel, sellos, platos, jerseis, faldas, blusas...

Meetoru: metros

Nen:	años
Nichi:	días
Nin:	personas (excep. una persona: hitori/ dos personas: futari)
Peseta:	peseta
Rittoru:	litros
Sai:	años de edad
Satsu:	objetos encuadernados: libros, cuadernos…
Shuu-kan:	semanas
Soku:	todo tipo de calzado y calcetines
Wa:	pájaros
Yuuro:	euro

Para objetos de difícil clasificación: cafés (también pueden contarse con **HAI**), pasteles, vasos, sillas, mesas, maletas…, o substituyendo a **KO** (objetos pequeños) tenemos el sufijo *–tsu*. ¿Cuántos/as?= *ikutsu.*

Una cosa:	*hito-tsu*	dos cosas:	*futa-tsu*
tres cosas:	*mit-tsu*	cuatro cosas:	*yot-tsu*
cinco cosas:	*itsu-tsu*	seis cosas:	*mut-tsu*
siete cosas:	*nana-tsu*	ocho cosas:	*yat-tsu*
nueve cosas:	*kokono-tsu*	diez cosas:	*too*
once cosas:	*juu ichi*	doce cosas:	*juu ni*

Entre los interrogativos (***gimon-suushi***) encontramos los siguientes nombres (adverbios o adjetivos en lengua española) :

INTERROGATIVOS

Ikutsu: (*¿cuánto/a/os/as?*) Para preguntar la cantidad o número de cosas, así como los años de edad. Al preguntar la edad a alguien, se suele anteponer el prefijo honorífico **O**–: *o-ikutsu*.

Ikura: (*¿cuánto/a/os/as?*) Para preguntar precio, cantidad o número.

A：ケーキをいくつ食べましたか。
Keeki o ikutsu tabemashita ka.
¿Cuántos pasteles has comido?
B：三つ（食べました／です）
Mittsu (tabemashita/desu).
(He comido/comí) tres.

NAN + SUFIJO: ¿Cuántos/as?/¿cuántos/as + nombre?

{
A：本を何冊買いましたか。
Hon o nan-satsu kaimashita ka.
¿Cuántos libros has comprado/compraste?
B：三冊（買いました／です）
San-satsu (kaimashita/desu).
(He comprado/compré) tres.
}

USO DE LOS NUMERALES (CIFRA + SUFIJO)

NOMBRE + PARTÍCULA + CIFRA CON SUFIJO + VERBO

{
机の下に猫が一匹います。
Tsukue no shita ni neko ga ip-piki imasu.
Debajo de la mesa hay un gato.
}

{
ビールを二本お願いします。
Biiru o ni-hon onegai shimasu.
Dos cervezas, por favor.
}

CIFRA CON SUFIJO + **NO** + NOMBRE

{
四人の人は早く帰りました。
Yo-nin no hito wa hayaku kaerimashita.
Cuatro personas se han ido a casa pronto.
}

{
二台の車は故障しています。
Ni-dai no kuruma wa koshoo shite imasu.
Los dos coches están averiados.
}

Indican el orden que una determinada persona, animal o cosa ocupa en una serie. En japonés, se puede convertir un número cardinal en uno ordinal mediante la adición del sufijo **me**. Ej. **Yo-nin** = *cuatro personas*; **yo-nin-me** = *la cuarta persona*. **Futsu-ka** = *dos días*; **futsu-ka-me**: *el segundo día*. Además, indican orden los sufijos siguientes:

SUFIJOS CONTABLES

Ban: número: **ichi-ban** (*número uno*), **ni-ban** (*número dos*)...
Goo: número: **ichi-goo** (*número uno*), **ni-goo** (*número dos*)...
Kai: pisos: **ik-kai** (*primer piso*), **ni-kai** (*segundo piso*)...
Kyuu: grado, nivel: **ik-kyuu** (*primer nivel*), **ni-kyuu** (*segundo*)...

電車は3番ホームから出発します。
Densha wa san-ban hoomu kara shuppatsu shimasu.
El tren saldrá del andén número tres.

紳士服は三階です。
Shinshi-fuku wa san-kai/gai desu.
La ropa para caballero está en el tercer piso.

Se les añade el sufijo –**bun** (*parte/s*) y se lee de la siguiente forma:

2/3:	*san-bun no ni*
1/4:	*yon-bun no ichi*
2/5:	*go-bun no ni*

Un punto, **ten**, separa el número entero de los decimales. Los números enteros se leen formando cifra, pero los decimales deben leerse dígito a dígito:

    23.3549:   *ni-juu san ten san-go-yon-kyuu*
    245.05:   *ni-hyaku yon-juu go ten zero-go*

Fechas

En las fechas, primero se escribe el año (seguido del sufijo –**nen**), luego el mes (seguido del sufijo –**gatsu**) y, por último, el día (seguido de los sufijos –**ka** o –**nichi**). Si se sigue la cronología japonesa para contar los años, delante del año se ha de poner la era (el año 2000 es el año 12 de la era **Heisei**) ¿Qué año? = **nan-nen**; ¿qué mes? = **nan-gatsu**; ¿qué día del mes? = **nan-nichi**.

11 de febrero de 2000:
平成 12 年 2 月 11 日
Heisei 12-nen 2-gatsu juu ichi-nichi
2000 年 2 月 11 日
Ni-sen-nen ni-gatsu
juu ichi-nichi

Los años, cuando se escriben con ideogramas, pueden adoptar una forma abreviada. Deben leerse, sin embargo, de manera completa: *mil novecientos sesenta y uno*.

一九六一年
Ichi, kyuu, roku, ichi-nen (sen kyuu-hyaku roku-juu ichi-nen)
Año uno, nueve, seis, uno (año mil novecientos sesenta y uno)

MESES

Enero:	*ichi-gatsu*	Febrero:	*ni-gatsu*
Marzo:	*san-gatsu*	Abril:	*shi-gatsu*
Mayo:	*go-gatsu*	Junio:	*roku-gatsu*
Julio:	*shichi-gatsu*	Agosto:	*hachi-gatsu*
Septiembre:	*ku-gatsu*	Octubre:	*juu-gatsu*
Noviembre:	*juu ichi-gatsu*	Diciembre:	*juu ni-gatsu*

DÍAS DEL MES

Día 1:	*tsuitachi*	Día 2:	*futsu-ka*
Día 3:	*mik-ka*	Día 4:	*yok-ka*
Día 5:	*itsu-ka*	Día 6:	*mui-ka*
Día 7:	*nano-ka*	Día 8:	*yoo-ka*
Día 9:	*kokono-ka*	Día 10:	*too-ka*
Día 11:	*juu ichi-nichi*	Día 12:	*juu ni-nichi*
Día 13:	*juu san-nichi*	Día 14:	*juu yok-ka*
Día 15:	*juu go-nichi*	Día 16:	*juu roku-nichi*
Día 17:	*juu shichi-nichi*	Día 18:	*juu hachi-nichi*
Día 19:	*juu ku-nichi*	Día 20:	*hatsu-ka*

Día 21:	ni-juu ichi-nichi	Día 22:	ni-juu ni-nichi
Día 23:	ni-juu san-nichi	Día 24:	ni-juu yok-ka
Día 25:	ni-juu go-nichi	Día 26:	ni-juu roku-nichi
Día 27:	ni-juu shichi-nichi	Día 28:	ni-juu hachi-nichi
Día 29:	ni-juu ku-nichi	Día 30:	san-juu-nichi
Día 31:	san-juu ichi-nichi		

> Las fechas se señalan con la partícula **NI**. (Véase usos de NI)

私は八月十五日にペルーへ行きます。
Watashi wa hachi-gatsu juu go-nichi ni Peruu e ikimasu.
Voy a Perú el quince de agosto.

5.2.4.6	El nombre	Tipología del nombre	Numerales (*suushi*)
Períodos de tiempo (días, meses, años)			

Para indicar duración, cantidad de tiempo, se sustituye ***tsuitachi*** (*día uno*) por ***ichi-nichi*** (*un día*) y si hay peligro de confusión se añade ***kan*** a los demás. Respecto a los meses, se añade el sufijo *–ka-getsu*. **Nan-nichi (kan)** = *¿cuántos días?*; **nan-shuu-kan** = *¿cuántas semanas?*; **nan-ka-getsu** = *¿Cuántos meses?*; **nan-nen (kan)** = *¿cuántos años?*; **dono-gurai/ dono-kurai** = *¿Cuánto tiempo?*

1 día:	ichi-nichi	1 semana:	is-shuu-kan
2 días:	futsu-ka(kan)	2 semanas:	ni-shuu-kan
3 días:	mik-ka(kan)	3 semanas:	san-shuu-kan
4 días:	yok-ka(kan)	4 semanas:	yon-shuu-kan
5 días:	itsu-ka(kan)	5 semanas:	go-shuu-kan
6 días:	mui-ka(kan)	6 semanas:	roku-shuu-kan
7 días:	nano-ka(kan)	7 semanas:	nana-shuu-kan
8 días:	yoo-ka(kan)	8 semanas:	has-shuu-kan
9 días:	kokono-ka(kan)	9 semanas:	kyuu-shuu-kan
10 días:	too-ka(kan)	10 semanas:	jis-shuu-kan

1 mes:	ik-ka-getsu	1 año:	ichi-nen
2 meses:	ni-ka-getsu	2 años:	ni-nen
3 meses:	san-ka-getsu	3 años:	san-nen
4 meses:	yon-ka-getsu	4 años:	yo-nen
5 meses:	go-ka-getsu	5 años:	go-nen

6 meses:	*rok-ka-getsu*	6 años:	*roku-nen*
7 meses:	*nana-ka-getsu*	7 años:	*nana-nen*
8 meses:	*hak-ka-getsu*	8 años:	*hachi-nen*
9 meses:	*kyuu-ka-getsu*	9 años:	*kyuu-nen*
10 meses:	*jik-ka-getsu*	10 años:	*juu-nen*

A : どのぐらい日本で日本語を勉強しましたか。

Dono-gurai Nihon de nihongo o benkyoo shimashita ka.

¿Cuánto tiempo has estudiado japonés en Japón?

B : 六ヵ月（勉強しました／です）。

Rok-ka-getsu (benkyoo shimashita/desu).

(He estudiado) seis meses.

A : 何年バルセロナに住んでいますか。

Nan-nen Baruserona ni sunde imasu ka.

¿Cuántos años llevas viviendo en Barcelona?

B : 一年（住んでいます／です）。

Ichi-nen (sunde imasu/desu).

(Llevo) un año.

5.2.4.7	El nombre	Tipología del nombre	Numerales (*suushi*)
Horas			

En las horas, detrás de la cifra se añade el sufijo –**ji** (*hora*) o -**fun** (*minuto*). *¿Qué hora?* = **nan-ji**; *¿cuántos minutos?* = **nan-pun**.

A : すみません、今何時ですか。

Sumimasen, ima nan-ji desu ka.

Perdone, ¿qué hora es?

B : 五時五分です。

Go-ji go-fun desu.

Las cinco y cinco.

HORAS

1:00:	*ichi-ji*	2:00:	*ni-ji*
3:00:	*san-ji*	4:00:	*yo-ji*
5:00:	*go-ji*	6:00:	*roku-ji*
7:00:	*shichi-ji*	8:00:	*hachi-ji*
9:00:	*ku-ji*	10:00:	*juu-ji*
11:00:	*juu ichi-ji*	12:00:	*juu ni-ji*

MINUTOS

1:	*ip-pun*	2:	*ni-fun*
3:	*san-pun*	4:	*yon-pun*
5:	*go-fun*	6:	*rop-pun*
7:	*nana-fun*	8:	*hap-pun/hachi-fun*
9:	*kyuu-fun*	10:	*jip-pun/jup-pun*

Los minutos se indican después de las horas. Si se quiere especificar que se trata de mañana, tarde o noche, delante de la hora se pone el nombre **gozen** (*mañana*) o **gogo** (*tarde/noche*), a contar desde las doce de la noche o del mediodía, respectivamente:

> Las tres y cinco de la madrugada: *gozen san-ji go-fun*
> Las ocho y diez de la tarde: *gogo hachi-ji jippun/juppun*

La media hora puede indicarse por **–san jippun/juppun** o **–han**.

> Las cuatro y media: *yo-ji san jippun/juppun*
>   *yo-ji han*

> A：吉本さんは朝何時に起きますか。
> Yoshimoto-san wa nan-ji ni okimasu ka.
> *¿A qué hora se levanta Yoshimoto-san por la mañana?*
> B：七時に起きます。
> Shichi-ji ni okimasu.
> *Se levanta a las siete.*

5.2.4.8	El nombre	Tipología del nombre	Numerales (*suushi*)
Cantidad de horas			

Para indicar cantidad de horas se añade el sufijo **kan**: **ichi ji** = *la una*; **ichi-ji-kan** = *una hora*. **Nan-ji-kan** = *¿Cuántas horas?*

> La cantidad de horas no va marcada con **NI**.

> A：昨日何時間数学を勉強しましたか。
> Kinoo nan-ji-kan suugaku o benkyoo shimashita ka.
> *¿Ayer cuántas horas estudiaste matemáticas?*
> B：一時間（勉強しました／です）。
> Ichi-ji-kan (benkyoo shimashita/desu).
> *(Estudié) una hora.*

Los nombres formales son nombres que no pueden usarse de manera independiente. Siguen a su modificador: un nombre, un adjetivo o un verbo. Entre los nombres formales tenemos expresiones de probabilidad: *hazu* (*deber de* + verbo infinitivo); de consejo: *hoo ga ii* (*es mejor que* + verbo subjuntivo), etc. Todas estas expresiones están desarrolladas, una a una, en 21. EXPRESIONES DE MODO (EL VERBO).

NO y *KOTO* se cuentan entre los nombres formales, pero, ya que se consideran ante todo nominalizadores, los tratamos por separado en este punto. Ambos nominalizan oraciones y, en consecuencia, van detrás de un verbo o adjetivo –*I* conjugados o en forma-diccionario. Pueden ir también detrás de un adjetivo –*NA* seguido por *NA* o por el verbo *DEARU* conjugado. Detrás de *NO* se encuentra siempre una partícula y detrás de *KOTO*, una partícula o el verbo *DEARU*.

A) FRASES SIN NOMINALIZAR

No es necesario hacerlo ya que el sujeto de la primera: *NIHONGO* (*japonés*) y el objeto de la segunda: *SUIEI* (*natación*) son nombres.

NOMBRE + PARTÍCULA + ADJETIVO/VERBO

日本語は難しいです。
Nihongo wa muzukashii desu.
El japonés es difícil.

私は水泳が好きです。
Watashi wa suiei ga suki desu.
Me gusta la natación.

B) FRASES NOMINALIZADAS

El sujeto de la primera: *NIHONGO O OBOERU* (*aprender japonés*) y el objeto de la segunda: *OYOGU* (*nadar*) son dos verbos que hay que nominalizar.

> En japonés, la forma-diccionario, similar en algunos aspectos al infinitivo castellano, no equivale a un sustantivo y, en consecuencia, tiene que nominalizarse como un verbo conjugado.

ORACIÓN + NOMINALIZADOR + PARTÍCULA + ADJ./VERB.

日本語を覚えるの／ことは難しいです。
Nihongo o oboeru no/koto wa muzukashii desu.
Aprender japonés es difícil.

私は泳ぐの／ことが好きです。
Watashi wa oyogu no/koto ga suki desu.
Me gusta nadar.

ORACIÓN + NOMINALIZADOR + PARTÍCULA

ハワイの青い海で泳いだことはいい思い出です。
Hawai no aoi umi de oyoida koto wa ii omoide desu.
Haberme bañado en el mar azul de Hawai es un buen recuerdo.

ORACIÓN + NOMINALIZADOR + VERBO

私の趣味はチェスをすることです。
Watashi no shumi wa chesu o suru koto desu.
Mi pasatiempo preferido es jugar al ajedrez.

5.2.6.1	El nombre	Tipología del nombre	Nominalizadores
	El nominalizador *NO*		

Hay adjetivos y verbos que exigen una nominalización con ***NO***, otros con ***KOTO***, y otros con los que es optativo el uso de uno u otro. ***NO*** nominaliza oraciones que preceden a adjetivos o verbos que expresan fenómenos concretos perceptibles por el ser humano.

NOMINALIZAN CON ***NO***:

Oración + ***NO*** + ***O*** +	***kiku***:	*oír, escuchar*
Oración + ***NO*** + ***O*** +	***matsu***:	*esperar*
Oración + ***NO*** + ***GA*** +	***mieru***:	*verse*
Oración + ***NO*** + ***O*** +	***miru***:	*ver, mirar*
Oración + ***NO*** + ***O*** +	***tetsudau***:	*ayudar*

私は誰かがギターをひいているのを聞きました。

Watashi wa darekaga gitaa o hiite iru no o kikimashita.

Oí que alguien estaba tocando la guitarra.

私は金田さんが来るのを待っています。

Watashi wa Kaneda-san ga kuru no o matte imasu.

Estoy esperando a que venga Kaneda-san.

私は母がお皿を洗うのを手伝いました。

Watashi wa haha ga o-sara o arau no o tetsudaimashita.

He ayudado/ayudé a mi madre a lavar los platos.

NOMINALIZAN CON *NO* y CON *KOTO*

Oración + *NO/KOTO* + **NI** + **ki ga tsuku**:	darse cuenta
Oración + *NO/KOTO* + **GA** + **kowai** (adj.):	temer
Oración + *NO/KOTO* + **O** + **oboeru**:	aprender
Oración + *NO/KOTO* + **O** + **shiru**:	saber, conocer
Oración + *NO/KOTO* + **GA** + **suki** (adj.):	gustar
Oración + *NO/KOTO* + **GA** + **wakaru**:	comprender
Oración + *NO/KOTO* + **O** + **wasureru**:	olvidar
Oración + *NO/KOTO* + **O** + **yameru**:	dejar

松本さんが来月日本へ帰るの／ことを知っていますか。

Matsumoto-san ga raigetsu Nihon e kaeru no/koto o shitte imasu ka.

¿Sabes que Matsumoto-san vuelve a Japón el mes próximo?

私はバイオリンをひくの／ことが好きです。

Watashi wa baiorin o hiku no/koto ga suki desu.

A mí me gusta tocar el violín.

私はトムさんが口ひげをそったの／ことに気がつきました。

Watashi wa Tomu-san ga kuchihige o sotta no/koto ni ki ga tsukimashita.

Me di cuenta de que Tom-san se había afeitado el bigote.

尾崎さんはたばこを吸うの／ことをやめました。

Ozaki-san wa tabako o suu no/koto o yamemashita.

Ozaki-san ha dejado/dejó de fumar.

El nominalizador *Koto*

Indica una cierta distancia del hablante frente al contenido de la frase nominalizada. Nominalizan con **KOTO** las oraciones que siguen a verbos que expresan un fenómeno abstracto e intelectual.

NOMINALIZAN CON **KOTO**

Oración + **KOTO** + **O** + *kangaeru*: pensar

Oración + **KOTO** + **O** + *shinjiru*: creer

私は夏休みにパリへ行くことを考えています。
Watashi wa natsuyasumi ni Pari e iku koto o kangaete imasu.
Estoy pensando en irme a París estas vacaciones de verano.

妻が僕を愛していることを信じています。
Tsuma ga boku o aishiteiru koto o shinjite imasu.
Creo que mi mujer me quiere.

Estructuras compuestas por *Koto*

Hay una serie de estructuras compuestas por **KOTO**:

Verbo presente informal + *KOTO NI SURU*

Indica que se ha tomado la decisión de realizar la acción que aparece en la oración nominalizada: *he decidido* + infinitivo.

たばこをやめることにしました。
Tabako o yameru koto ni shimashita.
He decidido dejar de fumar.

Verbo presente informal + *KOTO NI NARU*

Indica que se ha producido un cambio debido a una decisión ajena a la voluntad del hablante. Muchas veces el sujeto, pese a haber sido él quien ha tomado la decisión, utiliza esta forma porque es más indirecta y cortés, o bien para eludir la responsabilidad que comporta. El verbo **NARU** en presente continuo expresa que este cambio se ha convertido en norma o costumbre. Esta estructura equivale a una oración impersonal en lengua española.

来週から学校が金曜日八時に閉まることになりました。

Raishuu kara gakkoo ga kin´yoobi hachi-ji ni shimaru koto ni narimashita.

Se ha decidido que, a partir de la semana que viene, la escuela cierre los viernes a las ocho.

病院ではたばこを吸ってはいけないことになっています。

Byooin dewa tabako o sutte wa ikenai koto ni natte imasu.

La norma dice que en los hospitales no se puede fumar.

VERBO FORMA-DICCIONARIO + *KOTO GA DEKIRU*

Es una locución que equivale al modo potencial japonés del verbo. Indica que el sujeto puede o sabe hacer la actividad enunciada en la frase nominalizada.

ジョンさんは日本語を話すことができます。

Jon-san wa nihongo o hanasu koto ga dekimasu.

John-san sabe hablar japonés.

ジョンさんは日本語ができます。

Jon-san wa nihongo ga dekimasu.

John-san sabe japonés.

VERBO PASADO INFORMAL + *KOTO GA ARU*

Indica si una persona ha tenido o no una determinada experiencia en el pasado: *He hecho* (*alguna vez*). (Véase 8.3. LOS VERBOS *ARU* e *IRU*.)

VERBO PRESENTE INFORMAL + *KOTO GA ARU*

Expresa la posibilidad de que se lleve a cabo una acción o de que ocurra un determinado fenómeno: *Hay veces que + acción.* (*A veces + acción.*)
(Véase 8.3. LOS VERBOS *ARU* e *IRU*.)

| 5.2.7 | El nombre | Tipología del nombre | **Sustantivos con función adverbial** |

Nombres como **ashita** (*mañana*), **kyonen** (*el año pasado*) o **kyoo** (*hoy*) en japonés son sustantivos a pesar de desempeñar la función de adverbios de tiempo. (Véase 24. EL ADVERBIO.)

5.2.8	El nombre	Tipología del nombre	**Derivaciones y transformaciones del nombre**

Los nombres pueden experimentar diversas transformaciones mediante la adición de afijos –partículas que se unen, antepuestas o pospuestas, a una palabra para crear otra de significado afín–, mediante la repetición de la misma palabra para formar el plural, la unión de dos palabras para crear una palabra compuesta, la formación de un sustantivo a partir de un verbo, etc.

5.2.8.1	El nombre	Tipología del nombre	**Derivaciones y transformaciones del nombre**
Prefijos (*settooji*)				

Son partículas sin significado independiente que van unidas a una palabra, al principio de ella. Pueden expresar deferencia, respeto o educación (los prefijos honoríficos), perfilar el sentido de la palabra e incluso cambiarlo, pero no alteran la categoría gramatical de la misma.

DAI-: número…
第二課 ***Dai- ni- ka*** = *la lección número dos/segunda*

FU-: prefijo negativo (in-)
不必要(な) ***Fu-hitsuyoo-na*** = *innecesario*

HI-: prefijo negativo (in-, a-)
非科学的 ***Hi-kagaku-teki*** = *acientífico*

KAKU-: cada + cosa (concreta y abstracta)/lugar/persona
各階 ***Kaku-kai*** = *cada piso*

MAI-: cada + expresiones de tiempo
毎日 ***Mai-nichi*** = *cada día*

MI-: todavía no
未婚 ***Mi-kon*** = *soltero (todavía no casado)*

MU-/ BU-: sin…
無意味 ***Mu-imi*** = *sin sentido*
無事 ***Bu-ji*** = *sano y salvo, sin novedad*

RYOO-: ambos
両手 ***Ryoo-te*** = *ambas manos*

SAI-: el más (superlativo)
最高 ***Sai-koo*** = *el más alto, el mejor*

SHO-: varios
諸国 ***Sho-koku*** = *varios países*

EL PREFIJO HONORÍFICO *O-*

Precede a nombres, adjetivos y verbos y expresa respeto (***anata no o-kutsu*** = *sus zapatos*), educación o familiaridad (***o-kashi*** = *dulces*; ***o-cha*** = *té japonés*). A veces carece de significado. ***O*** precede a palabras de origen japonés o a términos muy asimilados a esta lengua como las palabras de origen occidental ***o-tabako*** (*tabaco*), ***o-biiru*** (*cerveza*), o de origen chino: ***o-denwa*** (*teléfono, llamada*), ***o-ryoori*** (*plato, comida*), ***o-kashi*** (*dulces*), ***o-benkyoo*** (*estudio*), etc. En el caso de nombres y adjetivos, se pone simplemente delante de éstos:

Adjetivo –***I***:	***isogashii = o-isogashii***	(*ocupado*)
Adjetivo –***NA***:	***joozu-na = o-joozu-na***	(*hábil*)
Nombre:	***sara = o-sara***	(*plato*)

> No añadiremos ***O*** a palabras que empiecen por *o-*, a palabras de gran longitud ni a palabras de origen extranjero (con excepciones como ***tabako***, etc.).

En el caso de los verbos, forma el modo honorífico de la siguiente manera:

FORMA HONORÍFICA:	O + verbo (*masu*) + *NI NARU*
Kaku (kaki-masu):	O + *kaki* + *ni narimasu*
Matsu (machi-masu):	O + *machi* + *ni narimasu*

FORMA HUMILDE:	O + verbo (masu) + *SURU*
Kaku (kaki-masu):	O + *kaki* + *shimasu*
Matsu (machi-masu):	O + *machi* + *shimasu*

En el modo honorífico de los verbos hay muchas excepciones: ***iru*** = ***irassharu/oru***; ***iku/kuru*** = ***irassharu/mairu***, etc. (Véase 22. EL MODO HONORÍFICO.)

EL PREFIJO HONORÍFICO *GO-*

GO– se pone delante de nombres, adjetivos y verbos para expresar la deferencia y respeto del hablante hacia su interlocutor. El prefijo ***GO*** generalmente precede a palabras de origen chino.

Ryooshin = mis padres;   *go-ryooshin* = sus padres

Kazoku = mi familia;   *go-kazoku* = su familia

5.2.8.2	El nombre	Tipología del nombre	Nominalizadores
Sufijos			

Partícula que se añade detrás de un nombre, adjetivo o verbo. Los sufijos no sólo perfilan el sentido de una palabra, sino que pueden darle un sentido nuevo y formar otra distinta, e incluso modificar su categoría gramatical: al adjetivo **hiro-i** (*amplio/a/os/as*), si se le añade el sufijo *–SA* se convierte en el sustantivo **hiro-sa** (*amplitud, superfície*). Hay sufijos que tienen flexión y otros que carecen de ella.

-**CHUU**: señala ininterrupción. *Estar + gerundio*
    会議中 **kaigi-chuu** = *están haciendo una reunión*
    電話中 **denwa-chuu** = *están comunicando* (teléfono)

-**JUU**: *a lo largo de* + tiempo/*en todo* + lugar
    一日中 **ichi-nichi-juu** = *durante todo el día*
    世界中 **sekai-juu** = *en todo el mundo*

-**KATA**: significa *manera*. Se forma: verbo (*masu*) + **KATA**
    Tabe-masu: **tabe-kata** = *manera de comer*
    Hanashi-masu: **hanashi-kata** = *manera de hablar*
    Aruki-masu: **aruki-kata** = *manera de andar*

-**SEN**: *línea*
    内線 **nai-sen** = *extensión telefónica* (línea interior)
    丸の内線 **Marunouchi-sen** = *línea Marunouchi* (metro)

SUFIJOS POSPUESTOS A NOMBRES DE PAÍSES: –*JIN* Y –*GO*

-**JIN**: Pospuesto al nombre de un país, indica nacionalidad.
    日本人   **nihon-jin** = *japonés*
    メキシコ人   **mekishiko-jin** = *mexicano*
    スペイン人   **supein-jin** = *español*
    ドイツ人   **doitsu-jin** = *alemán*

-**GO**: pospuesto al nombre de un país, indica la lengua del mismo. Excepciones:
    Igirisu=*Inglaterra*; **eigo**=*inglés*, o casos como México, Australia, etc. en que la lengua oficial procede de otro país.

日本語　　　　**nihon-go** = *lengua japonesa*

スペイン語　　**supein-go** = *lengua española*

ドイツ語　　　**doitsu-go** = *lengua alemana*

SUFIJOS QUE INDICAN LUGAR

-**BA/-JOO**: indica lugar

仕事場　　　　**shigoto-ba** = *lugar de trabajo*

運動場　　　　**undoo-joo** = *campo de deporte*

-**CHI**: indica zona

住宅地　　　　**juutaku-chi** = *zona residencial*

団地　　　　　**dan-chi** = *urbanización*

-**EN**: indica jardín o parque

植物園　　　　**shokubutsu-en** = *jardín botánico*

動物園　　　　**doobutsu-en** = *parque zoológico*

-**KAN**: indica edificio

領事館　　　　**ryooji-kan** = *consulado*

映画館　　　　**eiga-kan** = *cine* (edificio)

図書館　　　　**tosho-kan** = *biblioteca*

-**SHA**: indica empresa, firma comercial

新聞社　　　　**shinbun-sha** = *periódico* (empresa)

出版社　　　　**shuppan-sha** = *empresa editorial*

-**SHITSU**: indica habitación

研究室　　　　**kenkyuu-shitsu** = *despacho, laboratorio*

教室　　　　　**kyoo-shitsu** = *aula*

-**SHO/-JO**: indica lugar

停留所　　　　**teiryuu-jo** = *parada de autobús*

SUFIJOS QUE INDICAN PROFESIÓN

-**IN**: miembro, empleado de/en…

駅員　　　　　**eki-in** = *persona empleada en una estación*

店員　　　　　**ten´in** = *dependiente*

-KA: suele indicar, con excepciones, profesiones artísticas:

作家	**sak-ka**	= escritor
画家	**ga-ka**	= pintor
音楽家	**ongaku-ka**	= músico

-GYOO: indica negocio o sector económico

工業	**koo-gyoo**	= industria
商業	**shoo-gyoo**	= comercio
農業	**noo-gyoo**	= agricultura

-SHA: significa persona. Suele ir, con excepciones, con profesiones o actividades de tipo intelectual o científico.

研究者	**kenkyuu-sha**	= investigador
医者	**i-sha**	= médico
科学者	**kagaku-sha**	= científico

-SHU: suele acompañar, con excepciones (por ejemplo, **kashu**: cantante), a actividades o profesiones relacionadas con el deporte o la actividad física:

選手	**sen-shu**	= deportista
運転手	**unten-shu**	= conductor

-YA: indica tienda y persona que trabaja en ella. A veces se acompaña del tratamiento **–SAN**:

花屋	**hana-ya**	= floristería/florista

SUFIJOS DE TRATAMIENTO

-SAMA: significa señor, señora y señorita. Expresa un grado muy alto de respeto. En japonés hablado sólo se utiliza en el sector servicios para dirigirse a un cliente. En la correspondencia, **SAMA** sigue al nombre del destinatario de una carta, paquete, etc. Forma parte de muchas expresiones idiomáticas.

上田様	**Ueda-sama**	= señor/señora/señorita Ueda
森田惇様	**Morita Jun-sama**	= señor Jun Morita
お母様	**o-kaa-sama**	= mamá
お客様	**o-kyaku-sama**	= señor cliente
ご苦労様	**go-kuroo-sama**	= gracias por su ayuda

-SAN: significa *señor*, *señora* y *señorita*. Denota respeto, pero es más familiar y común en el trato diario que **SAMA**. Detrás del nombre de un animal expresa familiaridad y cariño (**o-saru-san**=*monito*). Puede ponerse detrás del nombre, apellido o incluso de determinadas profesiones. Para dirigirse a un superior es preferible usar como tratamiento el cargo o posición que ocupa.

上田さん	**Ueda-san** = *señor/ señora/ señorita Ueda* (apellido)	
明子さん	**Akiko-san** = *señora/ señorita Akiko* (con nombre de pila)	
息子さん	**musuko-san** = *su hijo*	
お医者さん	**o-isha-san** = *médico* (con profesión, **isha**)	
花屋さん	**hana-ya-san** = *florista*	

-**CHAN**: tratamiento cariñoso que se usa fundamentalmente al hablar o dirigirse a niños. Sigue al nombre de pila o a nombres que indican parentesco.

お母ちゃん　**o-kaa-chan** = *mami*
明子ちゃん　**Akiko-chan** = *Akiko.*

-**KUN**: tratamiento que suele utilizarse, detrás del nombre o apellido, para dirigirse a amigos o a subordinados. Lo utilizan principalmente hombres para dirigirse a hombres. También es común en las escuelas y en las empresas tanto para dirigirse a hombres como a mujeres.

山田君　**Yamada-kun** = **Yamada** (apellido)
健君　**Ken-kun** = **Ken** (nombre de pila)

El sustantivo **SENSEI** es un tratamiento muy común para dirigirse o referirse a profesores, artistas, abogados, médicos, parlamentarios, etc.

-**SHI**: tratamiento respetuoso que sigue al apellido. Normalmente se utiliza para referirse a hombres.

中山氏　**Nakayama-shi** = *señor Nakayama*

FORMACIÓN DEL PLURAL: –TACHI, –RA, –DOMO Y –GATA

-**DOMO**: Sufijo plural que expresa modestia. Sigue a la primera persona del pronombre personal formal **watakushi/watashi** (*yo*): **watakushi-domo/ watashi-domo** (*nosotros*) cuando hablamos con humildad.

-**GATA**: Sufijo plural que indica respeto. Sigue a la segunda persona de los pronombres personales formales **anata** (*usted*): **anata-gata** (*ustedes*) y a un número limitadísimo de palabras entre las que se encuentra **sensei-gata** (*profesores*).

-TACHI: Este sufijo plural no es tan formal como los dos anteriores. Puede seguir a la primera, segunda y tercera persona de los pronombres personales, formales o informales: **watashi-tachi** = *nosotros/as*, **kimi-tachi** = *vosotros*; así como a nombres que se refieran a seres humanos: **kodomo-tachi** = *niños*; **hito-tachi** = **personas**. También lo encontraremos detrás de nombres de animales: **neko-tachi** = **gatos**. Añadido a un nombre de persona, significa tal persona y compañía: **Matsumura-san-tachi** = **Matsumura-san y compañía**.

-RA: Este sufijo plural es mucho más informal que los anteriores. Va detrás de palabras relacionadas con cosas y personas, así como de la primera, segunda y tercera persona de los pronombres personales. Aplicado a personas, es muy informal y no debe usarse para referirse a superiores: **kimi-ra** = *vosotros*.

5.2.8.3	El nombre	Tipología del nombre	Nominalizadores
Nombres compuestos (fukugo-meshi)			

Se unen dos palabras para formar otra nueva con sentido propio:

Kami (*papel*) + **kuzu** (*desperdicio*): **kami-kuzu** = *papel usado, papelote*
Kuchi (*boca*) + **hige** (*barba/bigote*): **kuchi-hige** = *bigote*

> Cuando encabezan la segunda palabra, es frecuente que **K**, **S**, **T**, **H** se conviertan en **G**, **Z**, **D**, y **B** respectivamente.

Gomi (*basura*) + **hako** (*caja*):   **gomi-bako** = *cubo de basura*.
Hai (*ceniza*) + **sara** (*plato*):   **hai-zara** = *cenicero*.

Las palabras de origen extranjero (**gairai-go**) pueden formar palabras compuestas, solas (dos neologismos juntos) o junto con una palabra japonesa (una de cada). Las palabras de origen extranjero se escribirán en **katakana** y las otras en **hiragana** o **kanji** (ideogramas).

歯 (**ha**) = *diente* + ブラシ (**burashi**) = *cepillo*: 歯ブラシ(**ha-burashi**) = *cepillo de dientes*
消し (**keshi**) = **borrar** + ゴム (**gomu**) = *goma*: 消しゴム(**keshi-gomu**) = *goma de borrar*

Dentro de las palabras compuestas, se encuentran las formadas por la repetición de la misma palabra con el objeto de indicar plural. Este procedimiento no puede aplicarse a la totalidad de las palabras.

人 (**hito**) = persona   人々 (**hito-bito**) = personas
国 (**kuni**) = país   国々 (**kuni-guni**) = países
山 (**yama**) = montaña   山々 (**yama-yama**) = montañas

5.2.8.4	El nombre	Tipología del nombre	Nominalizadores
Nombres derivados (*tensei-meshi*)			

Son aquellos nombres que han llegado a serlo a través de un determinado proceso y a asumir una categoría gramatical diferente de la que tenían originalmente. Hay nombres derivados que proceden de adjetivos –**I** y –**NA**, y otros, de verbos.

A) NOMBRES DERIVADOS DE ADJETIVOS

La nominalización de los adjetivos –**I** y –**NA** se realiza mediante la adición de los sufijos –**SA** o –**MI** al adjetivo en cuestión. Los sufijos se unen a la raíz del adjetivo –**I** (el adjetivo –**I** sin la **I** final) o a la forma-diccionario del adjetivo –**NA** (la raíz, sin –**NA** ni el verbo **DEARU**). El sufijo –**SA**, objetivo y analítico, expresa grado. También se puede añadir a palabras de origen chino que expresan estado. –**MI** es más emotivo e indica percepción subjetiva de un estado. El número de adjetivos que admiten el sufijo –**MI** es limitado.

Adjetivo		**sustantivo con –*SA***	
Taka-i	(*alto/a/os/as*)	*taka-sa*	(*altura*)
Omo-i	(*pesado/a/os/as*)	*omo-sa*	(*peso*)
Naga-i	(*largo/a/os/as*)	*naga-sa*	(*longitud*)
Ooki-i	(*grande/es*)	*ooki-sa*	(*talla*)
Benri-na	(*conveniente/es*)	*benri-sa*	(*conveniencia*)
Adjetivo		**sustantivo con –*MI***	
Omoshiro-i	(*interesante*)	omoshiro-mi	(*encanto, interés*)
Kanashi-i	(*triste/es*)	kanashi-mi	(*tristeza*)
Kurushi-i	(*penoso, duro*)	kurushi-mi	(*dificultad, pena*)

B) NOMBRES DERIVADOS DE VERBOS

La conversión de un verbo en nombre se hace sustrayendo la terminación –*MASU* del presente formal afirmativo:

Forma diccionario	presente formal	nombre
Hataraku (*trabajar*)	hataraki-masu	hataraki (*actividad*)
Ugoku (*moverse*)	ugoki-masu	ugoki (*movimiento*)
Hikkosu (*trasladarse*)	hikkoshi-masu	hikkoshi (*traslado*)
Iku/yuku (*ir*)	iki/yuki-masu	iki/yuki (*ida*)
Kaeru (*regresar*)	kaeri-masu	kaeri (*regreso*)
Nokoru (*quedar, sobrar*)	nokori-masu	nokori (*resto*)
Sodatsu (*crecer, formarse*)	sodachi-masu	sodachi (*crianza*)
Nagareru (*fluir*)	nagare-masu	nagare (*corriente*)
Kawaku (*secarse*)	kawaki-masu	kawaki (*sequedad*)
Uketsukeru (*admitir*)	uketsuke-masu	uketsuke (*recepción*)

En japonés, se llama pronombre a la palabra que se utiliza para designar una persona, cosa, lugar, dirección, etc, sin emplear su nombre. Junto con el nombre, forma el **taigen**, la parte no flexiva de la oración capaz de desempeñar la función de sujeto. Hay gramáticas que lo consideran una parte del nombre.

En japonés hay pronombres personales, pronombres demostrativos que se refieren a cosas, pronombres demostrativos de lugar, pronombres demostrativos de dirección (en lengua española son adverbios), pronombres interrogativos y reflexivos.

No hay pronombres indefinidos.

El pronombre posesivo propiamente dicho no existe. La forma posesiva, equivalente al adjetivo y pronombre posesivo español, se forma añadiendo la partícula **NO** (*de*, complemento del nombre) a un nombre o pronombre personal.

6.2 | El pronombre | **Formas posesivas**

Watashi (*yo*):	watashi NO	(*mío/a/os/as*)
Kimi (*tú*):	kimi NO	(*tuyo/a/os/as*)
Anata (*usted*):	anata NO	(*suyo/a/os/as*)
Kare (*él*):	kare NO	(*suyo/a/os/as*)
Kanojo (*ella*):	kanojo NO	(*suyo/a/os/as*)
Watashitachi (*nosotros*):	watashitachi NO	(*nuestro/a/os/as*)
Kimitachi (*vosotros*):	kimitachi NO	(*vuestro/a/os/as*)
Karera (*ellos*):	karera NO	(*suyo/a/os/as*)

La formación de los posesivos es idéntica en las formas más formales e informales de los pronombres personales.

Watakushi (*yo, muy formal*):	watakushi NO	(*mío/a/os/as*)
Anatagata (*ustedes, formal*):	anatagata NO	(*suyo/a/os/as*)
Boku (*yo, informal*):	boku NO	(*mío/a/os/as*)
Ore (*yo, muy informal*):	ore NO	(*mío/a/os/as*)

Cuando detrás del PRONOMBRE PERSONAL + **NO** encontramos una PARTÍCULA o el verbo **DEARU**, la estructura equivale a un pronombre posesivo.

PRONOMBRE PERSONAL + **NO** + PARTÍCULA

あなたのはどれですか。
Anata no WA dore desu ka.
¿Cuál es el suyo/a/o/as?   (*el suyo*: anata no = *de usted*)

君のもきれいですよ。
Kimi no MO kirei desu yo.
El tuyo también es bonito.   (*el tuyo*: kimi no = *de ti*)

私のを見ましたか。
Watashi no O mimashita ka.
¿Ha visto el mío/a/os/as?   (*mío*: watashi no = *de mí*)

PRONOMBRE PERSONAL + **NO** + DEARU (*DESU*)

この本は私のです。
Kono hon wa watashi no desu.
Este libro es mío.

あの赤い車はあなたのですか。
Ano akai kuruma wa anata no desu ka.
¿Es suyo aquel coche rojo?

Cuando detrás del PRONOMBRE PERSONAL + **NO** hay un NOMBRE, equivale a un adjetivo posesivo.

PRONOMBRE PERSONAL + **NO** + NOMBRE

私の本は机の上にあります。
Watashi no hon wa tsukue no ue ni arimasu.
Mi libro está encima de la mesa.

{
あれはあなたの傘ですか。
Are wa anata no kasa desu ka.
¿Es aquél su paraguas?

6.3 | El pronombre | **Los pronombres personales**

SINGULAR		
PRIMERA PERSONA	**SEGUNDA PERSONA**	**TERCERA PERSONA**
FORMAL WATASHI	ANATA	ANO KATA
INFORMAL BOKU (masc.) ATASHI (fem.)	KIMI (masc.)	ANO HITO (él, ella) KARE (él) KANOJO (ella)
MUY INFORMAL ORE (masc.)	OMAE (masc.)	AITSU

PLURAL		
PRIMERA PERSONA	**SEGUNDA PERSONA**	**TERCERA PERSONA**
FORMAL WATASHITACHI	ANATAGATA	ANO KATAGATA
INFORMAL BOKU (RA/TACHI) ATASHI (RA/TACHI)	KIMI (RA/TACHI)	ANO HITOTACHI (ellos, ellas) KARERA (ellos) KANOJORA (ellas)
MUY INFORMAL ORE (RA/TACHI)	OMAE (RA/TACHI)	AITSURA

(masc.): Usado por hombres. Incluye la forma plural correspondiente (**bokura**, etc.)

(fem.) : Usado por mujeres. Incluye la forma plural correspondiente (**atashira**, etc.)

El uso adecuado de las diversas formas de formal, informal o muy informal dependerá del sexo (hay pronombres usados exclusivamente por hombres o mujeres) y de la posición relativa de quien habla frente a su interlocutor, así como del contexto (la empresa, la escuela, etc.).

En situaciones equivalentes, la mujer tiende a usar formas más formales que el hombre. Por ejemplo, hablando con amigos, una mujer utiliza normalmente **watashi** (*formal*), pronombre que se considera excesivamente formal para un hombre en esta situación.

PRIMERA PERSONA
WATASHI: *yo* (formal)
Es el pronombre personal más común para referirse a sí mismo. Tiene una forma más formal, **watakushi** (plural, **watakushitachi**, incluyendo al interlocutor y **watakushidomo**, no incluyéndolo), que se utiliza cuando hablamos con deferencia y respeto.

ATASHI: *yo* (informal/femenina)
Forma derivada de **watashi**. Usada principalmente por mujeres para referirse a sí mismas.

BOKU: *yo* (informal/masculina)
Usado por los hombres para referirse a sí mismos cuando hablan con personas conocidas de su misma posición o subordinados. Palabra que utilizan los adultos para dirigirse a niños varones pequeños (*tú*). Las formas plurales (*nosotros*) son **bokura** y **bokutachi**. El pronombre de segunda persona que le corresponde es **kimi**.

ORE: *yo* (muy informal/vulgar/masculina)
Forma usada por hombres cuando hablan con personas conocidas de su mismo nivel o subordinados.

SEGUNDA PERSONA
ANATA: *usted* (formal)
Palabra que se utiliza para dirigirse con deferencia al interlocutor. Es también la forma tradicional que usan las mujeres para llamar a sus maridos. **Anatasama** es una forma derivada de **anata** que denota mucho más respeto.

KIMI: *tú* (informal/masculina)
Palabra que usan los hombres cuando llaman a personas de su mismo nivel o inferiores en situaciones de confianza. El pronombre personal de primera persona que le corresponde es **boku**.

TERCERA PERSONA

ANO KATA: *él, ella* (formal)

KATA es la forma respetuosa de **HITO** (*persona*). Por lo tanto, los pronombres **KONO KATA** (lit. *esta persona = él/ella*), **SONO KATA** (lit. *esa persona = él/ella*) y **ANO KATA** (lit. *aquella persona = él/ella*) son las formas educadas de **KONO HITO**, **SONO HITO** y **ANO HITO**. El uso de unas u otras depende del grado de deferencia con el que queramos referirnos a la tercera persona. Para formar el plural, se añade el sufijo *–GATA*: **KONO/SONO/ANO ANATAGATA**.

KOITSU: *él, ella* (muy informal/vulgar)

KOITSU (*este tipo/ésta*), **SOITSU** (*ese tipo/ésa*) y **AITSU** (*aquel tipo/aquélla*) son formas muy informales. No son pronombres personales en el sentido estricto de la palabra, ya que pueden referirse también a cosas.

Los pronombres interrogativos correspondientes (*¿quién?*) son **DARE** y la forma honorífica **DONATA** y **DONATA-SAMA**.

A pesar de la gran variedad de formas que hay en japonés para referirse a la segunda persona, ésta se utiliza relativamente poco en comparación con la lengua española. Respecto a **anata** (*usted*), en japonés, para llamar o referirse al interlocutor se suele optar por el apellido, la profesión o la posición del mismo: **Tanaka-san** = *señor/a Tanaka*; **hana-ya-san** = *señor/a florista*, etc.

> (Dirigiéndose a *Tanaka-san*)
> これは田中さんの本ですか。
> Kore wa Tanaka-san no hon desu ka.
> *¿Es éste su libro, Tanaka-san?* (lit. *¿Es éste el libro de Tanaka-san?*).

Pese a ser una forma ambigua (fuera de contexto, no se sabe si nos referimos a la segunda persona o a la tercera) se suele preferir la forma **Tanaka-san no hon** (*el libro de Tanaka-san*) a **anata no hon** (*su libro/el libro de usted*).

En las relaciones profesionales o sociales, sólo se llamará por el nombre (normalmente usando el apellido) a personas de igual o inferior posición. Para dirigirse a un superior se utilizará el cargo o la posición: **sensei** = *profesor, doctor*; **kachoo** = *jefe de sección*, etc. Sin embargo, a un subordinado se le tratará por el nombre (normalmente, el apellido).

> (Dirigiéndose al jefe de sección)
> 課長もいらっしゃいますか。
> Kachoo mo irasshaimasu ka.
> *¿También irá (usted), señor jefe de sección?*

El punto anterior es aplicable a las relaciones familiares. Un niño llamará **otoosan/papa** = *padre/papá* a su padre; **okaasan/mama** = *madre/mamá* a su madre; **oniisan** = *hermano mayor* a su hermano mayor y **oneesan** = *hermana mayor* a su hermana mayor. Sin embargo, al hijo o al hermano menor se les llama por su nombre.

> (Dirigiéndose al hermano mayor)
> お兄さんのノートはどれですか。
> Oniisan no nooto wa dore desu ka.
> *¿Cuál es tu cuaderno?* (lit. *¿cuál es el cuaderno del hermano mayor?*).

| **6.4** | El pronombre | **Las formas *KO-SO-A-DO*** |

Al referirnos a una cosa, lugar, dirección y, a veces, incluso a una persona, utilizaremos la forma **KO**– cuando está cerca, **SO**– a una distancia media y **A**– cuando está lejos. También se utilizan estas formas en referencia a su relación con la primera, segunda o tercera persona respectivamente. La forma **DO**– es la interrogativa.

> A : あなたの本はどれですか。
> Anata no hon wa do-re desu ka.
> *¿Cuál es su libro?*
> B : これです。
> Ko-re desu (*éste*): *el libro está junto a la persona que habla.*
> B : それです。
> So-re desu (*ése*): *el libro está junto a la persona que escucha.*
> B : あれです。
> A-re desu (*aquél*): *el libro está lejos de ambas.*

Estas formas son aplicables a los demostrativos: **kore** = *éste*; **kono** *hon* = *este libro*; pronombres demostrativos de lugar: **koko** = *aquí*; **asoko** = *allí*; pronombres demostrativos de dirección: **kochira** = *aquí/hacia aquí*; algunos pronombres personales: **sono** *kata* = *esa persona*, etc.

	PRONOMBRES PERSONALES	PRONOMBRES DEMOSTRATIVOS		
		COSA	LUGAR	DIRECCIÓN
CERCA	KONOKATA KOITSU	KORE	KOKO	KOCHIRA
DISTANCIA MEDIA	SONOKATA SOITSU	SORE	SOKO	SOCHIRA
LEJOS	ANOKATA AITSU	ARE	ASOKO	ACHIRA
INTERROGATIVO	DONATA	DORE	DOKO	DOCHIRA

A：あなたの車はどこですか。
Anata no kuruma wa doko desu ka.
¿Dónde está tu coche?
B：あそこです。
Asoko desu.
Está allí.

こちらへどうぞ。
Kochira e doozo.
Por aquí, por favor.

A：英語の新聞はどれですか。
Eigo no shinbun wa dore desu ka.
¿Cuál es el periódico (que está escrito en) inglés?
B：それです。
Sore desu.
Es ése.

あの方は吉本先生です。
Ano kata wa Yoshimoto-sensei desu.
Aquella persona/él/ella es el profesor/a Yoshimoto.

あいつはへんだな。
Aitsu wa hen da na.
¡Qué raro es aquel tipo!

Cuando se habla de una cosa, lugar o persona no presentes que conocen tanto la persona que habla como la/s que escucha/n, se usa la forma **A–**. Sin embargo, si quien habla, quien escucha, o ambos, desconocen esta cosa, lugar o persona, se usa la forma **SO–**.

> 昨日公園を散歩しました。そこに花がたくさんありました。
> Kinoo kooen o sanpo shimashita. Soko ni hana ga takusan arimashita.
> *Ayer paseé por el parque. Allí había muchas flores.*

La persona que habla da por supuesto que su interlocutor no conoce el parque. Si lo conociera, usaría la forma **A–** (**asoko**).

| 6.5 | El pronombre | Los pronombres interrogativos |

Los pronombres interrogativos (**gimon-daimeishi**) son unas palabras mediante las cuales una persona expresa duda o desconocimiento de una situación, circunstancia, persona o cosa y se dirige a su interlocutor o interlocutores para que le informen sobre ello. Se les llama también **futei-daimeishi** porque señalan una cosa de la cual se desconoce el lugar que ocupa y con qué persona está relacionada (**KO-SO-A**). (Véase 3. LA ORACIÓN INTERROGATIVA SIMPLE.)

DARE/DONATA:	*¿Quién?*
DOCHIRA:	*¿Cuál? (entre dos)/ ¿Dónde?*
DOKO:	*¿Dónde?*
DORE:	*¿Cuál? (entre más de dos)*
ITSU:	*¿Cuándo?*
NAN/NANI:	*¿Qué?*

Detrás del pronombre interrogativo va una partícula o el verbo **DEARU** (ser). (Véase 4. LAS PARTÍCULAS.)

> INTERROGATIVO + PARTÍCULA + información ya conocida

> 何を食べましたか。
> Nani o tabemashita ka.
> *¿Qué ha comido? (Sabemos que ha comido, pero desconocemos qué.)*

> 誰を待っていますか。
> Dare o matte imasu ka.
> *¿A quién estás esperando?*

誰が来ましたか。
Dare ga kimashita ka.
¿Quién ha venido?

Al preguntar *¿cuándo?*, no pondremos ninguna partícula detrás del interrogativo **ITSU**. No sucederá así con *¿desde cuándo?* = **itsu kara**, *¿hasta cuándo?* = **itsu made** o *¿de cuándo?* = **itsu no**.

いつ大阪へ行きましたか。
Itsu Oosaka e ikimashita ka.
¿Cuándo ha/s ido/fuiste a Osaka?

Información ya conocida + **WA** + INTERROGATIVO + **DEARU** + **KA**

これは何ですか。
Kore wa nan desu ka.
¿Qué es esto?

あの人は誰ですか。
Ano hito wa dare desu ka.
¿Quién es él/ella?

あなたの本はどれですか。
Anata no hon wa dore desu ka.
¿Cuál es su libro?

テストはいつですか。
Tesuto wa itsu desu ka.
¿Cuándo es/son el/los examen/exámenes?

| 6.6 | El pronombre | Los pronombres reflexivos |

Los nombres **JIBUN**, **JIBUN-JISHIN** (*sí mismo*) pueden llamarse también **saiki-daimeishi** (pronombres reflexivos)

田中さんは自分自身を知りません。
Tanaka-san wa jibun-jishin o shirimasen.
Tanaka-san no se conoce a sí mismo.

{
平野さんは自分自身に不満を感じています。
Hirano-san wa jibun-jishin ni fuman o kanjite imasu.
Hirano-san se siente descontento de sí mismo.

En japonés, el pronombre indefinido propiamente dicho no existe. Sin embargo, añadiendo –**KA**, –**MO** o –**DEMO** a algunos pronombres interrogativos se forman unas palabras compuestas llamadas **REN-GO** que equivalen a los pronombres y adjetivos indefinidos de la lengua española.

DARE:	*¿Quién?*
Dare-ka:	*alguien*
Dare-mo:	*nadie* (con verbo negativo)
Dare-demo:	*cualquiera (cualquier persona)*
DOKO:	*¿Dónde?*
Doko-ka:	*alguna parte*
Doko-mo:	*ninguna parte* (con verbo negativo)
Doko-demo:	*cualquier parte*
NAN/NANI:	*¿Qué?*
Nani-ka:	*algo*
Nani-mo:	*nada* (con verbo negativo)
Nani-mokamo:	*todo*
Nan-demo:	*cualquier cosa*

Estas formas compuestas pueden ir seguidas de otra partícula.

{
夏休みにどこかへ行きますか。
Natsuyasumi ni doko-ka e ikimasu ka.
¿Irá/s a alguna parte durante las vacaciones de verano?

{
今朝何か（を）食べましたか。
Kesa nani-ka (o) tabemashita ka.
¿Ha/s comido algo esta mañana?

Detrás de **KA** y **MO**, las partículas **O** y **GA** suelen caer

誰か（が）来ましたか。
Dare-ka (ga) kimashita ka.
¿Ha venido/vino alguien?

机の上には何もありません。
Tsukue no ue ni wa nani-mo arimasen.
Encima de la mesa no hay nada.

En el caso de las negativas terminadas en **MO**, se invierten las posiciones de **MO** y de la partícula: INTERROG. + PART. + **MO.**

A: 誰かにあいました。
Dare-ka ni aimashita.
¿Ha/s visto a alguien?
B: いいえ、誰にも会いませんでした。
Iie, dare ni mo aimasen deshita.
No, no he visto a nadie.

今朝誰からも電話がありませんでした。
Kesa dare kara mo denwa ga arimasen deshita.
Esta mañana no ha llamado nadie.

Algunas de estas formas compuestas pueden desempeñar la función de un adjetivo indefinido cuando preceden a un nombre.

何か質問がありますか。
Nanika shitsumon ga arimasu ka.
¿Hay alguna pregunta?

誰か行きたい人がいますか。
Dare-ka ikitai hito ga imasu ka.
¿Hay alguna persona (alguien) que quiera ir?

EL VERBO Y
EL ADJETIVO
(*YOOGEN*)

Características del verbo (*dooshi*)

El verbo japonés (*dooshi*) es la palabra con la que se expresan las acciones o estados de los seres animados e inanimados, así como los sucesos. En lengua japonesa, junto con el adjetivo (*keiyooshi* y *keiyoo-dooshi*), forma el *yoogen*, la parte flexiva de la oración que desempeña la función de predicado.

El verbo japonés no flexiona ni en número, ni en persona, ni en género.

La clasificación básica de los verbos japoneses distingue entre verbos transitivos e intransitivos.

Los verbos *ARU* e *IRU* (*estar* y *haber*), y *DEARU* (*ser* y *estar*) pueden desempeñar la función de verbos auxiliares.

La forma-diccionario (*jisho-kei*) del verbo, equiparable al infinitivo, termina siempre en –*U*: –*KU*, –*GU*, –*MU*, –*NU*, –*BU*, –*SU*, –*TSU*, –*U* y –*RU*.

Existe una forma verbal semejante al gerundio: la forma –*TE*. Tiene carácter adverbial. Puede preceder a auxiliares que determinan tiempo, aspecto y modo.

En la conjugación del verbo juegan un papel decisivo los auxiliares (*jodooshi*).

En japonés, la manera como se conjuga un verbo determina el grupo al que pertenece. Pero los criterios de clasificación pueden variar. Según la gramática tradicional japonesa, los verbos se dividen en cinco grupos. Los estudios de japonés para extranjeros, sin embargo, los clasifican en tres grupos.

La gramática japonesa llama *katsuyoo* (*conjugación*) a los cambios de forma de las terminaciones verbales.

A las diferentes conjugaciones (*katsuyoo*) se les pueden posponer uno o varios auxiliares (*jodooshi*) para indicar modo, tiempo, aspecto, forma afirmativa y negativa, formal, informal y honorífica, etc.

En la gramática tradicional japonesa, el modo, el tiempo y el aspecto verbales los determinan los auxiliares (*jodooshi*). Los *jodooshi*, mediante su conjugación, complementan y dotan de significado al predicado.

La voz pasiva, la forma causativa, el modo potencial, el condicional y el imperativo se expresan mediante el uso de auxiliares (*jodooshi*).

El verbo japonés posee dos tiempos: el pasado (**kako**) y el tiempo no-pasado (**hikako**), que aquí llamaremos presente.

El verbo japonés tiene formas perfectivas (**kanryoo**) e imperfectivas (**sonzoku**).

Los verbos adquieren, con la adición del auxiliar (**jodooshi**) correspondiente, la forma informal, la formal o la honorífica. Así, por ejemplo, el pasado tiene una forma informal, otra formal y otra honorífica.

El uso del informal, del formal o del honorífico depende de la posición relativa del hablante respecto a su interlocutor, del contexto y de la situación en que se encuentra, y, además, en el caso del honorífico, del tema de la conversación.

Las formas afirmativa y negativa tienen una flexión propia determinada. Los auxiliares (**jodooshi**) –**nai**, –**masen**, entre otros, indican negación. No hace falta ningún adverbio (**iie** = *no*) para expresar negación, a pesar de que puede añadirse a la forma verbal negativa: **ikimasen** = *no voy*; **iie**, **ikimasen** = *no, no voy*.

8

Clasificación de los verbos

Hay diferentes tipos de verbos: de voluntad (***ishidooshi***), de percepción/ entendimiento/expresión (***chikaku/shikoo/gengoo no dooshi***), de desplazamiento (***idoodooshi***), de estado (***jootaidooshi***), etc. Y, ante todo, verbos transitivos (***tadooshi***) e intransitivos (***jidooshi***).

El verbo ***DEARU*** (***DA***) puede desempeñar una función similar a los verbos copulativos *ser* y *estar*, y, también, la de un verbo auxiliar (***jodooshi***).

Los verbos ***ARU*** e ***IRU*** (*estar* y *haber*, para seres inanimados y animados, respectivamente) son verbos de estado. También pueden desempeñar la función de verbos auxiliares (***jodooshi***).

| 8.1 | Clasificación de los verbos | Verbos transitivos e intransitivos |

Los verbos intransitivos (***jidooshi***) son los que expresan una acción o función del sujeto sin ayuda de complementos.

> Denki ga tsuku.   *Se enciende la luz.*
> To ga aku.   *Se abre la puerta.*
> Ongaku ga kikoeru.   *Se oye la música.*

Los verbos transitivos (***tadooshi***) son los que por sí mismos no pueden completar la acción o función del sujeto, sino que necesitan la ayuda de un complemento pospuesto por la partícula ***O***, el complemento directo.

> Denki o tsukeru.   *Enciendo la luz.*
> To o akeru.   *Abro la puerta.*
> Ongaku o kiku.   *Escucho la música.*

En general, todos los verbos transitivos llevan la partícula ***O***, que señala el complemento directo. También hay verbos intransitivos que exigen la partícula ***O***, pero, en este caso, la partícula ***O*** no indica el complemento directo, sino el lugar por donde se desplaza una persona, animal o cosa. La partícula ***O*** también puede señalar el punto de partida.

Verbos intransitivos que llevan la partícula O

A) Verbos de desplazamiento (*por, a través de...*)

Toori o aruku.	*Caminar por la calle.*
Gakkoo no mae o tooru.	*Pasar por delante de la escuela.*
Kaidan o noboru.	*Subir por la escalera.*
Kooen o sanpo suru.	*Pasear por el parque.*
Nohara o hashiru.	*Correr por el campo.*
Kawa o oyogu.	*Nadar por el río.*
Michi o wataru.	*Cruzar la calle.*
Sora o tobu.	*Volar por el cielo.*

B) Verbos que expresan la acción de bajar o salir

Basu o oriru.	*Bajar del autobús.*
Ie o deru.	*Salir de casa.*
Tookyoo o shuppatsu suru.	*Partir de Tokio.*

Terminaciones de verbos transitivos y verbos intransitivos

Verbos transitivos			Verbos intransitivos	
–eru	(shimeru)	→	–aru	(shimaru)
–eru	(tateru)	→	–u	(tatsu)
–asu	(ugokasu)	→	–u	(ugoku)
–su	(utsusu)	→	–ru	(utsuru)
–u	(waru)	→	–eru	(wareru)

VERBOS TRANSITIVOS		VERBOS INTRANSITIVOS	
Akeru:	*abrir*	Aku:	*abrirse*
Atatameru:	*calentar*	Atatamaru:	*calentarse*
Atsumeru:	*reunir, coleccionar*	Atsumaru:	*reunirse, juntarse*
Ireru:	*meter, introducir*	Hairu:	*entrar*
Ukeru:	*recibir, examinarse*	Ukaru:	*aprobar un examen*
Ugokasu:	*mover, desplazar*	Ugoku:	*moverse, desplazarse*
Utsusu:	*trasladar*	Utsuru:	*trasladarse*
Utsusu:	*proyectar, reflejar*	Utsuru:	*proyectarse, reflejarse*
Oeru:	*terminar*	Owaru:	*terminar(se)*
Okosu:	*levantar, despertar*	Okiru:	*levantarse, despertarse*
Okosu:	*causar, ocasionar*	Okoru/Okiru:	*suceder, ocurrir*

Verbos transitivos		Verbos intransitivos	
Otosu:	hacer/dejar caer	Ochiru:	caerse, suspender
Oru:	doblar, romper	Oreru:	doblarse, romperse
Orosu:	bajar (tr.), descargar	Oriru:	bajar (intr.), apearse
Kiku:	oír, preguntar	Kikoeru:	oírse
Kimeru:	decidir, fijar	Kimaru:	decidirse, fijarse
Kesu:	apagar, borrar	Kieru:	apagarse, borrarse
Shimeru:	cerrar	Shimaru:	cerrarse
Tateru:	levantar, enderezar	Tatsu:	ponerse en pie
Tsuzukeru:	continuar, seguir (tr.)	Tsuzuku:	continuar, seguir (intr.)
Dasu:	sacar	Deru:	salir
Toosu:	hacer/dejar pasar	Tooru:	pasar
Tomeru:	parar, detener	Tomaru:	pararse, detenerse
Tomeru:	alojar a alguien	Tomaru:	alojarse
Naraberu:	alinear	Narabu:	ponerse en fila
Nokosu:	dejar, dejar algo atrás	Nokoru:	quedar(se), sobrar
Noseru:	poner encima, cargar	Noru:	subirse, subir (vehículo)
Hajimeru:	empezar (tr.)	Hajimaru:	empezar, iniciarse (intr.)
Hazusu:	quitar, despegar	Hazureru:	salirse, desprenderse
Hiyasu:	enfriar	Hieru:	enfriarse
Mawasu:	hacer girar, voltear	Mawaru:	dar vueltas, recorrer
Miru:	ver, mirar	Mieru:	verse
Yaku:	asar, tostar, quemar	Yakeru:	quemarse, tostarse
Yorokobasu:	dar una alegría	Yorokobu:	alegrarse
Watasu:	pasar a, entregar	Wataru:	cruzar, atravesar
Waru:	quebrar, romper	Wareru:	romperse, quebrarse

La conjugación de los verbos transitivos e intransitivos se ceñirá a las características del grupo al que pertenezcan.

8.2	Clasificación de los verbos	El verbo *DEARU* (である)	
8.2.1	Clasificación de los verbos	El verbo *DEARU* (である)	Significado

El verbo **DEARU** se traduce por *ser* y *estar*.

Como verbo copulativo, expresa una cualidad o atributo del sujeto, determina su identidad y el grupo o categoría a los que pertenece.

Pospuesto a adjetivos y verbos, puede desempeñar la función de verbo auxiliar (**jodooshi**)

PRESENTE AFIRMATIVO		PRESENTE NEGATIVO		PASADO AFIRMATIVO		PASADO NEGATIVO	
FORMAL	INFORMAL	FORMAL	INFORMAL	FORMAL	INFORMAL	FORMAL	INFORMAL
desu	da	(dewa/ja) arimasen	dewanai/ janai	deshita	datta	(dewa/ja) arimasen deshita	dewanakatta janakatta
Soy, eres, es		*No soy, no eres, no es*		*Era, ha sido, fue*		*No era/ha sido/fue*	

(Primera columna izquierda: **DEARU**)

INFORMAL

{ これは本だ。
Kore wa hon da.
Esto es un libro. }

FORMAL

{ これは本です。
Kore wa hon desu.
Esto es un libro. }

El verbo **DEARU**, como cualquier otro verbo, va siempre al final de la frase. Puede estar precedido de un nombre o adjetivo que desempeñen la función de atributo.

SUJETO + *WA/GA* + ATRIBUTO + *DEARU*

{ 谷原さんは先生です。
Tanihara-san wa sensei desu.
Tanihara-san es profesor. }

Como auxiliar, puede convertir un adjetivo –*I* informal en uno formal. (Véase 23. EL ADJETIVO.)

{ Omoshiroi (informal) omoshiroi desu (formal) = *es interesante*
Yokunai (informal) yokunai desu (formal) = *no es bueno* }

En japonés oral, puede sustituir al predicado cuando éste ya es conocido por el contexto.

{ 私はパンを食べます。吉本さんはライスです。
Watashi wa pan o tabemasu. Yoshimoto-san wa raisu desu.
Yo como pan. Yoshimoto-san, arroz (lit. Yoshimoto-san es arroz). }

{
田村さんはハワイへ行きました。本多さんはヨーロッパです。

Tamura-san wa Hawai e ikimashita. Honda-san wa Yooroppa desu.

Tamura-san fue a Hawai. Honda-san, a Europa (lit. Honda-san es Europa).

Aunque el verbo al que sustituye esté en pasado, **DEARU** suele ir en presente.

{
A : どのぐらいパリにいましたか。

Dono gurai Pari ni imashita ka.

¿Cuánto tiempo has estado en París?

B : 二ヵ月です。

Ni-ka-getsu desu.

(Estuve) Dos meses.

8.3	Clasificación de los verbos	Los verbos *ARU* e *IRU* (ある／いる)

8.3.1	Clasificación de los verbos	Los verbos *ARU* e *IRU* (ある／いる)	**Significado**

Los verbos **ARU** e **IRU** se traducen ambos por *existir, haber, estar, tener* y *poseer*.

8.3.2	Clasificación de los verbos	Los verbos *ARU* e *IRU* (ある／いる)	**Conjugación**

El verbo **ARU** pertenece al GRUPO I e **IRU**, al GRUPO II.

	PRESENTE Y PASADO FORMAL E INFORMAL							
	PRESENTE AFIRMATIVO		PRESENTE NEGATIVO		PASADO AFIRMATIVO		PASADO NEGATIVO	
	FORMAL	INFORMAL	FORMAL	INFORMAL	FORMAL	INFORMAL	FORMAL	INFORMAL
ARU	arimasu	aru	arimasen	nai	arimashita	atta	arimasen deshita	nakatta
	Hay, está, tiene		*No hay, no está, no tiene*		*Había, estaba, tenía*		*No había, no estaba, no tenía*	
ARU	imasu	iru	imasen	inai	imashita	ita	imasen deshita	inakatta
	Hay, está, tiene		*No hay, no está, no tiene*		*Había, estaba, tenía*		*No había, no estaba, no tenía*	

INFORMAL

{
本はここにある。

Hon wa koko ni aru.

El libro está aquí.

FORMAL

{
本はここにあります。

Hon wa koko ni arimasu.

El libro está aquí.

8.3.3	Clasificación de los verbos	Los verbos *ARU* e *IRU* (ある／いる)	**Funciones**

ARU e *IRU* expresan localización, existencia y posesión.

Detrás de la forma *–TE* del verbo, desempeñan la función de auxiliar.

8.3.3.1	Clasificación de los verbos	Los verbos *ARU* e *IRU* (ある／いる)	Funciones
Localización (estructura OSV y SOV)				

En las expresiones de ubicación –*haber* y *estar*– el verbo **ARU** indica dónde hay o dónde está un ser inanimado (una cosa o planta), e **IRU**, dónde está o dónde hay un ser animado (animal o persona).

El lugar donde se encuentra esta determinada persona, animal o cosa (complemento circunstancial de lugar) se señala con **NI**.

Marcados por **NI**, se encuentran sustantivos que desempeñan la función de adverbios de lugar como **ue** (*encima*), **shita** (*debajo*), o lo que en español se llamarían locuciones prepositivas como –**no mae ni**, -**no yoko ni**, (*delante de–*, *al lado de–*), etc.

EXPRESIONES QUE INDICAN LOCALIZACIÓN

-**no aida**: .... *entre*

-**no oku**: .... *el fondo de*

-**no ue**: .... *encima de*

-**no ushiro**: .... *detrás de*

-**no chikaku**: .... *cerca de*

-**no hidari**: .... *la izquierda de*

-**no hidarigawa**: .... *el lado izquierdo de*

-**no naka**: .... *dentro de*

-**no mae**: .... *delante de*

-**no mannaka**: .... *el centro de*

-**no migi**: .... *la derecha de*

-**no migigawa**: .... *el lado derecho*

-**no shita**: .... *debajo de*

-**no soba**: .... *cerca de*

-**no tonari**: .... *el lado de* (dos cosas iguales: dos personas, etc.)

-**no yoko**: .... *el lado de* (no está sujeta a la limitación de **tonari**)

$\left\{\begin{array}{l}\text{学校の前}\\ \text{Gakkoo no mae.}\\ \textit{Delante de la escuela.}\end{array}\right.$ $\left\{\begin{array}{l}\text{箱の中}\\ \text{Hako no naka.}\\ \textit{Dentro de la caja.}\end{array}\right.$

Hay dos estructuras que expresan localización. Una se compone de complemento circunstancial de lugar + sujeto + verbo **ARU** o **IRU** (estructura OSV), y otra, del sujeto + complemento circunstancial de lugar + verbo (estructura SOV).

PRIMERA ESTRUCTURA (OSV)

En la primera estructura japonesa, –c.c. lugar + sujeto + verbo–, el lugar se señala con **NI** y el sujeto con **GA**. En lengua española, esta estructura equivale a: c.c. lugar + verbo haber + persona/animal/cosa o también, verbo haber + persona/animal/cosa + c.c. lugar.

LUGAR + *NI* + SUJETO + *GA* + *ARU/IRU*

$\left\{\begin{array}{l}\text{机の上に本があります。}\\ \text{Tsukue no ue ni hon ga arimasu.}\\ \textit{Encima de la mesa hay un libro.}\end{array}\right.$

$\left\{\begin{array}{l}\text{教室に学生がいます。}\\ \text{Kyooshitsu ni gakusei ga imasu.}\\ \textit{Hay un/a/os/as estudiante/s en el aula.}\end{array}\right.$

> Es posible utilizar la estructura **SOV** en vez de **OSV**, pero no es tan habitual y suena un poco forzada.

Utilizamos esta estructura para preguntar *qué* o *quién* hay –el elemento nuevo, desconocido de la oración– en un lugar determinado que tomamos como referencia, o para indicárselo al oyente. En consecuencia, los pronombres interrogativos propios de esta estructura son **NANI** (*qué, qué* hay en un determinado lugar) o **DARE** (*quién, quién* hay): *en un lugar conocido + hay + **qué, quién** (información nueva).*

$\left\{\begin{array}{l}\text{引き出しの中に何がありますか。}\\ \text{Hikidashi no naka ni nani ga arimasu ka.}\\ \textit{¿Qué hay dentro del cajón?}\end{array}\right.$

A：部屋の中に誰がいますか。

Heya no naka ni dare ga imasu ka.

¿Quién hay dentro de la habitación?

B：（部屋の中に）子供が二人います。

(Heya no naka ni) kodomo ga futari imasu.

(Dentro de la habitación) hay dos niños/as.

A：机の下に何がいますか。

Tsukue no shita ni nani ga imasu ka.

¿Qué hay debajo de la mesa?

B：（机の下に）猫がいます。

(Tsukue no shita ni) neko ga imasu.

(Debajo de la mesa) hay un gato.

Por cuestión enfática, en las oraciones negativas, **WA** sustituye a **GA** y se suma a **NI**.

A：本がありますか。

Hon ga arimasu ka.

¿Hay un libro?

B：いいえ、本はありません。ノートがあります。

Iie, hon wa arimasen. Nooto ga arimasu.

No, no hay ningún libro. Hay un cuaderno.

A：机の上に何かありますか。

Tsukue no ue ni nanika arimasu ka.

¿Hay algo encima de la mesa?

B：いいえ、机の上には何もありません。

Iie, tsukue no ue ni wa nanimo arimasen.

No, encima de la mesa no hay nada.

SEGUNDA ESTRUCTURA (SOV)

En la segunda estructura japonesa: –sujeto +c.c. lugar + verbo– el lugar se señalará con **NI** y el sujeto, con **WA**. En lengua española, esta estructura equivale a: *persona/ animal/cosa* + verbo *estar* + c.c. lugar.

$$\boxed{\text{SUJETO} + \textit{WA} + \text{LUGAR} + \textit{NI} + \textit{ARU/IRU}}$$

{
教科書は机の上にあります。
Kyookasho wa tsukue no ue ni arimasu.
El libro de texto está encima de la mesa.

{
高橋さんのお兄さんは車の中にいます。
Takahashi-san no oniisan wa kuruma no naka ni imasu.
El hermano mayor de Takahashi-san está dentro del coche.

En la segunda estructura (**SOV**), –**NI** + **ARIMASU/IMASU** puede sustituirse por –**DESU**.

{
教科書は机の上です。
Kyookasho wa tsukue no ue desu.
El libro de texto está encima de la mesa.

{
高橋さんのお兄さんは車の中です。
Takahashi-san no oniisan wa kuruma no naka desu.
El hermano mayor de Takahashi-san está dentro del coche.

Se utiliza la estructura **SOV** para preguntar *dónde está* una persona, un animal o una cosa conocidos por todos los interlocutores o para indicar la localización (información nueva) de este elemento ya conocido. En consecuencia, **DÓNDE** es el adverbio (en japonés, pronombre) interrogativo que corresponde.

{
A : 佐藤さんはどこにいますか。／佐藤さんはどこですか。
Satoo-san wa doko ni imasu ka. / Satoo-san wa doko desu ka.
¿Dónde está Satoo-san?
B : 佐藤さんはあそこにいます。／佐藤さんはあそこです。
Satoo-san wa asoko ni imasu./ Satoo-san wa asoko desu.
Satoo-san está allí.

A : 犬はどこにいますか。／犬はどこですか。

Inu wa doko ni imasu ka. / Inu wa doko desu ka.

¿Dónde está el perro?

B : 犬は車の中にいます。／犬は車の中です。

Inu wa kuruma no naka ni imasu./Inu wa kuruma no naka desu.

El perro está dentro del coche.

A : 本はどこにありますか。／本はどこですか。

Hon wa doko ni arimasu ka./ Hon wa doko desu ka.

¿Dónde está el libro?

B : 本は辞書の下にあります。／本は辞書の下です。

Hon wa jisho no shita ni arimasu. /Hon wa jisho no shita desu.

El libro está debajo del diccionario.

8.3.3.2	Clasificación de los verbos	Los verbos *ARU* e *IRU* (ある／いる)	Funciones
Existencia			

Se puede usar **ARU** o **IRU** para indicar la existencia, dentro de un grupo, de un ser vivo –persona o animal– que tiene unas características determinadas (*haber/existir* + persona/*animal*) que lo diferencian de los demás. Este ser vivo irá señalado con **GA** o **WA**. (Véase 1. FUNCIONES DE **WA** y **GA**.)

SUJETO + *GA* + *ARU/IRU*

冬でも海で泳ぐ人があります。／います。

Fuyu demo umi de oyogu hito ga arimasu/imasu.

Hay personas que se bañan en el mar incluso en invierno.

よくわからなかった学生がある／いるでしょうね。

Yoku wakaranakatta gakusei ga aru/iru deshoo ne.

Debe haber estudiantes que no lo han entendido bien, ¿no crees?

Se usa **ARU** para indicar la existencia de una cosa, física o abstracta (*haber/existir* + cosa) que va marcada por **GA** o **WA**.

SUJETO + *GA* + *ARU*

{
この世に正義はないんです。
Kono yo ni seigi wa nai n desu.
En este mundo no hay justicia.

Para indicar la posibilidad de que se lleve a cabo una acción o de que ocurra un determinado fenómeno se utiliza verbo presente informal + **koto** + **ga** + **ARU**. Lit. *Hay veces que + acción. (A veces + acción.)*

VERBO PRESENTE INFORMAL + *KOTO GA* + *ARU*

{
私は朝ご飯を食べないで学校へ行くことがあります。
Watashi wa asagohan o tabenaide gakkoo e iku koto ga arimasu.
A veces (hay veces que) voy a la escuela sin desayunar.

{
田中さんは会社へ行かないことがあります。
Tanaka-san wa kaisha e ikanai koto ga arimasu.
Tanaka-san a veces (hay veces que) no va a trabajar.

Para indicar si una persona ha tenido, o no, una determinada experiencia en el pasado, se usa *verbo pasado informal* + **koto** + **ga** + **ARU**. *He hecho (alguna vez)…*

VERBO PASADO INFORMAL + *KOTO GA* + *ARU*

{
A：米国へ行ったことがありますか。
　Beikoku e itta koto ga arimasu ka.
　¿Has estado alguna vez en Estados Unidos?
B：はい、何度も行ったことがあります。
　Hai, nan-do-mo e itta koto ga arimasu.
　Sí, he estado muchas veces.

Se utiliza **ARU** para indicar la existencia de un determinado suceso. Si se especifica el lugar donde ocurre, se señala este último con **DE**.

{
あそこで火事がありました。
Asoko de kaji ga arimashita.
Allí ha habido un incendio.

8.3.3.3	Clasificación de los verbos	Los verbos *ARU* e *IRU* (ある／いる)	Funciones

Posesión

ARU expresa la posesión de una cosa concreta o abstracta (*Tener + objeto/cosa abstracta*). El poseedor se indica con **WA** o **NI WA** y la cosa poseída, con **GA**.

> 彼女には才能があります。
> Kanojo ni wa sainoo ga arimasu.
> *Ella tiene talento.*

> 上田さんには車が二台あります。
> Ueda-san ni wa kuruma ga ni-dai arimasu.
> *Ueda-san tiene dos coches.*

Para expresar la posesión de un animal, se utilizan **ARU** e **IRU** indistintamente. El poseedor se señala con **WA** o **NI WA** y el animal, con **GA**.

> 山田さんには犬が三匹あります／います。
> Yamada-san ni wa inu ga sanbiki arimasu/imasu.
> *Yamada-san tiene tres perros.*

Para expresar el concepto *tener + persona* (familia, amigos), se puede usar **ARU** e **IRU**. Las partículas son, como en los dos casos anteriores, **WA/NI WA** y **GA** respectivamente.

> 金本さんには子供が三人あります／います。
> Kanemoto-san ni wa kodomo ga san-nin arimasu/imasu.
> *Kanemoto-san tiene tres hijos.*

> あなたは日本人の友達がありますか／いますか。
> Anata wa nihonjin no tomodachi ga arimasu ka /imasu ka.
> *¿Tiene usted amigos japoneses?*

Aunque el uso de **ARU** e **IRU** es correcto, cuando se pregunta sobre la existencia de familiares o amigos en lenguaje formal, suele utilizarse el verbo **IRASSHARU** (equivalente honorífico de **IRU**) o, si no, **IRU**.

{
ご兄弟がいらっしゃいますか。
Go-kyoodai ga irasshaimasu ka.
¿Tiene usted hermanos?

8.3.3.4	Clasificación de los verbos	Los verbos *ARU* e *IRU* (ある／いる)	Funciones
Función auxiliar			

La forma **–TE** de un verbo transitivo + **ARU** expresa el estado resultante de una acción: **kaite aru** (*está escrito*), **hatte aru** (*está pegado*), etc. Se traduce por *está + participio; hay + nombre + participio.*

FORMA -*TE* + *ARU*

{
手紙がもう書いてあります。
Tegami ga moo kaite arimasu.
La carta ya está escrita.

{
壁に絵がかけてあります。
Kabe ni e ga kakete arimasu.
Hay un cuadro colgado en la pared.

Añadiendo **IRU** a la forma **–TE** de un verbo transitivo se forma el presente continuo: **kaite iru** (*estoy escribiendo*), **utatte iru** (*estoy cantando*), etc.

FORMA -*TE* + *IRU*

{
子供は庭で遊んでいます。
Kodomo wa niwa de asonde imasu.
El niño/a/os/as está/n jugando en el jardín.

{
本多さんは手紙を書いています。
Honda-san wa tegami o kaite imasu.
Honda-san está escribiendo una carta.

La forma –**TE** de un verbo puntual + **IRU** expresa el estado en que se encuentra el sujeto. Se traduce por *está* + *adjetivo* (*participio*) (Ver verbos puntuales 8.6).

> **FORMA - *TE* + *IRU***

> 田中さんは太っています。
> Tanaka-san wa futotte imasu.
> *Tanaka-san está gordo/a.*

> 私はとても疲れています。
> Watashi wa totemo tsukarete imasu.
> *Yo estoy muy cansado/a.*

8.4 | Clasificación de los verbos | **El verbo *DEKIRU*** (できる)

DEKIRU es un verbo de estado.

DEKIRU es la forma potencial de **SURU**. Pertenece al GRUPO II.

DEKIRU tiene dos significados:

8.4.1	Clasificación de los verbos	El verbo *DEKIRU* (できる)	*Producirse, nacer, surgir, hacerse, completarse*

> 料理ができました。
> Ryoori ga dekimashita.
> *La comida está lista.*

> 家の近くに新しいスーパーができました。
> Uchi no chikaku ni atarashii suupaa ga dekimashita.
> *Cerca de casa han abierto un nuevo supermercado.*

> 日本人の友達ができました。
> Nihonjin no tomodachi ga dekimashita.
> *He hecho amigos japoneses.* *

8.4.2	Clasificación de los verbos	El verbo *DEKIRU* (できる)	*Poder, saber, ser capaz, ser posible*

NOMBRE + *GA* + *DEKIRU*

渡辺さんはテニスができます。
Watanabe-san wa tenisu ga dekimasu.
Watanabe-san sabe jugar al tenis.

VERBO FORMA DICCIONARIO + *KOTO* + *GA* + *DEKIRU*

谷原さんは英語を話すことはできません。
Tanihara-san wa eigo o hanasu koto wa dekimasen.
Tanihara-san no sabe hablar inglés.

8.5 | Clasificación de los verbos | El verbo *IRU* (いる)

IRU es un verbo de estado.

IRU pertenece al GRUPO I y se conjuga como tal.

IRU significa *necesitar*. El objeto está señalado con *GA*.

私は新しい車が要ります。
Watashi wa atarashii kuruma ga irimasu.
Necesito un coche nuevo.

人がもう一人要ります。
Hito ga moo hitori irimasu.
Hace falta otra persona (una persona más).

Con los verbos puntuales, la forma −**TE** + **IRU** expresa el estado resultante de una acción. En español equivale a verbo *estar* + participio.

> **FORMA -TE + IRU/IMASU = verbo estar + participio**

{
井上さんはソファーに座りました。今、ソファーに座っています。
Inoue-san wa sofaa ni suwarimashita. Ima, sofaa ni suwatte imasu.
Inoue-san se ha sentado en el sillón. Ahora está sentado/a en el sillón.

{
金田さんは去年結婚しました。金田さんは今結婚しています。
Kaneda-san wa kyonen kekkon shimashita. Kaneda-san wa ima kekkon shite imasu.
Kaneda-san se casó el año pasado. Kaneda-san ahora está casado/a.

LISTA DE VERBOS PUNTUALES

aku	*abrirse*	aite iru	*estar abierto*
iku	*ir*	itte iru	*estar en un lugar*
ochiru	*caerse*	ochite iru	*estar en el suelo*
oboeru	*aprender*	oboete iru	*acordarse de algo*
owaru	*terminar*	owatte iru	*estar terminado*
kaeru	*regresar*	kaette iru	*haber vuelto a casa*
kieru	*apagarse*	kiete iru	*estar apagado*
kiru	*ponerse (ropa)*	kite iru	*llevar puesto*
kuru	*venir*	kite iru	*estar aquí*
kekkon suru	*casarse*	kekkon shite iru	*estar casado*
shimaru	*cerrarse*	shimatte iru	*estar cerrado*
shiru	*enterarse*	shitte iru	*saber*
suwaru	*scntarse*	suwatte iru	*estar sentado*
tatsu	*ponerse en pie*	tatte iru	*estar de pie*
tsukareru	*cansarse*	tsukarete iru	*estar cansado*
dekakeru	*salir*	dekakete iru	*estar fuera*
hairu	*entrar*	haitte iru	*estar dentro*
neru	*dormirse*	nete iru	*estar dormido*
futoru	*engordar*	futotte iru	*estar gordo*
yaseru	*adelgazar*	yasete iru	*estar delgado*
yogoreru	*ensuciarse*	yogorete iru	*estar sucio*
wasureru	*olvidar*	wasurete iru	*haber olvidado*

Los auxiliares (Jodooshi)

Según la gramática tradicional japonesa, los auxiliares (*jodooshi*) son una parte de la oración. Se posponen a un verbo, a un adjetivo, a un nombre o a otro *jodooshi*. Tienen flexión. Pueden indicar forma causativa (*shieki*), pasiva (*ukemi*), potencial (*kanoo*), voluntad (*jihatsu*), respeto (*sonkei*), cortesía (*teinei*), ruego (*kikyuu*), negación (*hitei*), aspecto perfectivo (*kanryoo*), retrospección (*kaisoo*), conjetura (*suiryoo*), etc.

LISTA DE LOS PRINCIPALES *JODOOSHI*

Voz pasiva:	*–reru, –rareru*
Forma causativa:	*–seru, –saseru*
Deseo:	*–tai, –tagaru, –te moraitai, –te hoshii*
Obligación:	*–nakereba naranai*
Aserción:	*–da, –no da, –ni chigainai, –wake da, –mono da, –hazu da*
Pasado perfecto:	*–ta*
Negación:	*–nai, –nu, –mai*
Voluntad:	*–yoo, –mai, –tsumori da*
Transmisión de información:	*–soo da, –to iu koto da*
Conjetura y deducción:	*–daroo/–deshoo, –hazu da, –kamoshirenai, –rashii, –yoo da/ –mitai da*
Invitación:	*–yoo, –nai ka, –masen ka*
Sugerencia:	*–hoo ga ii, –tara doo ka*
Permiso/prohibición:	*–te wa ikenai, –te mo ii*
Ruego:	*–te kure, –te moraenai ka*

Dependiendo de la manera como se conjugan, los verbos se dividen en cinco grupos según **kokugo-bunpoo** (*gramática de la lengua nacional*) y en tres según **nihongo-bunpoo** (*gramática de japonés como lengua extranjera*). No se debe confundir la formación de los verbos con lo que la gramática japonesa llama **katsuyoo** (*conjugación*).

| 10.1 | Formación de los verbos | Formación según *kokugo-bunpoo* |

A) *Godan katsuyoo*

Pertenecen a **godan katsuyoo** los verbos que conjugan con los cinco sonidos **a**, **i**, **u**, **e**, **o**. En este grupo hay verbos como **KAKU** (*escribir*), **HANASU** (*hablar*), **KIKU** (*escuchar*), **IKU** (*ir*), etc.

Ejemplo: FORMA-DICCIONARIO: KAKU (*escribir*)

Kakanai Kakimasu Kaku Kakutoki Kakeba Kake Kakoo Kaita/e

B) *Kami ichidan katsuyoo*

Pertenecen a **kami ichidan katsuyoo** los verbos que conjugan con el sonido **i**. En este grupo hay verbos como **OKIRU** (*levantarse*), **MIRU** (*mirar*), **IKIRU** (*vivir*), etc.

Ejemplo: FORMA-DICCIONARIO: OKIRU (*levantarse*)

Okinai Okimasu Okiru Okirutoki Okireba Oki Okiyoo Okita/e

C) *Shimo ichidan katsuyoo*

Pertenecen a **shimo ichidan katsuyoo** los verbos que conjugan con el sonido **e**. En este grupo hay verbos como **TABERU** (*comer*), **SHIRABERU** (*investigar*), **OBOERU** (*aprender*), etc.

Ejemplo: FORMA-DICCIONARIO: TABERU (*comer*)

Tabenai Tabemasu Taberu Taberutoki Tabereba Tabe Tabeyoo Tabeta/e

D) *Kagyoo henkaku katsuyoo*

En *kagyoo henkaku katsuyoo* sólo hay un verbo:

KURU (*venir*).

| Konai | Kimasu | Kuru | Kurutoki | Kureba | Koi | Koyoo | Kita/e |

E) *Sagyoo henkaku katsuyoo*

En *sagyoo henkaku katsuyoo* sólo hay un verbo:

SURU (*hacer*).

| Shinai | Shimasu | Suru | Surutoki | Sureba | Se | Shiyoo | Shita/e |

Sin embargo, hay muchos nombres que se unen al verbo **SURU** y conjugan de la misma forma que **SURU**.

Benkyoo	(*estudio*)	benkyoo o suru	(*estudiar*)
Shigoto	(*trabajo*)	shigoto o suru	(*trabajar*)
Ryokoo	(*viaje*)	ryokoo o suru	(*viajar*)
Denwa	(*teléfono*)	denwa o suru	(*telefonear*)
Sooji	(*limpieza*)	sooji o suru	(*hacer la limpieza*)
Ryoori	(*comida*)	ryoori o suru	(*hacer la comida*)
Kekkon	(*boda*)	kekkon suru	(*casarse*)
Sanpo	(*paseo*)	sanpo suru	(*pasear*)
Toochaku	(*llegada*)	toochaku suru	(*llegar*)
Shuppatsu	(*salida*)	shuppatsu suru	(*salir, partir*)

10.2 | Formación de los verbos | **Formación según *nihongo-bunpoo***

Los cinco grupos de verbos de **KOKUGO-BUNPOO** suelen reducirse a tres en los textos de **NIHONGO-BUNPOO** (*japonés para extranjeros*). El primer grupo está formado por verbos con nueve terminaciones distintas. El segundo, por verbos con una sola terminación. El tercero, por dos verbos irregulares: **KURU** (*venir*) y **SURU** (*hacer*).

PRIMER GRUPO (equivale al grupo A de la clasificación anterior)

–KU	aruku	(*andar*)
–GU	oyogu	(*nadar*)
–BU	asobu	(*jugar*)
–MU	yomu	(*leer*)
–NU	shinu	(*morir*)
–SU	kasu	(*prestar*)
–U	kau	(comprar)
–TSU	matsu	(*esperar*)
–RU	kaeru	(*regresar*) Presente formal afirm.: **kae-ri-masu**
	kiru	(*cortar*) Presente formal afirm.: **ki-ri-masu**
	shiru	(*saber*) Presente formal afirm.: **shi-ri-masu**

SEGUNDO GRUPO (equivale a los grupos B y C)

–RU	taberu	(*comer*) Presente formal afirm.: **tabe-masu**
	miru	(*ver*) Presente formal afirm.: **mi-masu**
	oboeru	(*aprender*) Pres. form. afirm.: **oboe-masu**

TERCER GRUPO (equivale a los grupos D y E respectivamente)

suru	(*hacer*)
kuru	(*venir*)

La conjugación de los verbos

Según la gramática japonesa, **katsuyoo** (*conjugación*) es el cambio de terminación del **yoogen** (*la parte de la oración que flexiona: verbo y adjetivo*) y de los **jodooshi** (**auxiliares**). Y **katsuyoo-kei** (*conjugaciones o formas conjugadas*) son cada una de las formas que una palabra con flexión puede adoptar.

También la conjugación suele tratarse de manera diferente en los estudios de japonés para extranjeros y en los de la lengua nacional (**kokugo**) de la escuela japonesa.

11.1 | La conjugación de los verbos | Gramática de la lengua nacional

La gramática de la lengua nacional distingue entre seis conjugaciones:

MIZEN-KEI: mediante la adición de diversos auxiliares, expresa conjetura, voluntad o negación. Tres de los auxiliares (**jodooshi**) más importantes que lo siguen son:
- *-nai*: expresa negación
- *-o*: expresa voluntad y conjetura (aplicado a **godan katsuyoo**)
- *-yoo*: como *-o* (aplicado a todos los grupos menos **godan katsuyoo**)
- *-reru/-rareru*: expresa voz pasiva
- *-seru/-saseru*: expresa forma causativa

RENYOO-KEI: cuando va solo, coordina oraciones. Cuando va acompañado, lo siguen:
- *-masu*: indica que hablamos en lenguaje formal
- *-ta*: indica tiempo pasado
- *-te*: indica la forma *–TE*

SHUUSHI-KEI: forma principalmente utilizada al final de la oración.

RENTAI-KEI: forma utilizada como modificador de **taigen**, en oraciones de relativo.

KATEI-KEI: forma condicional. Le sigue:
- *-ba*: expresa hipótesis.

MEIREI-KEI: forma imperativa.

CUADRO DE CONJUGACIONES QUE SE APRENDE EN LA ESCUELA JAPONESA

FORMACIÓN	VERBO	RAÍZ	MIZEN	RENYOO	SHUUSHI	RENTAI	KATEI	MEIREI
GODAN	kaku	ka-	-ka-/-ko	-ki	-ku	-ku	-ke	-ke
KAMI ICHIDAN	ikiru miru	i- (mi)	-ki mi	-ki mi	-kiru miru	-kiru miru	-kire mire	-kiro miro
SHIMO ICHIDAN	kotaeru deru	kota- (de)	-e de	-e de	-eru deru	-eru deru	-ere dere	-ero dero
KAGYOO HENKAKU	kuru		ko-	ki-	kuru	kuru	kure	koi
SAGYOO HENKAKU	suru		shi/se/sa	shi	suru	suru	sure	shiro

EJEMPLO: Formación de **KORAREREBA** (*si puede venir*)

> PRIMER PASO: pasar la forma diccionario (*venir*) a potencial (*poder venir*). Se efectúa mediante la adición de un auxiliar (**jodooshi**), **–rareru**, a la conjugación **mizen-kei** (la apropiada en este caso) del verbo **kuru**.

> VERBO: **KURU** (*venir*)
> Formación: **kagyoo henkaku katsuyoo**
> Conjugación: **mizen-kei**

KO (*mizen-kei* de *kuru*) + RARERU (auxiliar potencial) = KO-RARERU (*poder venir*)

> SEGUNDO PASO: pasar la forma resultante (*poder venir*) a condicional (*si puede venir*). Se conjugará **korareru**, que cambia de formación (pasa a **shimo ichidan katsuyoo**), en **katei-kei** (condicional) y se le añadirá el auxiliar (**jodooshi**): **–ba.**

> VERBO: **KORARERU** (*poder venir*)
> Formación: **shimo ichidan katsuyoo**
> Conjugación: **katei-kei**

**KORAR (raíz) + ERE (*katei-kei*) + BA (auxiliar/hipótesis) =
KORAR-ERE-BA (*si puede venir*).**

Volviendo a **KORARERU** (poder venir en presente *informal* afirmativo), si añadimos el auxiliar *–MASU* a su conjugación **renyoo-kei** lo transformaremos en *formal*: **KORAR-E-MASU.**

VERBO:	**KORARERU** (*poder venir*)
Formación:	**shimo ichidan katsuyoo**
Conjugación:	**renyoo-kei**

Sin embargo, en los textos de japonés para extranjeros, si bien se habla de **jodooshi** (auxiliares) se suelen ofrecer cuadros con las formas completas, ya conjugadas, como veremos en los cuadros que aparecerán en VOZ, TIEMPO, ASPECTO, MODO.

11.2 | La conjugación de los verbos | Estudios de japonés como lengua extranjera

Los verbos se dividen en tres grupos: GRUPO I, II y III.

En la forma-diccionario, los verbos de los tres grupos terminan en *–U*. Las terminaciones de los verbos del GRUPO I (equivale a **godan katsuyoo**) son nueve: *–KU, –GU, –MU, –NU, –BU, –SU, –TSU, –U* y *–RU*.

Los verbos del GRUPO II (equivalentes a **kami ichidan katsuyoo** y **shimo ichidan katsuyoo**) terminan en *–RU*.

Los verbos del GRUPO III (equivalentes a **kagyoo henkaku katsuyoo** y **sagyoo henkaku katsuyoo**) son los verbos irregulares **KURU** (*venir*) y **SURU** (*hacer*), terminados ambos en *–RU*.

Según la gramática tradicional japonesa, la forma **–*TE*** del verbo se origina a partir de la conjugación (***katsuyoo***) ***renyoo-kei,*** a la que se añade la partícula **–*TE*.**

LA FORMA -*TE* DEL VERBO

GRUPO I			
–KU	–ITE	kaku:	kaite
		*iku:	itte
–GU	–IDE	oyogu:	oyoide
–MU	–NDE	yomu:	yonde
–NU	–NDE	shinu:	shinde
–BU	–NDE	asobu:	asonde
–SU	–SHITE	hanasu:	hanashite
–TSU	–TTE	matsu:	matte
–U	–TTE	kau:	katte
–RU	–TTE	kaeru:	kaette
GRUPO II			
–RU	–TE	taberu:	tabete
GRUPO III			
	Kuru	kite	
	Suru	shite	

La forma **–*TE*** expresa secuencia, orden en la realización de una serie de estados. (Véase 35. LAS ORACIONES COPULATIVAS.)

{
今朝起きて顔を洗いました。
Kesa okite, kao o araimashita.
Esta mañana me he levantado y me he lavado la cara.

La forma **–TE** expresa causa. (Véase 30. LAS ORACIONES CAUSALES.)

> あわてていて本を忘れました。
> Awatete ite hon o wasuremashita.
> *Con las prisas (lit. estaba atolondrado y) me olvidé el libro.*

La forma **–TE** de los verbos puede desempeñar funciones semejantes a las del gerundio adverbial español.

> 吉本さんは急いで作文を書きました。
> Yoshimoto-san wa isoide sakubun o kakimashita.
> *Yoshimoto-san ha escrito/escribió la redacción deprisa (dándose prisa).*

La forma **–TE** puede ir seguida de partículas, conjunciones y auxiliares (**jodooshi**). (Véase 13. TIEMPO Y ASPECTO. 21. EXPRESIONES DE MODO.)

FORMA **–TE** (*verbo transitivo*) + **IRU**

> 内田さんは小説を読んでいます。
> Uchida-san wa shoosetsu o yonde imasu.
> *Uchida-san está leyendo una novela.*

FORMA **–TE** (*verbo intransitivo*) + **IRU**

> シャツが汚れています。
> Shatsu ga yogorete imasu.
> *La camisa está sucia.*

FORMA **–TE** (*verbo transitivo*) + **ARU**

> かびんが机の上に置いてあります。
> Kabin ga tsukue no ue ni oite arimasu.
> *El jarrón está (puesto) encima de la mesa.*

En japonés hay dos tiempos: el pasado (**kako**) y el no-pasado (**hi-kako**). La forma no-pasada se puede llamar también presente (**genzai-kei**).

Hay una conjugación pasado-informal y otra pasado-formal, aparte de una honorífica que trataremos aparte. Las tres tienen, determinadas por una flexión propia, una forma afirmativa y otra negativa. Con el presente sucede lo mismo: tenemos presente informal afirmativo, presente informal negativo, presente formal afirmativo, presente formal negativo, más las formas honoríficas.

El uso del formal o del informal depende de la posición relativa del hablante respecto a su interlocutor.

El aspecto es una categoría gramatical que indica en qué fase está la acción que realiza el sujeto del verbo que expresa el predicado o el cambio que experimenta.

13.1 | Tiempo y aspecto | El presente (*GENZAI-KEI*)

FORMA DICCIONARIO	PRESENTE INFORMAL		PRESENTE FORMAL	
	AFIRMATIVO	**NEGATIVO**	**AFIRMATIVO**	**NEGATIVO**
KAKU	KAKU	KAKANAI	KAKIMASU	KAKIMASEN
OYOGU	OYOGU	OYOGANAI	OYOGIMASU	OYOGIMASEN
YOMU	YOMU	YOMANAI	YOMIMASU	YOMIMASEN
SHINU	SHINU	SHINANAI	SHINIMASU	SHINIMASEN
ASOBU	ASOBU	ASOBANAI	ASOBIMASU	ASOBIMASEN
HANASU	HANASU	HANASANAI	HANASHIMASU	HANASHIMASEN
MATSU	MATSU	MATANAI	MACHIMASU	MACHIMASEN
KAU	KAU	KAWANAI	KAIMASU	KAIMASEN
KAERU	KAERU	KAERANAI	KAERIMASU	KAERIMASEN

(GRUPO I — INFORMAL Y FORMAL)

GRUPO I
PRESENTE INFORMAL

La forma afirmativa coincide con la forma-diccionario. Para formar la negativa, se debe sustituir la sílaba con la que termina el verbo (siempre –**u**) por su equivalente en –**a** de la tabla de los *hiragana* y añadirle –**NAI**.

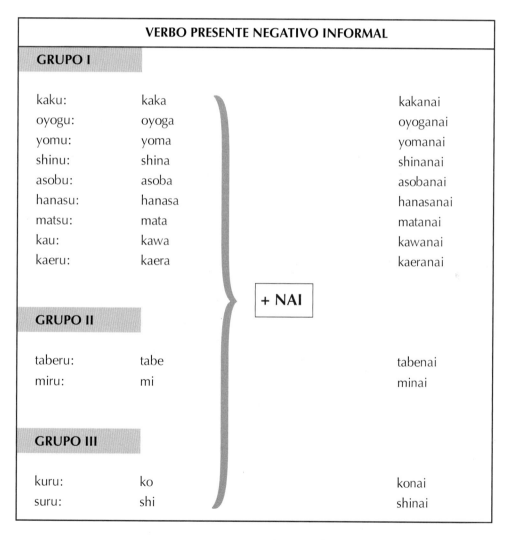

VERBO PRESENTE NEGATIVO INFORMAL		
GRUPO I		
kaku:	kaka	kakanai
oyogu:	oyoga	oyoganai
yomu:	yoma	yomanai
shinu:	shina	shinanai
asobu:	asoba	asobanai
hanasu:	hanasa	hanasanai
matsu:	mata	matanai
kau:	kawa	kawanai
kaeru:	kaera	kaeranai
	+ NAI	
GRUPO II		
taberu:	tabe	tabenai
miru:	mi	minai
GRUPO III		
kuru:	ko	konai
suru:	shi	shinai

Según la gramática que se enseña en la escuela japonesa, el presente informal afirmativo equivale a la forma **shuushi-kei**. Para formar el negativo informal no-pasado se añade el *jodooshi* (auxiliar) –**NAI** a la conjugación **mizenkei** de los verbos de todas las formaciones. El resultado es el mismo. Sólo que en los estudios de japonés como lengua extranjera suelen obviarse las conjugaciones **mizenkei**, **renyookei**, etc, como paso previo y no se citan.

GRUPOS II Y III
PRESENTE INFORMAL

En el GRUPO II, la forma afirmativa coincide con la forma-diccionario. Para formar la negativa, se debe quitar la terminación, la sílaba **–RU** y añadir **–NAI**:

Taberu: tabe + NAI = *tabenai*

Miru: mi + NAI = *minai*

En el GRUPO III, las formas afirmativas coinciden con la forma-diccionario. Las negativas son irregulares y son las siguientes:

Kuru: ko + NAI = *konai*

Suru: shi + NAI = *shinai*

GRUPO II Y GRUPO III (*KURU* Y *SURU*) INFORMAL Y FORMAL				
FORMA DICCIONARIO	PRESENTE INFORMAL		PRESENTE FORMAL	
	AFIRMATIVO	NEGATIVO	AFIRMATIVO	NEGATIVO
MIRU	MIRU	MINAI	MIMASU	MIMASEN
OBOERU	OBOERU	OBOENAI	OBOEMASU	OBOEMASEN
KURU	KURU	KONAI	KIMASU	KIMASEN
SURU	SURU	SHINAI	SHIMASU	SHIMASEN

13.1.2	Tiempo y aspecto	El presente (*GENZAI-KEI*)	**El presente formal**

Con los verbos del GRUPO I, se sustituye la sílaba final del verbo (terminada en **–u**) por su equivalente en **–i** de la tabla de los **hiragana** y se añade **–MASU** para obtener la forma afirmativa y **–MASEN** para obtener la negativa.

Con los verbos del GRUPO II, se suprime la sílaba final del verbo (**RU**) y se añade **–MASU** (forma afirmativa) y **–MASEN** (negativa).

Los verbos del GRUPO III son irregulares:

| KURU: | KI-MASU | (afirmativo) | KI-MASEN | (negativo) |
| SURU: | SHI-MASU | (afirmativo) | SHI-MASEN | (negativo) |

Según la gramática de la escuela japonesa, para obtener el formal (*teineikei*) se añade el *jodooshi* (auxiliar) –*MASU* a la conjugación *renyookei* de los verbos de todas las formaciones.

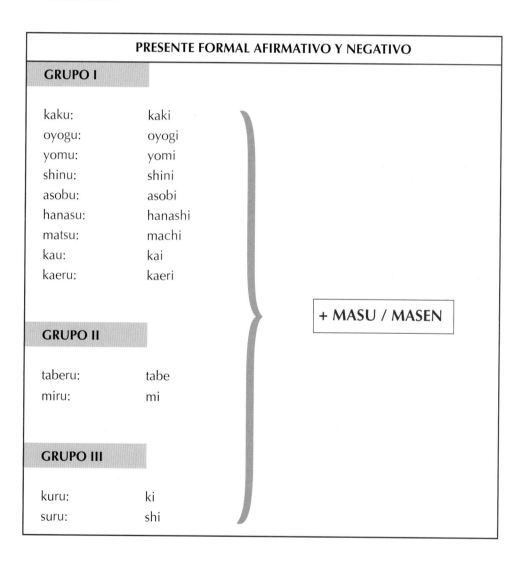

PRESENTE FORMAL AFIRMATIVO Y NEGATIVO

GRUPO I

kaku:	kaki
oyogu:	oyogi
yomu:	yomi
shinu:	shini
asobu:	asobi
hanasu:	hanashi
matsu:	machi
kau:	kai
kaeru:	kaeri

GRUPO II

| taberu: | tabe |
| miru: | mi |

GRUPO III

| kuru: | ki |
| suru: | shi |

+ MASU / MASEN

El presente indica hábito, costumbre, repetición. A menudo va acompañado de adverbios de frecuencia como **yoku** (*a menudo*), **toki-doki** (*a veces*), nombres como **maiasa** (*cada mañana*), **maishuu** (*cada semana*).

> よくスポーツをしますか。
> Yoku supootsu o shimasu ka.
> *¿Hace deporte a menudo?*

> 私は朝8時に起きます。
> Watashi wa asa hachi-ji ni okimasu.
> *Por las mañanas me levanto a las ocho.*

El presente indica futuro cuando va acompañado de un nombre o adverbio que expresa futuro.

> 明日学校へ行きます。
> Ashita gakkoo e ikimasu.
> *Mañana voy a la escuela.*

> Cuando hablemos de un hecho futuro no seguro o de uno cuya realización no dependa de nosotros, debemos añadir *DAROO* al verbo. (Véase 21.8 LA EXPRESIÓN *DAROO*.)

> 明日雨が降るだろう。
> Ashita ame ga furu daroo.
> *Mañana lloverá. / Quizás mañana llueva.*

El presente se usa para comentar obras o hablar de cosas que todavía perduran: un texto, una película, un libro, etc.

> 宇野千代は「色ざんげ」で二十年代の正確な描写をします。
> Uno Chiyo wa "Iro zange" de ni-juu nen dai no seikaku-na byoosha o shimasu.
> *En Confesiones de amor Chiyo Uno hace una descripción muy precisa de los años veinte.*

Los proverbios, principios matemáticos, leyes de la física, etc, se expresan en presente.

{
猿も木から落ちる。
Saru mo ki kara ochiru.
Incluso los monos se caen de los árboles (proverbio).
}

Algunas oraciones subordinadas, como por ejemplo las temporales con **TOKI**, pueden ir en presente para indicar simultaneidad o posterioridad respecto a la oración principal, independientemente del tiempo real en que tenga lugar la acción.

{
私は京都へ行く時、富士山を見ました。
Watashi wa Kyooto e iku toki, Fuji-san o mimashita.
Cuando iba a Kyooto vi el monte Fuji.
}

13.2 Tiempo y aspecto | El pasado (*KAKO-KEI*)

El pasado (**kako-kei**) expresa una acción o estado ya terminados que han tenido lugar en el pasado. Equivale al pretérito perfecto y al indefinido.

GRUPO I INFORMAL Y FORMAL				
FORMA DICCIONARIO	PASADO INFORMAL		PASADO FORMAL	
	AFIRMATIVO	NEGATIVO	AFIRMATIVO	NEGATIVO
KAKU	KAITA	KAKANAKATTA	KAKIMASHITA	KAKIMASENDESHITA
OYOGU	OYOIDA	OYOGANAKATTA	OYOGIMASHITA	OYOGIMASENDESHITA
YOMU	YONDA	YOMANAKATTA	YOMIMASHITA	YOMIMASENDESHITA
SHINU	SHINDA	SHINANAKATTA	SHINIMASHITA	SHINIMASENDESHITA
ASOBU	ASONDA	ASOBANAKATTA	ASOBIMASHITA	ASOBIMASENDESHITA
HANASU	HANASHITA	HANASANAKATTA	HANASHIMASHITA	HANASHIMASENDESHITA
MATSU	MATTA	MATANAKATTA	MACHIMASHITA	MACHIMASENDESHITA
KAU	KATTA	KAWANAKATTA	KAIMASHITA	KAIMASENDESHITA
KAERU	KAETTA	KAERANAKATTA	KAERIMASHITA	KAERIMASENDESHITA

GRUPO II Y GRUPO III (KURU Y SURU) INFORMAL Y FORMAL				
FORMA DICCIONARIO	**PASADO INFORMAL**		**PASADO FORMAL**	
	AFIRMATIVO	NEGATIVO	AFIRMATIVO	NEGATIVO
MIRU	MITA	MINAKATTA	MIMASHITA	MIMASENDESHITA
OBOERU	OBOETA	OBOENAKATTA	OBOEMASHITA	OBOEMASENDESHITA
KURU	KITA	KONAKATTA	KIMASHITA	KIMASENDESHITA
SURU	SHITA	SHINAKATTA	SHIMASHITA	SHIMASENDESHITA

13.2.1	Tiempo y aspecto	El pasado (*KAKO-KEI*)	**El pasado informal**

El pasado informal afirmativo de los verbos de todos los grupos se forma a partir de la forma *–TE* del verbo, sustituyendo la forma *–TE* por *–TA*, o sea, añadiendo el auxiliar *–TA* a la conjugación (**katsuyoo**) **renyookei** del verbo.

	FORMA *–TE*	PASADO INF. AFIRMATIVO		
GRUPO I:	**kai-te**	**kai-ta**	=	**KAITA**
GRUPO II:	**tabe-te**	**tabe-ta**	=	**TABETA**
GRUPO III:	**ki-te**	**ki-ta**	=	**KITA**
	shi-te	**shi-ta**	=	**SHITA**

El pasado informal negativo de los verbos de todos los grupos se forma a partir del presente informal negativo. Para obtener el pasado se debe sustituir la terminación *–NAI* por *–NAKATTA*.

	PRESENTE INF. NEG.	PASADO INF. NEG.		
GRUPO I:	**kaka-nai**	**kaka-nakatta**	=	**KAKANAKATTA**
GRUPO II:	**tabe-nai**	**tabe-nakatta**	=	**TABENAKATTA**
GRUPO III	**ko-nai**	**ko-nakatta**	=	**KONAKATTA**
	shi-nai	**shi-nakatta**	=	**SHINAKATTA**

| **13.2.2** | Tiempo y aspecto | El pasado (*KAKO-KEI*) | **El pasado formal** |

Con los verbos del GRUPO I, se debe sustituir la sílaba final del verbo (terminada en –***u***) por su equivalente en –***i*** de la tabla de los ***hiragana*** y añadirle –***MASHITA*** para obtener la forma afirmativa y –***MASEN DESHITA*** para obtener la negativa.

Con los verbos del GRUPO II, debemos suprimir la sílaba final del verbo (–***RU***) y añadirle –***MASHITA*** o –***MASEN DESHITA***.

Los verbos del GRUPO III son irregulares:

KURU:	***KI-MASHITA***	(afirmativo)
	KI-MASEN DESHITA	(negativo)
SURU:	***SHI-MASHITA***	(afirmativo)
	SHI-MASEN DESHITA	(negativo)

| **13.2.3** | Tiempo y aspecto | El pasado (*KAKO-KEI*) | **Usos del pasado** |

Expresa hechos y estados pasados. Pueden ir acompañados de un adverbio o nombre que indique tiempo.

渡辺さんは今朝六時半に起きました。
Watanabe-san wa kesa roku-ji han ni okimashita.
Watanabe-san se ha levantado esta mañana a las seis y media.

上村さんは十年前にフィンランドへ行きました。
Uemura-san wa juu-nen mae ni Finrando e ikimashita.
Uemura-san fue a Finlandia hace diez años.

Cuando hablamos de una experiencia que hemos o no hemos tenido en el pasado tomando como referencia el presente, no utilizaremos el pasado, sino la siguiente forma:

PASADO INFORMAL AFIRMATIVO + *KOTO GA* + *ARU*

{
A：オランダへ行ったことがありますか。

Oranda e itta koto ga arimasu ka.

¿Ha estado alguna vez en Holanda?

B：いいえ、一度も行ったことはありません。

Iie, ichi-do-mo itta koto wa arimasen.

No, no he estado nunca. (lit. ni una sola vez.)
}

Cuando hablamos de una experiencia que ya habíamos tenido antes de un momento concreto del pasado:

PASADO INFORMAL AFIRMATIVO + *KOTO GA* **+** *ATTA*

{
A：和食を食べたことがありましたか。

Washoku o tabeta koto ga arimashita ka.

¿Habías comido antes comida japonesa?

B：いいえ、食べたことはありませんでした。

Iie, tabeta koto wa arimasen deshita.

No, no había comido nunca.
}

Cuando hablamos de una acción que todavía no ha tenido lugar, pero que suponemos que va a realizarse, no utilizaremos el pasado perfecto, sino el presente continuo negativo. (Véase 12. LA FORMA –*TE* DEL VERBO.)

En esta estructura suelen aparecer los adverbios *MOO* (*ya*) y *MADA* (*aún/todavía*).

FORMA -*TE* **+** *INAI/IMASEN* **=** *no haber + participio + todavía*

{
A：もう昼ご飯を食べましたか。

Moo hirugohan o tabemashita ka.

¿Ya ha comido?

B：いいえ、まだ食べていません。

Iie, mada tabete imasen.

No, todavía no (he comido).
}

{
映画はまだ始まっていません。

Eiga wa mada hajimatte imasen.

La película todavía no ha empezado.
}

Algunas subordinadas, como por ejemplo las temporales con **TOKI**, pueden ir en pasado para indicar anterioridad respecto a la principal, independientemente del tiempo real en que tenga lugar la acción.

> 日本へ行った時、能を見に行ってください。
> Nihon e itta toki, Noo o mi-ni itte kudasai.
> *Cuando vayas a Japón, ve a ver teatro Noo.*

13.3 | Tiempo y aspecto | La forma -*TE* + *IRU*

FORMA -*TE* +	IRU	(informal-afirmativo)
	IMASU	(formal-afirmativo)
	INAI	(informal-negativo)
	IMASEN	(formal-negativo)

Expresa que la acción está teniendo lugar en aquel momento. En español equivaldría al presente continuo: verbo estar + gerundio.

> 加藤さんはコーヒーを飲んでいます。
> Katoo-san wa koohii o nonde imasu.
> *Katoo-san está tomando un café.*

> 井上さんは小説を読んでいます。
> Inoue-san wa shoosetsu o yonde imasu.
> *Inoue-san está leyendo una novela.*

El presente continuo también puede expresar repetición o costumbre.

> 吉本さんは会社に勤めています。
> Yoshimoto-san wa kaisha ni tsutomete imasu.
> *Yoshimoto-san está trabajando/trabaja en una empresa.*

> 中村さんはフランス語を勉強しています。
> Nakamura-san wa furansugo o benkyoo shite imasu.
> *Nakamura-san está estudiando/estudia francés.*

Con verbos puntuales, la forma *–TE + IRU* expresa el estado resultante de una acción. En español equivaldría a *verbo estar + participio.* (Véase lista de verbos puntuales en TEMA 8. CLASIFICACIÓN DE LOS VERBOS.)

鎌田さんは結婚しています。
Kamada-san wa kekkon shite imasu.
Kamada-san está casado/a.

窓が開いています。
Mado ga aite imasu.
La ventana está abierta.

Con verbos de movimiento como *IKU* (*ir*), *KURU* (*venir*), *KAERU* (*regresar*), etc, la forma *–TE + IRU* indica estado. *ITTE IRU,* por ejemplo, no significa *estar yendo a un lugar,* sino *estar en él.*

Iku:	*ir*	itte iru:	*estar (allí)*
Kuru:	*venir*	kite iru:	*estar (aquí)*
Kaeru:	*regresar*	kaette iru:	*estar de vuelta*
Dekakeru:	*salir*	dekakete iru:	*estar fuera*

Cuando hablamos de una acción que se extiende hasta el presente, utilizaremos el presente continuo. Puede ir acompañado de los adverbios *MOO* (*ya*) y *MADA* (*aún/ todavía*).

A：まだ漫画を読んでいますか。
　　Mada manga o yonde imasu ka.
　　¿Todavía está leyendo manga?
B：はい、まだ読んでいます。
　　Hai, mada yonde imasu.
　　Sí, aún estoy leyendo.

A：まだ雨が降っていますか。
　　Mada ame ga futte imasu ka.
　　¿Aún está lloviendo?
B：いいえ、もう降っていません。
　　Iie, moo futte imasen.
　　No, ya no llueve (lit. no está lloviendo).

もう仕事をしていますか。
Moo shigoto o shite imasu ka.
¿Ya estás trabajando?

Los verbos de estado (***jootai-dooshi***): **ARU** (*estar, haber* seres inanimados), **IRU** (*estar, haber,* seres animados) e **IRU** (*necesitar*) no pueden ir en presente continuo.

13.4 Tiempo y aspecto	**La forma -*TE* + *ARU***

FORMA **-*TE*** +	ARU (informal-afirmativo)
	ARIMASU (formal-afirmativo)
	NAI (informal-negativo)
	ARIMASEN (formal-negativo)

La forma –***TE ARU*** expresa que alguien o algo ha realizado una acción o efecto sobre algo y que continúa el estado resultante de esta acción o efecto. Por ejemplo:

窓が開けてあります。
Mado ga akete arimasu.
La ventana está abierta.

Esta frase indica que:

1) Alguien ha abierto la ventana.
2) Como resultado de ello, la ventana ha quedado abierta.
3) Este estado continúa invariable: *la ventana está abierta.*

Sólo los verbos transitivos pueden formar la expresión –***TE*** + ***ARU***.

El sujeto normalmente va marcado con **GA** (o **WA**), pero también podemos encontrar la partícula **O**.

La persona que ha realizado la acción no aparece, o bien porque no se conoce, o bien porque es irrelevante: lo importante es el estado resultante de la acción.

手紙が書いてあります。
Tegami ga kaite arimasu.
La carta está escrita.

$$\left\{\begin{array}{l}\text{絵がかけてあります。}\\\text{E ga kakete arimasu.}\\\textit{El cuadro está colgado.}\end{array}\right.$$

En el apartado anterior hemos visto como la forma −***TE*** + ***IRU*** también expresa el estado resultante de una acción. La diferencia está en que mientras en la forma −***TE*** + ***ARU*** encontramos exclusivamente verbos transitivos y de voluntad, con −***TE*** + ***IRU*** aparecerán con frecuencia verbos intransitivos.

Ejemplo: ***AKERU*** (*abrir*, transitivo)   ***AKU*** (*abrirse*, intransitivo)

TRANSITIVO: -***TE*** + ***ARU***   INTRANSITIVO: -***TE*** + ***IRU***

$$\left\{\begin{array}{l}\text{ドアが開けてあります。}\\\text{Doa ga akete arimasu.}\\\textit{La puerta está abierta.}\end{array}\right.\qquad\left\{\begin{array}{l}\text{ドアが開いています。}\\\text{Doa ga aite imasu.}\\\textit{La puerta está abierta.}\end{array}\right.$$

Las dos frases son idénticas en español. Sin embargo, en japonés el significado es un poco distinto. En la segunda frase simplemente se describe un estado. En la primera, -***TE*** + ***ARU*** indica que alguien ha abierto la puerta y que la ha dejado así, tal vez con alguna intención determinada: recoge la acción voluntaria de alguien. En este sentido, se parece a la estructura -***TE*** + ***OKU*** que veremos a continuación.

13.5 | Tiempo y aspecto | **La forma -*TE* + *OKU***

OKU significa *dejar, depositar*.

$$\left\{\begin{array}{l}\text{私は机の上に本を置きました。}\\\text{Watashi wa tsukue no ue ni hon o okimashita.}\\\textit{He dejado/dejé el libro encima de la mesa.}\end{array}\right.$$

Como auxiliar −***TE*** + ***OKU*** significa *dejar + participio*.

−***TE*** + ***OKU*** indica que preparamos, hacemos algo con antelación, pensando que luego podrá sernos de utilidad.

昼ご飯の用意をしておきました。

Hirugohan no yooi o shite okimashita.

Dejé la comida preparada.

También expresa que dejamos que un estado o acción continúe.

A：ドアを閉めましょうか。

Doa o shimemashoo ka.

¿Cerramos la puerta?

B：いいえ、開けておいてください。

Iie, akete oite kudasai.

No, déjela abierta.

子供が楽しそうに遊んでいるので遊ばせておこう。

Kodomo ga tanoshisoo-ni asonde iru node, asobasete okoo.

Los niños están jugando muy animadamente. Dejémoslos jugar.

La forma –**TE OKU** expresa la voluntad de realizar una acción mientras se está a tiempo de realizarla, pensando que más adelante no será posible.

教室に入る前にお手洗いに行っておこう。

Kyooshitsu ni hairu mae ni otearai ni itte okoo.

Voy al lavabo antes de entrar en clase.

来週入院するので、今のうちにたばこを吸っておこう。

Raishuu nyuuin suru node ima no uchi ni tabako o sutte okoo.

La semana que viene me ingresan en un hospital, así que mientras pueda voy a fumar.

–**TE** + **OKU** también puede ir con expresiones de deseo, voluntad, consejo, orden, ruego, etc.

冷蔵庫に魚を入れておいてください。

Reizooko ni sakana o irete oite kudasai.

Ponga el pescado en la nevera.

旅行の準備をしておいたほうがいいと思います。

Ryokoo no junbi o shite oita hoo ga ii to omoimasu.

Creo que es mejor dejar hechos los preparativos para el viaje.

En conversación coloquial, la forma –**TE** + **OKU** pasa a –**TOKU** (delante de –**T**) y –**DOKU** (delante de –**D**).

$$\left\{\begin{array}{l}この書類を読んどこう。\quad（読んでおこう）\\ \text{Kono shorui o yondokoo.}\quad\text{(yonde okoo)}\\ \textit{Voy a dejar leído/leer con antelación este documento.}\end{array}\right.$$

| **13.6** | Tiempo y aspecto | **La forma -TE + SHIMAU** |

−TE + SHIMAU expresa que una acción está completamente terminada. Puede ir acompañado de adverbios que refuercen su significado como **sukkari** (*completamente*) o **zenbu** (*todo*).

$$\left\{\begin{array}{l}私は田中さんが来るのをすっかり忘れてしまいました。\\ \text{Watashi wa Tanaka-san ga kuru no o sukkari wasurete shimaimashita.}\\ \textit{He olvidado/olvidé completamente que Tanaka-san iba a venir.}\end{array}\right.$$

$$\left\{\begin{array}{l}夕べケーキを全部食べてしまいました。\\ \text{Yuube keeki o zenbu tabete shimaimashita.}\\ \textit{Anoche me comí/acabé comiendo todo el pastel.}\end{array}\right.$$

El pasado (**kako-kei**) también expresa acción acabada, pero se limita a enunciar un hecho. La forma *−TE + SHIMAU* refleja, en cambio, la postura del hablante frente a éste.

$$\left\{\begin{array}{l}夕べケーキを全部食べました。\\ \text{Yuube keeki o zenbu tabemashita.}\\ \textit{Anoche me comí todo el pastel.}\end{array}\right.$$

−TE + SHIMAU refleja la postura del hablante frente a un determinado hecho y, por lo tanto, es la forma adecuada cuando el hablante expresa pesar o sorpresa ante dicho hecho.

$$\left\{\begin{array}{l}花びんが床に落ちて割れてしまいました。\\ \text{Kabin ga yuka ni ochite, warete shimaimashita.}\\ \textit{El jarrón se ha caído al suelo y se ha roto.}\end{array}\right.$$

−TE + SHIMAU puede usarse en presente cuando hablamos de una acción o hecho acostumbrado, o cuando nos referimos a una acción futura. Con el pasado perfecto (**kako-kei**) no podemos, evidentemente, expresar este tipo de situaciones.

このケーキを誰も食べないなら私が食べてしまいますよ。

Kono keeki o daremo tabenai nara watashi ga tabete shimaimasu yo.

Si nadie se come este pastel, ya me lo acabaré yo.

石川さんはいつもお酒を飲み始めたら、よっぱらってしまうまでやめません。

Ishikawa-san wa itsumo o-sake o nomihajimetara, yopparatte shimau made yamemasen.

Ishikawa-san, si empieza a beber, no para hasta que se emborracha (del todo)

En conversación informal, –**TE** + **SHIMAU** pasa a –**CHAU** (delante de –**T**) y –**JAU** (delante de –**D**).

まあ、これ、こわれちゃったわ。

Maa, kore, kowarechatta wa.

¡Oh! ¡Se ha roto!

| 13.7 | Tiempo y aspecto | La forma -*TE* + *MIRU* |

La forma –**TE MIRU** expresa que el hablante ha intentado o intentará hacer algo que le supone una dificultad o un esfuerzo. Se traduce por intentar + infinitivo.

日本語の新聞を読んでみよう。

Nihongo no shinbun o yonde miyoo.

Voy a intentar leer el periódico en japonés.

あの木にのぼってみます。

Ano ki ni nobotte mimasu.

Intentaré subir a aquel árbol

–**TE MIRU** expresa que el hablante va a realizar una acción como prueba, para ver cuál es el resultado. Se traduce por probar + sustantivo.

このケーキを食べてみましょう。

Kono keeki o tabete mimashoo.

Vamos a probar este pastel.

あの靴をはいてみます。

Ano kutsu o haite mimasu.

Voy a probarme estos zapatos.

La forma verbo presente (***masu***) + ***TSUTSU ARU*** expresa que una acción está teniendo lugar en aquel momento. Sin embargo, no suele usarse con verbos transitivos para expresar acciones propias de la vida cotidiana (*estar comiendo/hablando*). Para hablar de éstas, existe la forma –***TE*** + ***IRU*** (*estar + gerundio*).

> 吉田さんは本を読んでいます。
> Yoshida-san wa hon o yonde imasu.
> *Yoshida-san está leyendo un libro.*

En caso de los verbos puntuales o verbos de movimiento, que con –***TE*** + ***IRU*** indicaban estado, con la forma verbo presente (***masu***) + ***TSUTSU ARU*** expresan una acción que todavía no ha terminado, que continúa.

> 吉田さんは会社を出て、今家に帰りつつあります。
> Yoshida-san wa kaisha o dete, ima uchi ni kaeri-tsutsu arimasu.
> *Yoshida-san ha salido de la empresa y ahora se está dirigiendo a su casa.*

Con un verbo de voluntad, la forma –***TE*** + ***KURU*** indica que alguien realiza la acción que expresa el verbo en forma –***TE*** y que, a continuación, regresa al lugar donde estaba.

> 図書館へ行ってきます。
> Toshokan e itte kimasu.
> *Me voy a la biblioteca y vuelvo.*

> ジュースを買ってきます。
> Juusu o katte kimasu.
> *Compro un zumo y vuelvo.*

No debemos confundir -***TE*** + ***KURU*** con la expresión **verbo (*masu*)** + ***NI*** / ***IKU*** / ***KURU***. (Véase oraciones finales.)

> ジュースを買いに来ました。
> Juusu o kai-ni kimashita.
> *He venido a comprar un zumo.*

Hay varias expresiones formadas por un verbo en forma –*TE* + *KURU*, *IKU* o *KAERU*. Las más comunes son:

> **Lugar *E* + objeto *O* + *MOTTE* + *IKU* / *KURU* / *KAERU***

野村さんは学校へ辞書を持って来ました。
Nomura-san wa gakkoo e jisho o motte kimashita.
Nomura-san ha traído/trajo un diccionario a la escuela.

> **Lugar *E* + persona/animal *O* + *TSURETE* + *IKU* / *KURU* / *KAERU***

私はパーティーへ弟を連れて行きました。
Watashi wa paatii e otooto o tsurete ikimashita.
He llevado/llevé a mi hermano a la fiesta.

Con un verbo no controlable, la forma –*TE KURU* expresa un cambio de estado o situación. Marca un proceso que se ha venido operando desde un momento del pasado y que ha continuado hasta el presente.

気温がだんだん高くなってきました。
Kion ga dan-dan takakunatte kimashita.
Las temperaturas han ido subiendo gradualmente (lit. Han venido subiendo).

La forma –*TE KURU* puede ir acompañada de adverbios como **dan-dan** (*gradualmente*), **don-don** (*rápidamente*), etc.

日本語を勉強している学生がどんどん増えてきました。
Nihongo o benkyoo shite iru gakusei ga don-don fuete kimashita.
El número de estudiantes que estudian japonés ha ido (venido) aumentando rápidamente.

–*TE* + *KURU* acompaña a verbos que describen fenómenos: *FUERU* (*aumentar*), *HERU* (*disminuir*), *KAWARU* (*cambiar*), etc.

二十年前からあの町は人口が減ってきました。

Ni-juu-nen mae kara ano machi wa jinkoo ga hette kimashita.

La población de aquella ciudad ha venido disminuyendo desde hace veinte años.

松村さんは太ってきました。

Matsumura-san wa futotte kimashita.

Matsumura-san ha engordado (lit. Venido engordando).

La forma –*TE KURU* también puede reflejar un proceso mental (psicológico, emotivo, etc.)

アメリカの生活に慣れてきました。

Amerika no seikatsu ni narete kimashita.

Me he ido acostumbrando a la vida en América.

分かってきました。

Wakatte kimashita.

Ya lo entiendo.

Para expresar un cambio producido en acciones voluntarias, controlables, utilizaremos la forma verbo presente informal + *YOO NI NARU*

毎日遅くまで仕事をするようになりました。

Mainichi osoku made shigoto o suru yoo ni narimashita.

Ahora me he acostumbrado a trabajar hasta tarde todos los días.

La forma *–TE IKU* indica una acción que tiene lugar previamente (la acción que expresa el verbo en forma *–TE*) antes de ir a algún lugar o hacer otra cosa: *hacer algo e ir a alguna parte o hacer alguna otra cosa.*

> お茶を飲んで行きましょう。
> O-cha o nonde ikimashoo.
> *Tomemos un té y vayámonos.*

> Con el verbo *NORU* (coger un medio de transporte), *NOTTE IKU* se interpreta como *ir (subido) en un medio de transporte.* Es similar a *medio de transporte + partícula DE + IKU.*

La forma *–TE IKU* expresa que una situación o estado ha ido o irá cambiando a partir de un momento determinado. Se toma como referencia el momento en que ha empezado o empezará a cambiar.

PASADO

> そのころからバルセロナは人口が増えていきました。
> Sono koro kara Baruserona wa jinkoo ga fuete ikimashita.
> *A partir de aquel momento la población de Barcelona fue aumentando.*

> *-TE KURU* puede sustituir a *-TE IKU* en frases como la anterior, pero *-TE IKU* es más objetivo e impersonal. También puede indicar que el proceso se interrumpió en el pasado.
>
> > そのころからバルセロナは人口が増えてきました。
> > Sono koro kara Baruserona wa jinkoo ga fuete kimashita.
> > *En este momento, la población de Barcelona ha ido/venido aumentando.*

PRESENTE

これから暑くなっていくでしょうね。
Kore kara atsukunatte iku deshoo ne.
A partir de ahora irá haciendo cada vez más calor.

Cuando nos referimos a cambios que creemos que se producirán en el futuro, suele posponerse el auxiliar ***DAROO/DESHOO*** al verbo ***IKU.*** (Véase MODO. ***DAROO.***)

これから物価が高くなっていくだろう。
Kore kara bukka ga takakunatte iku daroo.
A partir de ahora los precios irán subiendo.

13.11 Tiempo y aspecto	**Verbo presente (*masu*) + *TSUZUKERU***

La forma *verbo presente* (***masu***) + ***TSUZUKERU*** expresa que la acción, el efecto o el estado del sujeto continúan.

TSUZUKERU es un verbo transitivo que significa *continuar.*

日本語の勉強を続けるつもりです。
Nihongo no benkyoo o tsuzukeru tsumori desu.
Pienso continuar los estudios de japonés.

También puede desempeñar la función de auxiliar: *seguir/continuar* + gerundio.

日本語の勉強をし続けるつもりです。
Nihongo no benkyoo o shi-tsuzukeru tsumori desu.
Pienso seguir estudiando japonés.

13.12 Tiempo y aspecto	***NARU***

NARU es un verbo del GRUPO I que expresa transformación, cambio de estado. Puede acompañar a un nombre, adjetivo –***I***, adjetivo –***NA*** o verbo.

NARU Se traduce por *hacerse, llegar a ser, convertirse en* + *nombre*.

> ### NOMBRE + *NI* + *NARU/NARIMASU/NARITAI...*

> 金田さんはお金持ちになりました。
> Kaneda-san wa o-kanemochi ni narimashita.
> *Kaneda-san se ha hecho rico.*

NARU mediante la adición del auxiliar –***TAI***, expresa el deseo del sujeto de convertirse en algo: ***NARI (masu)*** + ***TAI***

> A：将来、何になりたいですか。
> Shoorai nani ni naritai desu ka.
> *¿Qué quieres ser de mayor? (lit. ¿En qué quieres convertirte en el futuro?).*
> B：有名な俳優になりたいです。
> Yuumei-na haiyuu ni naritai desu.
> *Quiero ser un actor famoso (lit. Quiero convertirme en un actor famoso).*

NARU también puede acompañar a horas o fechas.

> もう十時になりました。
> Moo juu-ji ni narimashita.
> *Ya (han dado/son) las diez (lit. Ya han pasado a ser las diez).*

Con años de edad, ***NARU*** significa: *cumplir años.*

> 昨日明子さんは十八歳になりました。
> Kinoo Akiko-san wa juu has-sai ni narimashita.
> *Ayer Akiko-san cumplió dieciocho años.*

Con la forma –**TE** + **KARA**, detrás de una cifra que indique cantidad de tiempo, **NARU** significa *hace* + *cantidad de tiempo* + *que* + *verbo*:

> 原さんが結婚してから十年になります。
> Hara-san ga kekkon shite kara juu-nen ni narimasu.
> *Hara-san se casó hace diez años./Hace diez años que Hara-san se casó.*

| 13.12.2 | Tiempo y aspecto | *NARU* | **Con adjetivo (adjetivo -*I* y -*NA*)** |

NARU expresa un cambio de estado. Se traduce por *hacerse* + *adjetivo* o por verbos que denotan un cambio de estado: *crecer, iluminarse,* etc.

> **ADJETIVO (-I) + *KU* + *NARU/NARIMASU/NATTA*...**

> 部屋が明るくなりました。
> Heya ga akaruku narimashita.
> La habitación se ha iluminado/iluminó.

> **ADJETIVO (-NA) + *NI* + *NARU/NARIMASU/NATTA*...**

> 部屋が静かになりました。
> Heya ga shizuka ni narimashita.
> *La habitación se ha quedado/quedó en silencio.*

El sujeto va señalado con la partícula **GA.**

ADJETIVO + **NARU** puede ir acompañado de adverbios que indiquen la magnitud del cambio (*ha cambiado bastante, mucho,* etc.) o la velocidad con que se ha producido (*deprisa, poco a poco,* etc.).

> 惇君がだいぶ大きくなりました。
> Jun-kun ga daibu ookiku narimashita.
> *Jun-kun ha crecido bastante (lit. Hacerse mayor).*

> 早く元気になってくださいね。
> Hayaku genki ni natte kudasai ne.
> *Cúrese pronto, ¿eh? (lit. Ponerse bien).*

ADJETIVO + *NARU* puede ir seguido de los auxiliares *–TE + KURU* y *–TE + IKU*

气温がだんだん高くなってきました。
Kion ga dan-dan takaku natte kimashita.
Las temperaturas han (ido/venido aumentando) aumentado progresivamente.

–NARU aparece con frecuencia acompañando a *–TO* en oraciones causales que expresan la relación causa-efecto. (Véase 30.6. LA CONJUNCIÓN-PARTÍCULA *TO*.)

砂糖を入れるとコーヒーが甘くなります。
Satoo o ireru to, koohii ga amaku narimasu.
Al poner azúcar, el café se endulza.

| 13.12.3 | Tiempo y aspecto | *NARU* | **Con verbo** |

Acompañado de un verbo, *NARU* indica que se ha producido un cambio gradual: se ha empezado a realizar una acción que antes no se hacía o, por el contrario, se ha dejado de hacer algo que se solía hacer. O también, que la situación o posición de alguien o algo ha cambiado.

VERBO PRESENTE INFORMAL + *YOONI* + *NARU*

私は毎日運動をするようになりました。
Watashi wa mainichi undoo o suru yoo ni narimashita.
Me he acostumbrado a hacer deporte cada mañana. (Ahora hago y antes no hacía.)

毎日ニュースを見るようになりました。
Mainichi nyuusu o miru yoo ni narimashita.
Me he acostumbrado a mirar las noticias todos los días.

El verbo que precede a *–YOO NI NARU* va a menudo en forma potencial. En este caso, expresa que se ha adquirido una capacidad o que, por el contrario, se ha perdido.

金本さんはスペイン語が話せるようになりました。
Kanemoto-san wa supein-go ga hanaseru yoo ni narimashita.
Kanemoto-san ya habla/ha aprendido a hablar español (lit. Ha pasado a la situación de poder hablar español).

> **Supein-go** (en el ejemplo anterior) y **kanji** (en el posterior) están señalados con **GA** porque el verbo está en potencial. (Véase 15. EL MODO POTENCIAL.)

> ハイメさんは漢字が書けるようになりました。
> Haime-san wa kanji ga kakeru yoo ni narimashita.
> *Jaime-san ya escribe/ha aprendido a escribir ideogramas.*

Para indicar que se ha dejado de realizar una acción o que se ha perdido una capacidad, se pueden usar dos formas de negación distintas.

VERBO PRES. INFORMAL NEGATIVO + YOONI + NARU

> 私はディスコへ行かないようになりました。
> Watashi wa disuko e ikanai yoo ni narimashita.
> *He dejado de ir/ya no voy a la discoteca.*

VERBO PRES. INFORMAL NEGATIVO + KU + NARU

> 私はディスコへ行かなくなりました。
> Watashi wa disuko e ikanaku narimashita.
> *He dejado de ir/ya no voy a la discoteca.*

–**NAKU NARU** indica que el proceso ha sido más rápido.

–**NAI** + **YOO** + **NI** + **NARU** indica que el cambio ha sido más gradual.

Los verbos cuyo significado ya contenga implícita la idea de cambio: **FUERU** (*aumentar*), **HERU** (*disminuir*), **NOBIRU** (*crecer*), **FUTORU** (*engordar*), **YASERU** (*adelgazar*), etc, no van seguidos de **YOO** + **NI** + **NARU**, ya que no lo necesitan. Con estos verbos, si se quiere dar énfasis al proceso al cambio que se ha operado a lo largo del tiempo, se deben usar los auxiliares –**TE** + **KURU** o –**TE** + **IKU**.

> 彼の収入は増えてきました。
> Kare no shuunyuu wa fuete kimashita.
> *Sus ingresos han ido aumentando.*

FORMACIÓN (PRESENTE INFORMAL AFIRMATIVO Y NEGATIVO)

NOMBRE	
SENSEI DA	(*ser profesor*)
SENSEI DEWANAI	(*no ser profesor*)
Sensei ni naru	(*convertirse en profesor*)
Sensei ni naranai	(*no convertirse en profesor*)
Sensei dewanaku naru	(*dejar de ser profesor*)

ADJETIVO –NA	
KIREI DA	(*ser bonito*)
KIREI DEWANAI	(*no ser bonito*)
Kirei ni naru	(*embellecerse*)
Kirei ni naranai	(*no embellecerse*)
Kirei dewanaku naru	(*dejar de ser bonito/afearse*)

ADJETIVO –I	
KURAI	(*ser oscuro*)
KURAKU NAI	(*no ser oscuro*)
Kuraku naru	(*oscurecerse*)
Kuraku naranai	(*no oscurecerse*)
Kuraku naku naru	(*dejar de ser oscuro*)

VERBO	
YOMU	(*leer*)
YOMANAI	(*no leer*)
Yomu yoo ni naru	(*adquirir el hábito de leer*)
Yomu yoo ni naranai	(*no adquirir el hábito de leer*)
Yomanai yoo ni naru	(*dejar de leer gradualmente*)
Yomanaku naru	(*dejar de leer de repente*)

NARU es un verbo del GRUPO I. Para formar el presente y el pasado informales y formales, debemos ajustarnos a las reglas de conjugación de los verbos del GRUPO I. (Vésase LA CONJUGACIÓN DEL VERBO.)

TOKORO DA indica que la acción está a punto de empezar. Se traduce por *estar a punto de + infinitivo*.

VERBO FORMA DICCIONARIO + *TOKORO DA*

私は家を出るところです。
Watashi wa uchi o deru tokoro desu.
Estoy a punto de salir de casa.

TOKORO DA indica que se está realizando una acción: *estar + gerundio*.

VERBO FORMA -*TE* + *IRU* + *TOKORO DA*

今手紙を書いているところです。
Ima tegami o kaite iru tokoro desu.
Ahora estoy escribiendo una carta.

TOKORO DA indica que acaba de realizarse una acción: *acabar de + infinitivo*.

VERBO PASADO INFORM. AFIRM. + *TOKORO DA*

家に帰ったところです。
Uchi ni kaetta tokoro desu.
Acabo de regresar a casa.

BAKARI DA indica que se acaba de realizar una acción hace poco. Se traduce por *acabar de + infinitivo*. La expresión *PASADO + TOKORO DA* también indica que la acción acaba de terminar. Sin embargo, *BAKARI* indica que esto ha sucedido hace muy poco tiempo.

VERBO PASADO INFORM. AFIRM. + *BAKARI DA*

たった今晩ご飯を食べたばかりです。
Tatta ima bangohan o tabeta bakari desu.
He terminado de cenar ahora mismo.

13.15 | Tiempo y aspecto | **Verbo presente (*masu*) + HAJIMERU**

La forma *verbo presente (**masu**) + HAJIMERU* expresa el inicio de una acción o un estado. Se traduce por *empezar a + infinitivo.*

VERBO PRESENTE AFIRMATIVO (*MASU*) + HAJIMERU

私は五分前に作文を書き始めました。
Watashi wa go-fun mae ni sakubun o kaki-hajimemashita.
He empezado a escribir la redacción hace cinco minutos.

病気が治り始めました。
Byooki ga naori-hajimemashita.
La enfermedad ha empezado a mejorar.

13.16 | Tiempo y aspecto | **Verbo presente (*masu*) + OWARU/OERU**

La forma *verbo presente (**masu**) + OWARU* indica que se ha realizado una acción hasta el final. Se traduce por *acabar de + infinitivo.*

VERBO PRESENTE AFIRMATIVO (*MASU*) + OWARU

やっと作文を書き終わりました。
Yatto sakubun o kaki-owarimashita.
Por fin he terminado de escribir la redacción.

OWARU puede sustituirse por el verbo transitivo *OERU* en japonés escrito

La voz verbal (*VOISU*)

Se llama voz verbal a cada una de las formas en que puede emplearse el verbo, según que el sujeto gramatical sea el ejecutante de la acción o el que la recibe.

先生は私を叱りました。 　　　　　　　　能動態
Sensei wa watashi o shikarimashita. 　　　Noodootai
El profesor me riñó. 　　　　　　　　　　*Voz activa.*

私は先生に叱られました。 　　　　　　　受動態／受身
Watashi wa sensei ni shikararemashita. 　Judootai/ukemi
Yo fui reñido/a por el profesor. 　　　　*Voz pasiva.*

Dentro del capítulo *VOZ* (**voisu**), los textos de gramática japoneses incluyen, aparte de la *voz activa* (**noodootai**) y *pasiva* (**judootai** o **ukemi**), la forma *causativa* (**shieki**) y la *causativa-pasiva* (**shieki-ukemi**). Los **jodooshi** (*auxiliar*) –**seru**/–**sareru** y –**su** expresan forma causativa y –**serareru**/–**saserareru**, causativa-pasiva.

学生は先生の命令でテープを聞きました。 　　　(能動態)
Gakusei wa sensei no meirei de teepu o kikimashita. 　(Noodootai)
El estudiante escuchó la cinta por orden del profesor. 　(Activa)

先生は学生にテープを聞かせました。 　　　(使役)
Sensei wa gakusei ni teepu o kikasemashita. 　(Shieki)
El profesor hizo escuchar la cinta al estudiante. 　(Causativa)

学生は先生にテープを聞かせられました。 　　　(使役受身)
Gakusei wa sensei ni teepu o kikaseraremashita. 　(Shieki-ukemi)
El estudiante fue obligado por el profesor a escuchar la cinta.
(lit. *El estudiante fue hecho escuchar la cinta por el profesor.*) (Causativa-pasiva)

Hay textos que incluyen también el modo potencial dentro de la voz verbal. El modo potencial se expresa mediante el **jodooshi** (*auxiliar*) –**reru**/–**rareru**. También expresa modo potencial la expresión –**koto ga dekiru**.

El ***jodooshi*** (*auxiliar*) **–reru/–rareru** expresa voz pasiva. La forma verbal resultante pertenece al GRUPO II de japonés para extranjeros y a ***shimo ichidan katsuyoo*** de la gramática de la lengua nacional y se conjuga como tal.

En la voz pasiva (***judootai*** o ***ukemi***), a diferencia de la voz activa, no es el sujeto sino el complemento agente quien realiza la acción.

En japonés, pueden ir en voz pasiva tanto los verbos transitivos como los intransitivos.

Se usa la voz pasiva para indicar que el sujeto ha recibido por parte del agente un daño o molestia, o, por el contrario, un beneficio. También se usará la voz pasiva cuando el sujeto que ha realizado la acción es muy numeroso e indeterminado o no tiene ningún interés.

FORMACIÓN			
GRUPO I			
–KU:	–KAreru	(kiku:	kikareru)
–GU:	–GAreru	(sawagu:	sawagareru)
–SU:	–SAreru	(hanasu:	hanasareru)
–MU:	–MAreru	(yomu:	yomareru)
–NU:	–NAreru	(shinu:	shinareru)
–BU:	–BAreru	(yobu:	yobareru)
–U:	–WAreru	(warau:	warawareru)
–TSU:	–TAreru	(matsu:	matareru)
–RU:	–RAreru	(toru:	torareru)
GRUPO II			
–RU:	–RAreru	(taberu:	taberareru)
GRUPO III			
		Suru:	sareru
		Kuru:	korareru

El complemento directo de la oración en voz activa pasa a desempeñar la función de sujeto en las oraciones en voz pasiva. Sólo los verbos transitivos pueden dar oraciones pasivas directas. Es el mismo tipo de oración pasiva que existe en español.

El sujeto de la oración en voz pasiva va marcado con **WA** o **GA** y el complemento agente, con **NI**.

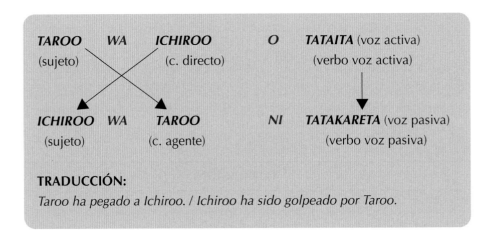

TRADUCCIÓN:
Taroo ha pegado a Ichiroo. / Ichiroo ha sido golpeado por Taroo.

En el ejemplo anterior, el sujeto de la oración en voz activa, **Taroo** (marcado con **WA**), que es quien realiza la acción, pasa a complemento agente (marcado con **NI**). De la misma manera, **Ichiroo**, la persona agredida, pasa a ser el sujeto de la oración pasiva.

14.1.2	La voz verbal	La voz pasiva *(JUDOOTAI / UKEMI)*	**Oraciones pasivas indirectas**

En este tipo de estructura, en la oración en voz activa no hay un complemento directo que desempeñe la función de sujeto en la oración pasiva. En las pasivas indirectas se pueden encontrar verbos transitivos e intransitivos. Este tipo de oración pasiva no existe en español.

La primera oración (**ame ga futta**: *ha llovido*) es la causa de la molestia experimentada por el sujeto de la oración pasiva (**watashi**: *yo*). Así, el sujeto de la primera oración (la lluvia, la causante de la molestia) se convertirá en complemento agente.

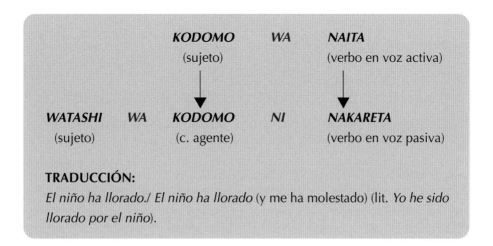

TRADUCCIÓN:

El niño ha llorado./ El niño ha llorado (y me ha molestado) (lit. *Yo he sido llorado por el niño*).

14.1.3	La voz verbal	La voz pasiva *(JUDOOTAI / UKEMI)*	**Complemento agente + NI YOTTE**

Cuando el sujeto de la oración es una creación, obra, descubrimiento o invento realizado por el complemento agente, éste no está señalado con la partícula **NI**, sino con **NI YOTTE**:

ゲルニカはピカソによってかかれた。
Gerunika wa Pikaso ni yotte kakareta.
Guernica fue pintado por Picasso.

ドン・キホーテはセルバンテスによって書かれた。
Don Kihoote wa Serubantesu ni yotte kakareta.
El Quijote fue escrito por Cervantes.

アメリカ大陸はコロンブスによって発見された。
Amerika tairiku wa Koronbusu ni yotte hakken sareta.
El Continente Americano fue descubierto por Colón.

14.1.4	La voz verbal	La voz pasiva (JUDOOTAI / UKEMI)	Complemento agente + KARA/NI

Con verbos que expresan sentimientos (en estas oraciones se describe el flujo de sentimiento que parte del complemento agente hacia el sujeto) como **AISURU** (*amar*), **NIKUMU** (*odiar*), **HIHAN SURU** (*valorar, criticar*), etc, se puede usar la partícula **NI** o **KARA** indistintamente.

彼女はみんなに／から愛されている。
Kanojo wa minna ni / kara aisarete iru.
Ella es querida por todos.

政府の新しい政策は国民に／から批判された。
Seifu no atarashii seisaku wa kokumin ni / kara hihan sareta.
La nueva política del gobierno ha sido criticada por el pueblo.

14.1.5	La voz verbal	La voz pasiva (JUDOOTAI / UKEMI)	Usos de la voz pasiva

La voz pasiva expresa que el sujeto se siente perjudicado, fastidiado o víctima de la acción que ha llevado a cabo el complemento agente (marcado con **NI**). La misma frase en voz activa carecerá de este matiz. Este uso de la voz pasiva es muy común en lengua japonesa.

友達が家に来た。
Tomodachi ga uchi ni kita.
Mis amigos vinieron a casa.

僕は友達に家に来られた。
Boku wa tomodachi ni uchi ni korareta.
Mis amigos vinieron a casa.

Las dos frases se traducen igual, pero la segunda, en japonés, expresa con toda claridad que la acción del agente (**tomodachi**: *amigos*) perjudicó o molestó al sujeto de la pasiva (**boku**: *yo*). La oración en voz pasiva podría continuar del modo siguiente:

僕は友達に家に来られて勉強ができなかった。
Boku wa tomodachi ni uchi ni korarete benkyoo ga dekinakatta.
Mis amigos vinieron a casa y no pude estudiar.

El sujeto de este tipo de oraciones pasivas no puede ser un objeto o una parte del cuerpo humano, ya que, evidentemente, éstos no pueden sentirse perjudicados ni molestos.

DARE-KA GA
(sujeto)

WATASHI NO ASHI O
(c. directo)

FUNDA
(verbo voz activa)

WATASHI WA
(sujeto)

DARE-KA NI
(c. agente)

ASHI O
(c. directo)

FUMARETA
(verbo voz pasiva)

TRADUCCIÓN:
Alguien me ha pisado el pie. (lit. *Alguien ha pisado mi pie.*)/ *Alguien me ha pisado el pie.* (lit. *Yo he sido pisado (en) el pie por alguien.*)

También se usa la voz pasiva en el caso opuesto: cuando el sujeto ha recibido algún favor o elogio.

{
僕は今日先生に誉められた。
Boku wa kyoo sensei ni homerareta.
Hoy el profesor me ha elogiado (lit. He sido elogiado por el profesor).
}

Cuando el sujeto es numeroso e indeterminado (la gente, el público, etc.) también se usa la voz pasiva.

{
スピルバーグの映画は世界中の人に見られている。
Supirubaagu no eiga wa sekai-juu no hito ni mirarete iru.
Las películas de Spielberg son vistas por la gente de/en todo el mundo.
}

{
あの歌は若者によく聞かれている。
Ano uta wa wakamono ni yoku kikarete iru.
lit. Esta canción es muy escuchada por los jóvenes.
}

También se usa la voz pasiva cuando se da más importancia al hecho (el sujeto de la oración en pasiva) que al autor, o cuando se desconoce este último. Este uso de la pasiva es muy frecuente en lenguaje periodístico y científico.

{ 1992年にバルセロナでオリンピックが開かれた。
Sen kyuu-hyaku kyuu-juu ni-nen ni Baruserona de Orinpikku ga hirakareta.
El año 1992 se inauguraron en Barcelona los Juegos Olímpicos.

La forma pasiva se puede usar también como forma honorífica en voz activa, sustituyendo a **O**-verbo presente (*masu*) + **NI NARU**. La segunda forma es, sin embargo, más respetuosa que la primera (–**rareru**).

{ 大野さんも行かれましたか。
Oono-san mo ikaremashita ka.
大野さんもいらっしゃいましたか。
Oono-san mo irasshaimashita ka.
¿Usted también ha ido/fue, Oono-san?

Con verbos del GRUPO II y el verbo **KURU** del GRUPO III, se confunden las formas de los verbos en voz pasiva y modo potencial.

{ 先生は来られますか。
Sensei wa koraremasu ka.
¿Vendrá señor/a profesor/a?   (pasiva)
¿Podrá venir, señor/a profesor/a?   (potencial)

14.2	La voz verbal	Forma causativa (*SHIEKI*)

El *jodooshi* (*auxiliar*) –**seru**/–**saseru** expresa forma causativa. La forma verbal resultante pertenece al GRUPO II de japonés para extranjeros y a **shimo ichidan katsuyoo** de la gramática de la lengua nacional y se conjuga como tal.

El modo causativo puede expresar obligación o permiso y, por lo tanto, hay dos tipos de oraciones causativas: las de obligación y las de aceptación. Que una oración pertenezca a un tipo u otro es algo que depende fundamentalmente del contexto y del sentido de la frase.

La persona que deja u obliga a alguien a realizar una acción irá marcada con **WA** o con **GA** en el caso de que se trate de una oración subordinada. La persona a quien obligan o permiten hacer algo, con **O** o **NI**.

FORMACIÓN			
GRUPO I			
–KU:	–KAseru/su	kiku:	kikaseru	kikasu
–GU:	–GAseru/su	sawagu:	sawagaseru	sawagasu
–SU:	–SAseru/su	hanasu:	hanasaseru	hanasasu
–MU:	–MAseru/su	yomu:	yomaseru	yomasu
–NU:	–NAseru/su	shinu:	shinaseru	shinasu
–BU:	–BAseru/su	yobu:	yobaseru	yobasu
–U:	–WAseru/su	warau:	warawaseru	warawasu
–TSU:	–TAseru/su	matsu:	mataseru	matasu
–RU:	–RAseru/su	toru:	toraseru	torasu
GRUPO II			
–RU:	–saseru/sasu	taberu:	tabesaseru	tabesasu
GRUPO III			
		kuru:	kosaseru	kosasu
		suru:	saseru	sasu

–**SERU**/–**SASERU** es un verbo auxiliar que expresa que el sujeto impele a alguien o algo a realizar una acción. También puede indicar permiso.

–SU equivale a –SERU/–SASERU

> 尾崎さんは電気をつけました。
> Ozaki-san wa denki o tsukemashita.
> *Ozaki-san ha encendido/encendió la luz.*

(En el ejemplo anterior, **Ozaki-san** ha encendido la luz por sí mismo. En el caso de que haga encender la luz a otra persona, a **Ueda-san** por ejemplo, se usa el modo causativo.)

{ 尾崎さんは上田さんに電気をつけさせました。
Ozaki-san wa Ueda-san ni denki o tsukesasemashita.
Ozaki-san ha hecho/hizo encender la luz a Ueda-san.

| 14.2.1 | La voz verbal | Forma causativa *(SHIEKI)* | **Obligación** |

El causativo indica que el sujeto obliga a otra persona a realizar una acción. En español lo traduciríamos por *hacer que se haga algo.*

{ 先生は学生に作文を書かせました。
Sensei wa gakusei ni sakubun o kakasemashita.
El profesor ha hecho/hizo escribir una redacción a los alumnos.

| 14.2.2 | La voz verbal | Forma causativa *(SHIEKI)* | **Permiso** |

Aquí, el modo causativo no expresa obligación. El sujeto deja que otra persona realice una acción o admite una situación determinadas. En caso de dar permiso, se entiende que el sujeto no lo hace con agrado, sino que, más bien, tolera o admite que alguien haga una determinada cosa. En español, lo traduciríamos por *dejar hacer algo.*

{ お父さんは息子に車の運転をさせました。
Otoosan wa musuko ni kuruma no unten o sasemashita.
El padre dejó que su hijo condujera el coche.

{ お母さんは子供をそのまま公園で遊ばせました。
Okaasan wa kodomo o sono mama kooen de asobasemashita.
La madre dejó jugar a su hijo en el parque.

El modo causativo puede ir con verbos transitivos e intransitivos.

| 14.2.3 | La voz verbal | Forma causativa *(SHIEKI)* | **Causativo de verbos transitivos** |

En el modo causativo de verbos transitivos, la persona que realiza la acción (la persona a quien han obligado o permitido hacer algo) va marcada con la partícula **NI**.

{ 先生はマリアさんに辞書を買わせました。
Sensei wa Maria-san ni jisho o kawasemashita.
El profesor/a le ha hecho/hizo comprar un diccionario a María.

14.2.4	La voz verbal	Forma causativa *(SHIEKI)*	**Causativo de verbos intransitivos**

En el causativo de verbos intransitivos, la persona que realiza la acción puede ir marcada con las partículas **O** o **NI**. La partícula **O** indica que se ha obligado a alguien, sin tener en cuenta su voluntad, a realizar una acción. En cambio, la partícula **NI** indica que se ha respetado la voluntad de la persona e incluso que se ha cedido ante ella.

{ 私は子供を映画に行かせました。
Watashi wa kodomo o eiga ni ikasemashita.
He obligado a mi hijo a ir al cine.

{ 私は子供に映画に行かせました。
Watashi wa kodomo ni eiga ni ikasemashita.
He dejado ir al cine a mi hijo.

Con verbos intransitivos que expresan un fenómeno o emoción no controlable como **komaru** (*verse en apuros*) = **komaraseru** (*meter a alguien en apuros*), **odoroku** (*sorprenderse*) = **odorokasu** (*sorprender*); **yorokobu** (*alegrarse*) = **yorokobasu** (*dar una alegría a alguien*); **okoru** (*enfadarse*) = **okoraseru** (*hacer enfadar a alguien*), etc, la persona que recibe la acción del sujeto va señalada con **O**.

{ 武君を驚かしてやろう。
Takeshi-kun o odorokashite yaroo.
¡Vamos a sorprender/dar una sorpresa a Takeshi-kun!

{ 私はそれを聞いて驚きました。
Watashi wa sore o kiite odorokimashita.
Me he sorprendido/sorprendí al oír eso.

Hay una estructura derivada de la forma causativa para expresar ruego o petición de permiso. También se utiliza para manifestar la propia intención o voluntad de una manera cortés.

> 少し話させていただきます。
> Sukoshi hanasasete itadakimasu.
> *Déjeme hablar un momento.*

> ご一緒に行かせてください。
> Go-isshoni ikasete kudasai.
> *Déjeme ir con usted.*

14.3 | La voz verbal | **Causativa-pasiva (*SHIEKI-UKEMI*)**

La forma verbal resultante de la adición de –*saserareru* pertenece al GRUPO II de japonés para extranjeros y a **shimo ichidan katsuyoo** de la gramática de la lengua nacional, y se conjuga como tal.

FORMACIÓN			
GRUPO I			
–KU:	–KAserareru	kiku:	kikaserareru
–GU:	–GAserareru	sawagu:	sawagaserareru
–SU:	–SAserareru	hanasu:	hanasaserareru
–MU:	–MAserareru	yomu:	yomaserareru
–NU:	–NAserareru	shinu:	shinaserareru
–BU:	–BAserareru	yobu:	yobaserareru
–U:	–WAserareru	warau:	warawaserareru
–TSU:	–TAserareru	matsu:	matascrareru
–RU:	–RAserareru	toru:	toraserareru
GRUPO II			
–RU:	–saserareru	taberu:	tabesaserareru
GRUPO III			
		kuru:	kosaserareru
		suru:	saserareru

La forma causativa-pasiva expresa que una persona ha hecho realizar una acción a otra, como en la forma causativa, pero en la oración causativa la persona obligada va marcada por las partículas **O** o **NI** y en la oración causativa-pasiva está señalada con **WA** y desempeña la función de sujeto.

La forma causativa indicaba obligación o permiso. La causativa-pasiva, sólo obligación.

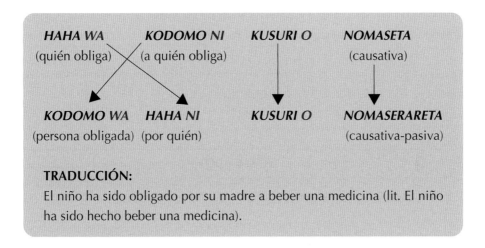

HAHA WA (quién obliga) **KODOMO NI** (a quién obliga) **KUSURI O** **NOMASETA** (causativa)

KODOMO WA (persona obligada) **HAHA NI** (por quién) **KUSURI O** **NOMASERARETA** (causativa-pasiva)

TRADUCCIÓN:
El niño ha sido obligado por su madre a beber una medicina (lit. El niño ha sido hecho beber una medicina).

PASIVA INDIRECTA

上田さんは松本さんにアイスクリームを食べられました。
Ueda-san wa Matsumoto-san ni aisukuriimu o taberaremashita.
Matsumoto-san se ha comido un helado (y este hecho ha molestado a Ueda-san) (lit. *Ueda-san ha sido comido/a un helado*).

CAUSATIVA

上田さんは松本さんにアイスクリームを食べさせました。
Ueda-san wa Matsumoto-san ni aisukuriimu o tabesasemashita.
Ueda-san ha hecho/ha dejado comer un helado a Matsumoto-san.

CAUSATIVA-PASIVA

松本さんは上田さんにアイスクリームを食べさせられました。
Matsumoto-san wa Ueda-san ni aisukuriimu o tabesaseraremashita.
Matsumoto-san ha sido obligado/a por Ueda-san a comer un helado.
(lit. *Matsumoto-san ha sido hecho comer un helado por Ueda-san*).

El modo potencial (*KANOO-KEI*)

El auxiliar *–reru/–rareru* expresa potencial. La forma verbal resultante pertenece al GRUPO II de japonés para extranjeros y a **shimo ichidan katsuyoo** de la gramática de la lengua nacional, y se conjuga como tal.

El modo potencial japonés expresa habilidad y capacidad (física e intelectual), posibilidad y permiso. En español, equivale a *poder/saber/ser capaz de hacer algo*.

Hay una forma potencial compuesta equivalente a la terminación *–reru/–rareru*: *verbo forma-diccionario* + **KOTO GA DEKIRU**.

FORMACIÓN			
GRUPO I			
–KU:	–KEru	(kiku:	kikeru)
–GU:	–GEru	(sawagu:	sawageru)
–SU:	–SEru	(hanasu:	hanaseru)
–MU:	–MEru	(yomu:	yomeru)
–NU:	–NEru	(shinu:	shineru)
–BU:	–BEru	(yobu:	yoberu)
–U:	–Eru	(kau:	kaeru)
–TSU:	–TEru	(matsu:	materu)
–RU:	–REru	(toru:	toreru)
GRUPO II			
–RU:	–RAreru	(taberu:	taberareru)
GRUPO III			
		Suru:	dekiru
		Kuru:	korareru

Con los verbos transitivos, la partícula **O** que señala el complemento directo se sustituye por **GA**.

> 田村さんはスペイン語を話します。
> Tamura-san wa supein-go o hanashimasu.
> *Tamura-san habla español.*

> 田村さんはスペイン語が話せます。
> Tamura-san wa supein-go ga hanasemasu.
> *Tamura-san sabe/puede hablar español.*

> 中山さんはバイオリンがひけます。
> Nakayama-san wa baiorin ga hikemasu.
> *Nakayama-san sabe tocar el violín.*

Sin embargo, la partícula **O** se mantiene cuando, en caso de ambigüedad, se quiere remarcar que se trata del complemento directo: cuando existe el peligro de confundir el sujeto y el objeto (por ejemplo, cuando el objeto es una persona), en las frases de relativo, etc.

> 田中さんを手伝える人がいますか。
> Tanaka-san o tetsudaeru hito ga imasu ka.
> *¿Hay alguien que pueda ayudar a Tanaka-san?*

> 田中さんが手伝える人がいますか。
> Tanaka-san ga tetsudaeru hito ga imasu ka.
> *¿Hay alguien a quien pueda ayudar Tanaka-san?*

El sujeto está señalado con la partícula **WA**. Muchas veces la partícula **NI** precede a **WA** (**NI WA**).

> マリアさんは日本語の新聞が読めます。
> Maria-san wa nihongo no shinbun ga yomemasu.
> *María-san sabe/puede leer el periódico en japonés.*

> 私にはこの問題が解決できません。
> Watashi ni wa kono mondai ga kaiketsu dekimasen.
> *No sé resolver este problema.*

El potencial expresa habilidad, aptitud y capacidad, física e intelectual: *poder, saber, ser capaz de* + *verbo infinitivo*.

> ジョンさんは漢字が書けます。
> Jon-san wa kanji ga kakemasu.
> *John-san sabe escribir ideogramas.*

> 高田さんは百メートルを十五秒で走れます。
> Takada-san wa hyaku meetoru o juu-go-byoo de hashiremasu.
> *Takada-san puede correr cien metros en quince segundos.*

El modo potencial expresa posibilidad: *se puede* + *verbo infinitivo*.

> 学校の図書館で日本語の新聞が読めます。
> Gakkoo no toshokan de nihongo no shinbun ga yomemasu.
> *En la biblioteca de la escuela se puede leer el periódico japonés.*

> 八百円で買える本がありますか。
> Happyaku-en de kaeru hon ga arimasu ka.
> *¿Hay libros que se puedan comprar por ochocientos yenes?*

En japonés, hay muchos casos en que se utiliza simplemente un intransitivo para expresar la idea *se puede/no se puede* + infinitivo.

> あのドアが開きません。
> Ano doa ga akimasen.
> *Aquella puerta no se abre/no se puede abrir.*

Los verbos intransitivos **MIERU** (*verse*) y **KIKOERU** (*oírse*) son muy parecidos a **MIRARERU** (*poder ver*) y **KIKERU** (*poder oír*). El significado de cada verbo nos indica en qué caso se usará uno u otro.

> パリへ行ったら、エッフェル塔が見られます。
> Pari e ittara, Efferu-too ga miraremasu.
> *Si va a París podrá ver la torre Eiffel.*

{ ここからエッフェル塔が見えます
Koko kara Efferu-too ga miemasu
Desde aquí se ve la torre Eiffel

El modo potencial también puede expresar permiso.

{ ここでたばこが吸えるでしょうね。
Koko de tabako ga sueru deshoo ne?
¿Aquí se debe poder fumar, no?

15.3 | El modo potencial | **Forma verbo + *KOTO* + *GA* + *DEKIRU***

Hay otra forma potencial muy similar:

VERBO FORMA DICCIONARIO + *KOTO* + *GA* + *DEKIRU*

Sin embargo, la forma *–reru*/*–rareru* es más común en el japonés hablado, principalmente con verbos que expresan acciones habituales de la vida cotidiana.

{ 漢字が書けますか。　　　漢字を書くことができますか。
Kanji ga kakemasu ka.　　Kanji o kaku koto ga dekimasu ka.
¿Sabe/puede escribir ideogramas?

{ 泳げますか。　　　　　　泳ぐことができますか。
Oyogemasu ka.　　　　　Oyogu koto ga dekimasu ka.
¿Sabe/puede nadar?

La forma *verbo forma diccionario* + ***KOTO GA DEKIRU*** es más formal y más propia de la lengua escrita. Con ésta, la partícula ***O*** no cambia a ***GA*** en el caso de los verbos transitivos.

FORMA DICIONARIO	PASIVA	CAUSATIVA	CAUSATIVA PASIVA	POTENCIAL
KAKU	kakareru	kakaseru	kakaserareru	kakeru
OYOGU	oyogareru	oyogaseru	oyogaserareru	oyogeru
YOMU	yomareru	yomaseru	yomaserareru	yomeru
SHINU	shinareru	shinaseru	shinaserareru	shineru
ASOBU	asobareru	asobaseru	asobaserareru	asoberu
HANASU	hanasareru	hanasaseru	hanasaserareru	hanaseru
MATSU	matareru	mataseru	mataserareru	materu
KAU	kawareru	kawaseru	kawaserareru	kaeru
KAERU	kaerareru	kaeraseru	kaeraserareru	kaereru
MIRU	mirareru	misaseru	misaserareru	mirareru
TABERU	taberareru	tabesaseru	tabesaserareru	taberareru
KURU	korareru	kosaseru	kosaserareru	korareru
SURU	sareru	saseru	saserareru	dekiru

Se conjugan todos ellos como verbos del GRUPO II para extranjeros.

Los verbos *AGERU, KURERU* Y *MORAU*

16.1 Los verbos *AGERU, KURERU* y *MORAU* | *AGERU/SASHIAGERU/YARU*

AGERU (grupo II) es un verbo transitivo que significa dar. El verbo *SASHIAGERU* (grupo II) significa lo mismo, pero se utiliza cuando el sujeto da algo a una persona de edad o posición superior. El verbo *YARU* (grupo I) tiene, por el contrario, un matiz despectivo y sólo se usa cuando el sujeto da algo a una persona de edad o posición inferior, o bien, a un animal o a una planta.

A **WA**   B **NI**   X **O**   *AGERU/SASHIAGERU/YARU*
A *da* X a B

El sujeto, **A**, va marcado con la partícula **WA**. **B** es el complemento indirecto y, por lo tanto, lleva la partícula **NI**. **X**, el complemento directo, va señalado con **O**.

神田橋さんは小林さんにＣＤをあげます。
Kandabashi-san wa Kobayashi-san ni CD o agemasu.
Kandabashi-san da un CD a Kobayashi-san.

USOS DE LOS VERBOS *AGERU/SASHIAGERU/YARU*:

La primera persona puede dar:
>   a un miembro del grupo de la primera persona.
>   a la segunda persona.
>   a la tercera persona.

La segunda persona puede dar:
>   a la tercera persona.

La tercera persona puede dar:
>   a la tercera persona.

{
私は弟に辞書をあげました。/やりました。
Watashi wa otooto ni jisho o agemashita / yarimashita.
Yo he dado/di un diccionario a mi hermano menor.

私はあなたにケーキをあげます。
Watashi wa anata ni keeki o agemasu.
Yo le doy un pastel a usted.

私は山田先生に本をさしあげました。
Watashi wa Yamada-sensei ni hon o sashiagemashita.
Yo he regalado/regalé un libro al profesor/a Yamada.

あなたはマリアさんに何をあげましたか。
Anata wa Maria-san ni nani o agemashita ka.
¿Qué le ha regalado/regaló usted a María?

尾崎さんはおくさんに花をあげました。
Ozaki-san wa okusan ni hana o agemashita.
Ozaki-san ha regalado/regaló unas flores a su mujer.

16.2 | Los verbos *AGERU, KURERU* y *MORAU* | *MORAU/ITADAKU*

MORAU (grupo I) es un verbo transitivo que significa *recibir*. Cuando se quiere expresar que se ha recibido algo de una persona de más edad o de posición superior, se utilizará el verbo **ITADAKU** (grupo I).

> **A WA   B NI/KARA   X O   MORAU/ITADAKU**
> **A recibe X de B**
>
> El sujeto, **A**, está señalado con **WA. B**, la persona de quien recibe **A**, la persona que da a **A**, puede ir marcada con **NI** o con **KARA**. El complemento directo sigue señalándolo la partícula **O**.

小林さんは神田橋さんに/からCDをもらいます。
Kobayashi-san wa Kandabashi-san ni / kara CD o moraimasu.
Kobayashi-san recibe un CD de Kandabashi-san.

USOS DE LOS VERBOS *MORAU/ITADAKU*:

La primera persona puede recibir:

de un miembro del grupo de la primera persona.
de la segunda persona.
de la tercera persona.

La segunda persona puede recibir:

de la tercera persona.

La tercera persona puede recibir:

de otra tercera persona.

{
僕は父に / から自転車をもらいました。
Boku wa chichi ni/kara jitensha o moraimashita.
Yo he recibido/recibí una bicicleta de mi padre.

{
私はあなたに / から書類をもらいましたか。
Watashi wa anata ni/kara shorui o moraimashita ka.
¿Ayer recibí de ti unos documentos? (¿Ayer me diste unos documentos?)

{
私は林先生に / から黒沢の映画のビデオをいただきました。
Watashi wa Hayashi-sensei ni/kara Kurosawa no eiga no bideo o itadakimashita.
Yo he recibido/recibí del profesor/a Hayashi una cinta de vídeo de una película de Kurosawa.

{
あなたは美保子さんに / からきれいなシャツをもらいました。
Anata wa Mihoko-san ni/kara kireina shatsu o moraimashita.
Tú has recibido/recibiste de Mihoko-san una camisa bonita.

{
順子さんは敬子さんに / から手紙をもらいました。
Junko-san wa Keiko-san ni/kara tegami o moraimashita.
Junko-san ha recibido/recibió de Keiko-san una carta.

En castellano existen dos verbos: *dar* y *recibir*. Pero, en japonés, hay un tercer verbo, **KURERU** (*dar=darme/nos*). **KURERU** (grupo II) se usa cuando la segunda o la tercera persona da un objeto a la primera persona o a una/s persona/s que forma/n parte del grupo de la primera persona. Cuando la persona que da es mayor o está en una posición superior respecto a la persona que recibe, se utilizará **KUDASARU**. El verbo **KUDASARU** pertenece al grupo I, pero es irregular.

A WA   WATASHI NI   X O   KURERU/KUDASARU
A me *da* X a **MÍ** / nos *da* a **NOSOTROS**

El sujeto, **A**, va marcado por la partícula **WA**. *Watashi* (*yo*) es el complemento indirecto y, por lo tanto, lleva la partícula **NI**. **X**, el complemento directo, va señalado con **O**.

田中さんは私にCDをくれます。
Tanaka-san wa watashi ni CD o kuremasu.
Tanaka-san me da un CD a mí.

USOS DE LOS VERBOS *KURERU/KUDASARU*:

La segunda persona puede dar:
a la primera persona.
a un miembro del grupo de la primera persona.

La tercera persona puede dar:
a la primera persona.
a un miembro del grupo de la primera persona.

田中さんは私にコンサートの切符をくれました。
Tanaka-san wa watashi ni konsaato no kippu o kuremashita.
Tanaka-san me ha dado/dio una entrada del concierto.

山田先生は（私の）弟にボールペンをくださいました。
Yamada-sensei wa (watashi no) otooto ni boorupen o kudasaimashita.
El/la profesor/a Yamada le dio un bolígrafo a mi hermano menor.

–TE AGERU, –TE MORAU y –TE KURERU

Detrás de la forma –**TE** del verbo, **AGERU**, **MORAU** y **KURERU** desempeñan la función de verbos auxiliares.

Las formas –**TE AGERU**, –**TE MORAU**, – **TE KURERU** nos indican quién realiza y a quién está dirigida la acción.

Tal como hemos visto en el apartado anterior, **AGERU/ SASHIAGERU/ YARU**, **MORAU/ ITADAKU** y **KURERU/ KUDASARU** significan, respectivamente, *dar*, *recibir* y *darme/nos* y expresan que una persona da o recibe un objeto. Como auxiliares, indican que una persona ha realizado una acción en beneficio de otra, o que alguien se ha beneficiado de la acción realizada por otra persona.

Los usos de –**TE AGERU/ SASHIAGERU/ YARU**, –**TE MORAU/ ITADAKU**, –**TE KURERU/ KUDASARU** como auxiliares son idénticos a los usos que se mencionan en el apartado anterior.

17.1 | –TE AGERU, –TE MORAU y –TE KURERU | –TE AGERU/SASHIAGERU/YARU

Expresa que el sujeto realiza una acción en beneficio de otra persona. La persona que recibe este favor está indicada con la partícula **NI**.

No es cortés utilizar la forma –**TE AGERU** al dirigirse a la persona a quien se quiere ayudar, ya que da la sensación de insistir en el hecho de que se le hace un favor. Es mejor usarlo cuando no está presente la persona en cuestión.

> 私は明さんにセーターを編んであげるつもりです。
> Watashi wa Akira-san ni seetaa o ande ageru tsumori desu.
> *Pienso hacerle un jersey a Akira-san.*

Cuando se quiera ofrecer ayuda directamente a alguien, debe añadirse el auxiliar –**MASHOO KA** al verbo.

VERBO PRESENTE (MASU) + MASHOO KA

{
その荷物をお持ちしましょうか。

Sono nimotsu, o-mochi-shimashoo ka.

¿Le llevo el paquete?

(En lugar de: "Sono nimotsu o motte agemasu".)

{
新聞をお読みしましょうか。

Shinbun o o-yomi-shimashoo ka.

¿Le leo el periódico?

(En lugar de: "Shinbun o yonde agemasu".)

ESTRUCTURAS DE –*TE AGERU/SASHIAGERU/YARU*

Persona que hace el favor: **A**

Persona a quien se le hace el favor: B

A *WA* B *NI* complemento directo *O* + *TE AGERU*

{
私は井上さんに小説を貸してあげました。

Watashi wa Inoue-san ni shoosetsu o kashite agemashita.

Yo le presté a Inoue-san una novela. (lit. Yo di a Inoue-san la acción de prestar una novela.)

A *WA* B *O* + *TE AGERU*

{
明石さんは順子さんを送ってあげました。

Akashi-san wa Junko-san o okutte agemashita.

Akashi-san acompañó a Junko-san.

A *WA* B *NO* objeto de su propiedad *O* + *TE AGERU*

{
幸子さんはおばあさんの荷物を持ってあげました。

Sachiko-san wa obaasan no nimotsu o motte agemashita.

Sachiko-san ayudó a una anciana a llevar un paquete.

El sujeto de la oración es la persona que se beneficia con la realización de esta acción y va marcado con **WA**. La persona que hace el favor está señalada con la partícula **NI**. En este caso –**MORAU** como auxiliar–, el uso de la partícula **KARA** es incorrecto.

ESTRUCTURAS DE *–TE MORAU/ITADAKU*

> A *WA* B *NI* complemento directo *O* + *TE MORAU*

> 私はマリアさんにスペイン語を教えてもらいます。
> Watashi wa Maria-san ni supein-go o oshiete moraimasu.
> *María-san me enseña español. (lit. Yo recibo de María la acción de enseñar el español.)*

> A *WA* B *NI* + *TE MORAU*

> あなたはジョンさんにパーティに招待してもらいまたか。
> Anata wa Jon-san ni paati ni shootai shite moraimashita ka.
> *¿John-san le invitó a usted a la fiesta?*

–*TE KURERU/KUDASARU* expresa que alguien realiza una acción en beneficio del hablante o de una persona que pertenece a su grupo.

–*TE KURERU/KUDASARU* tiene el mismo sentido que –*TE AGERU*. La diferencia que existe entre uno y otro es que mientras en –*TE AGERU* la acción se contempla desde el punto de vista de quien la realiza, en –*TE KURERU* la acción se mira desde la perspectiva de la persona que la recibe: yo o alguien de mi grupo. Sin embargo, en ambos casos el sujeto de la oración es la persona que realiza la acción en provecho de otra.

ESTRUCTURAS DE –*TE KURERU/KUDASARU*

> **A *WA* B *NI* complemento directo *O* + *KURERU***

上田さんは母に花を持って来てくれました。

Ueda-san wa haha ni hana o motte kite kuremashita.

Ueda-san trajo unas flores a mi madre.

> **A *WA* B *O* + *TE KURERU***

正雄さんは家まで父を送ってくれました。

Masao-san wa ie made chichi o okutte kuremashita.

Masao-san acompañó a mi padre hasta casa.

> **A *WA* B *NI/NO* objeto de mi propiedad *O* + *KURERU***

ジョンさんは僕の英語の宿題を直してくれました。

Jon-san wa boku no eigo no shukudai o naoshite kuremashita.

John-san me corrigió los deberes de inglés.

El modo condicional *(KATEI-KEI)*

Expresa condición e hipótesis. (Véase 34. O. CONDICIONALES.)

Se forma añadiendo la conjunción-partícula *–BA* a la forma (**katsuyoo-kei**) **katei-kei**. O también, sustituyendo la sílaba final del verbo en forma-diccionario (acabada en *–u*) por su equivalente acabada en *–e* de la tabla de los hiragana y añadiéndole *–BA*. Con los adjetivos *–I*, se sustituye la *–i* final por *–KERE* y se le añade la conjunción-partícula *–BA*. A los adjetivos *–NA* y a los nombres, se les añade *NARA*(*BA*) o *DEAREBA* (condicional del *DEARU*: *ser*).

| 18.1 | El modo condicional | Forma afirmativa |

FORMACIÓN
VERBO
Verbos del GRUPO I: *kaku:*   *ka-ke*
Verbos del GRUPO II: *miru:*   *mi-re*
Verbos del GRUPO III: *kuru:*   *ku-re*
suru: *su-re*
ADJETIVO -I
yasui: *yasu-kere*
ADJETIVO -NA
kirei + nara/dearu: dea-re
NOMBRE
sensei + nara/dearu:dea-re

+ BA

{ 天気がよければ海に行きます。
Tenki ga yokereba umi ni ikimasu.
Si hace buen tiempo, iré a la playa.

{ これはあの本を読めば分かります。
Kore wa ano hon o yomeba wakarimasu.
Esto lo entenderías si leyeras aquel libro.

{
暑ければ、クーラーをつけてください。
Atsukereba, kuuraa o tsukete kudasai.
Si tiene calor, ponga el aire acondicionado.

La forma negativa parte del presente informal negativo, tanto en el caso del verbo como del adjetivo.

| 18.2 | El modo condicional | Forma negativa |

FORMACIÓN		
VERBO		
Presente inf. negativo:	*ikanai:*	*ikana-kere*
ADJETIVO -I		
Presente inf. negativo:	*yasukunai:*	*yasukuna-kere*
ADJETIVO -NA		
Presente inf. negativo:	*kirei + denai:*	*dena-kere*
NOMBRE		
Presente inf. negativo:	*sensei + denai:*	*dena-kere*

+ BA

{
おいしければ食べますが、おいしくなければ食べません。
Oishikereba tabemasu ga, oishikunakereba tabemasen.
Si está bueno me lo como, pero si no está bueno, no.

{
大気がよくなければ、出かけないで家で本を読むつもりです。
Tenki ga yokunakereba, dekakenaide uchi de hon o yomu tsumori desu.
Si no hace buen tiempo, pienso quedarme en casa leyendo un libro.

El modo imperativo *(MEIREI-KEI)*

El modo imperativo del verbo expresa orden, ruego, invitación, aliento o permiso.

FORMACIÓN		
GRUPO I		
–KU: –KE	(kiku:	kike)
–GU: –GE	(oyogu:	oyoge)
–SU: –SE	(hanasu:	hanase)
–MU: –ME	(yomu:	yome)
–NU: –NE	(shinu:	shine)
–BU: –BE	(yobu:	yobe)
–U: –E	(kau:	kae)
–TSU: –TE	(matsu:	mate)
–RU: –RE	(toru:	tore)
GRUPO II		
–RU: –RO	(taberu:	tabero)
GRUPO III		
	Suru:	shiro
	Kuru:	koi

Con verbos de voluntad, el modo imperativo indica orden, ruego, aliento o invitación. Con verbos no controlables, puede indicar deseo o esperanza.

ORDEN	ALIENTO	DESEO O ESPERANZA
もっと勉強しろ。	頑張れ。	花が咲け。
Motto benkyoo shiro.	Ganbare.	Hana ga sake.
Estudia más.	*Ánimo.*	*Que florezcan las flores.*

El modo imperativo se usa sólo en japonés coloquial entre personas muy cercanas o, en algunos casos, para dirigirse a personas que ocupan una posición inferior. Habitualmente, se usan otras formas que expresan ruego u orden.

Formas que expresan orden o ruego

La forma usada para expresar orden o ruego dependerá del grado de deferencia con que el hablante quiera dirigirse a su interlocutor. El nivel de la lengua que use dependerá, en última instancia, de la posición que ocupe la persona que habla respecto a su interlocutor.

20.1 | Formas que expresan orden o ruego | *–NASAI*

–NASAI es un verbo auxiliar que se pospone a la forma verbo presente (masu) (o conjugación **renyoo-kei**) formando una forma imperativa educada que se utiliza para dirigirse a gente más joven de inferior rango o posición. Suelen utilizarla los padres para ordenar algo a sus hijos, o los profesores para dirigirse a sus alumnos.

ARUKU	aruki-masu	+ nasai	ARUKINASAI
OYOGU	oyogi-masu	+ nasai	OYOGINASAI
YOMU	yomi-masu	+ nasai	YOMINASAI
KAU	kai-masu	+ nasai	KAINASAI
TABERU	tabe-masu	+ nasai	TABENASAI
SURU	shi-masu	+ nasai	SHINASAI
KURU	ki-masu	+ nasai	KINASAI

もっと食べなさい。
Motto tabenasai.
Come/comed más.

作文を書きなさい。
Sakubun o kakinasai.
Escribe/escribid una redacción.

20.2 | Formas que expresan orden o ruego | *–KUDASAI*

KUDASAI es un verbo auxiliar que expresa orden o ruego. **KUDASAI** es la forma imperativa de **KUDASARU**, el honorífico de **KURERU** (*darme*), que también puede desempeñar la función de verbo auxiliar. A **KUDASAI** puede precederlo un nombre o, como auxiliar, un verbo en forma *–TE*, afirmativa o negativa.

NOMBRE *O* + *KUDASAI*

ハンバーガーとコーラをください。
Hanbaagaa to koora o kudasai.
Déme una hamburguesa y un refresco de cola.

KUDASARU es un verbo transitivo. Por lo tanto, el nombre irá señalado con la partícula *O*.

すみません。ビールを二本ください。
Sumimasen. Biiru o nihon kudasai.
Déme dos cervezas, por favor.

VERBO FORMA *-TE* + *KUDASAI*

すみませんが、窓を開けてください。
Sumimasen ga, mado o akete kudasai.
Abra la ventana, por favor.

どうぞ、座ってください。
Doozo, suwatte kudasai.
Siéntese, por favor.

教室の中でたばこを吸わないでください。
Kyooshitsu no naka de tabako o suwanaide kudasai.
No fume dentro del aula, por favor.

En lenguaje muy coloquial, –*KUDASAI* suele caer. A veces se añade la partícula *NE* para suavizar la orden.

明日早く来てね。
Ashita hayaku kite ne.
Mañana ven pronto, ¿eh?

明日のこと（を）忘れないでね。
Ashita no koto (o) wasurenaide ne.
No olvides lo de mañana, ¿eh?

OTRAS FORMAS DERIVADAS DE KURERU/KUDASARU Y MORAU/ITADAKU

Las siguientes formas están ordenadas (aunque algunas de ellas son casi intercambiables) de mayor a menor formalidad. La primera es muy formal y la última, muy poco. La última, –*TE* + *KURE*, sólo la usan los hombres en conversación coloquial.

FORMA -TE + *ITADAKEMASEN DESHOO KA*

メニューを読んでいただけませんでしょうか。
Menyuu o yonde itadakemasen deshoo ka.
¿Podría hacerme el favor de leerme la carta?

FORMA -TE + *ITADAKEMASU KA*

すみませんが、この荷物を持っていただけますか。
Sumimasen ga, kono nimotsu o motte itadakemasu ka.
¿Le importaría llevarme esta maleta/este paquete, por favor?

FORMA -TE + *KUDASAIMASEN KA*

すみませんが、クーラーをつけてくださいませんか。
Sumimasen ga, kuuraa o tsukete kudasaimasen ka.
¿Podría poner el aire acondicionado, por favor?

FORMA -TE + *MORAEMASEN KA*

すみませんが、傘を貸してもらえませんか。
Sumimasen ga, kasa o kashite moraemasen ka.
¿Puede dejarme el paraguas, por favor?

FORMA -TE + *KUREMASEN KA*

{ すみませんが、ドアを閉めてくれませんか。
Sumimasen ga, doa o shimete kuremasen ka.
¿Puede cerrar la puerta, por favor?

FORMA -TE + *KURENAI?*

{ ゴミをだしてくれない？
Gomi o dashite kurenai?
¿Sacas la basura?

FORMA -TE + *KURE*

{ 買物に行ってきてくれ。
Kaimono ni itte kite kure.
Ve a comprar.

20.4 Formas que expresan orden o ruego | *CHOODAI*

CHOODAI es una forma utilizada en el lenguaje familiar, sobre todo cuando se habla con niños.

{ 全部食べてちょうだい。
Zenbu tabete choodai.
Cómetelo todo.

Expresiones de modo

En **MODO** se recogen diferentes expresiones que indican la manera como el hablante concibe la acción del verbo: como un hecho, una hipótesis, una intención, etc. En lengua japonesa, el modo se expresa mediante la posposición de auxiliares (**jodooshi**).

| 21.1 | Expresiones de modo | –TAI |

–**TAI** es un adjetivo auxiliar que expresa el deseo de realizar la acción que indica el verbo al que sigue.

FORMACIÓN		
INFINITIVO	PRESENTE	FORMA –TAI
Iku (*ir*)	ikimasu	ikitai (desu) = *querer ir*
Oyogu (*nadar*)	oyogimasu	oyogitai (desu) = *querer nadar*
Yomu (*leer*)	yomimasu	yomitai (desu) = *querer leer*
Nomu (*beber*)	nomimasu	nomitai (desu) = *querer beber*
Miru (*mirar*)	mimasu	mitai (desu) = *querer mirar*
Suru (*hacer*)	shimasu	shitai (desu) = *querer hacer*
Kuru (*venir*)	kimasu	kitai (desu) = *querer venir*

VERBO (**masu**) + **TAI** adquiere la flexión propia de un adjetivo –**I**, presente y pasada, afirmativa y negativa, en formal e informal. (Véase 23. EL ADJETIVO.)

私は海へ行きたい（です）。
Watashi wa umi e ikitai (desu).
Quiero ir a la playa.

私は海へ行きたかった（です）。
Watashi wa umi e ikitakatta (desu).
Quería ir a la playa.

Las partículas son las mismas que introducía el verbo que ha tomado la forma –**TAI**. Sin embargo, con verbos transitivos, cuando el complemento directo está yuxtapuesto al verbo/adjetivo –*TAI*, precediéndolo, la partícula *O* puede sustituirse por *GA*. (Véase 4. LAS PARTÍCULAS.)

私はコーヒーを／が飲みたい（です）。
Watashi wa koohii o/ga nomitai (desu).
Quiero tomar un café.

私はコーヒーをあの喫茶店で飲みたい（です）。
Watashi wa koohii o ano kissaten de nomitai (desu).
Quiero tomar un café en aquella cafetería.

Se ha de tener en cuenta que *O* no sólo señala el complemento directo. En sus otros usos –lugar por donde se desplaza alguien o algo, o punto de partida–, no puede sustituirse por *GA*.

私はあの公園を散歩したい（です）。
Watashi wa ano kooen o sanpo shitai (desu).
Quiero pasear por aquel parque.

Con VERBO (*masu*) + *TAI* se expresa el deseo de realizar una acción (*querer + infinitivo*), no el de *poseer* algo (*querer tener + sustantivo*). Para indicar lo último, se utiliza el adjetivo *HOSHII* (con flexión de adjetivo –*I*)

QUIÉN DESEA *WA* + QUÉ DESEA *GA* + *HOSHII* (*DESU*)

私は新しい車が欲しい（です）。
Watashi wa atarashii kuruma ga hoshii (desu).
Quiero un coche nuevo.

PERO:
私は新しい車を／が買いたい（です）。
Watashi wa atarashii kuruma o/ga kaitai (desu).
Quiero comprar un coche nuevo.

Para expresar intención o deseo, se puede añadir *TO OMOU* a –*TAI*. La expresión –*TAI TO OMOU* no es tan directa como la anterior.

> ドイツ語を勉強したいと思います。
> Doitsu-go o benkyoo shitai to omoimasu.
> *Quiero/pienso estudiar alemán.*

> 日本へ経済学を勉強しに行きたいと思います。
> Nihon e keizaigaku o benkyoo shi-ni ikitai to omoimasu.
> *Quiero/pienso ir a Japón a estudiar económicas.*

Pueden añadirse algunos adverbios como **ZEHI** (*sin falta*), **KITTO** (*con toda seguridad*) a las expresiones –**TAI** y –**TAI TO OMOU**.

> ぜひ行きたいと思います。
> Zehi ikitai to omoimasu.
> *Quiero ir sin falta.*

La estructura verbo (**masu**) + **TAI** expresa los deseos de la primera persona. También puede utilizarse para interrogar a la segunda persona sobre sus deseos de hacer algo. Sin embargo, para expresar los de la tercera persona (algo personal y propio de ésta) debe añadirse: **TO ITTE IMASU** (*dice que*), **SOO DESU** (*dice/n que*), –**RASHII**, –**SOO DESU**, –**YOO DESU** (*parece que*), etc.

> 野村さんはパリへ行きたいと言っています。
> Nomura-san wa Pari e ikitai to itte imasu.
> *Nomura-san dice que quiere ir a París.*

> 上田さんはスキーをしたいそうです。
> Ueda-san wa sukii o shitai soo desu.
> *Ueda-san dice que quiere esquiar./Dicen que Ueda-san quiere esquiar.*

> 松本さんは家へ帰りたいようです。
> Matsumoto-san wa ie e kaeritai yoo desu.
> *Parece que Matsumoto-san quiere irse a casa.*

Para hablar de los supuestos deseos de una tercera persona, se puede añadir –**GARU** a –**TAI** . –**GARU** es un verbo auxiliar que se pospone a adjetivos que expresan sentimientos, sensaciones o emociones cuando se habla de la tercera persona. –**GARU** significa: *dar la sensación de estar pensando o sintiendo algo*. Si nos referimos a los deseos que tiene en aquel momento la tercera persona, el verbo –**TAI** + **GARU** irá en presente continuo (–**TAGATTE IRU**).

{ 山田さんは泳ぎたがっています。
Yamada-san wa oyogitagatte imasu.
Yamada-san quiere nadar (lit. Parece que quiere nadar).

{ 上本さんはアイスクリームを食べたがっています。
Uemoto-san wa aisukuriimu o tabetagatte imasu.
Uemoto-san quiere comer un helado (lit. Parece que quiere comer).

> **−GARU** es un verbo y, por lo tanto, la partícula que señala el complemento directo no podrá ser **GA** (como sucedía con **−TAI**, un adjetivo) sino **O**.

{ 前田さんはココアを飲みたがっています。
Maeda-san wa kokoa o nomitagatte imasu.
Maeda-san quiere beber/tomar un cacao.

En español, es frecuente utilizar la expresión *querer + verbo infinitivo* para proponer algo o invitar a alguien. La expresión equivalente en japonés, verbo (*masu*) + **TAI**, es demasiado directa y poco cortés. Para proposiciones, se usa la terminación verbal **−MASHOO** o **−MASHOO KA**, y para invitaciones, la forma **−MASEN KA**.

{ ケーキを食べましょうか。
Keeki o tabemashoo ka.
¿Comemos un pastel?

{ よかったら、いっしょに映画を見に行きませんか。
Yokattara, isshoni eiga o mi-ni ikimasen ka.
Si le apetece, ¿vamos a ver una pelicula?

Las expresiones de deseo **−TAI** y **−TAI TO OMOU** en algunos casos pueden intercambiarse con otras expresiones de voluntad como **−YOO TO OMOU** (*querer + infinitivo*), **TSUMORI** (*tener la intención de + infinitivo*), etc.

El adjetivo **HOSHII**, que se traduce por el verbo *querer* en español, puede usarse solo o como auxiliar de un verbo.

El adjetivo **HOSHII** solo, mediante la estructura –**WA –GA HOSHII**, indica el deseo de poseer algo: *querer tener + nombre*.

Cuando **HOSHII** desempeña la función de auxiliar, indica que el sujeto desea que la persona marcada con la partícula **NI** haga la acción que indica el verbo en forma –**TE**: (*A quiere que + B haga*)

21.2.1 | Expresiones de modo | *–TE HOSHII* | **–WA -GA HOSHII**

HOSHII es un adjetivo –**I** y, por lo tanto, posee la flexión propia de un adjetivo –**I**. (Véase 23. EL ADJETIVO.)

> **QUIÉN DESEA *WA* + QUÉ DESEA *GA* + *HOSHII* (DESU)**

> 私は赤い帽子が欲しい。
> Watashi wa akai booshi ga hoshii.
> *Quiero un sombrero rojo.*

> 私はあのビデオテープが欲しかったわ。
> Watashi wa ano bideo-teepu ga hoshikatta wa.
> *¡Yo quería aquella cinta de vídeo!*

Con **HOSHII**, la primera persona expresa sus propios deseos o interroga a la segunda sobre los suyos. Para referirse a los de una tercera persona, deberá añadirse: **TO ITTE IMASU** (*dice que*), **SOO DESU** (*dice/n que*), –**RASHII**, –**SOO DESU**, –**YOO DESU** (*parece que*), etc.

> マリアさんは辞書が欲しいと言っています。
> Maria-san wa jisho ga hoshii to itte imasu.
> *María dice que quiere un diccionario.*

Para hablar de los supuestos deseos de una tercera persona, puede añadirse –*GARU*, en presente continuo si se refiere a los deseos que tiene en aquel momento, al adjetivo. –*GARU* es un verbo auxiliar que se pospone a adjetivos que expresan sentimientos, sensaciones o emociones cuando se habla de la tercera persona. –*GARU* significa literalmente: *dar la sensación de estar pensando o sintiendo algo.*

ジョンさんは日本の歌のCDを欲しがっています。
Jon san wa Nihon no uta no CD o hoshigatte imasu.
John-san quiere un CD de canciones japonesas.

> –*GARU* es un verbo y, por lo tanto, la partícula que señala la cosa deseada no podrá ser *GA* (como sucedía con *HOSHII*, un adjetivo), sino *O*.

上田さんはフランスの香水を欲しがっています。
Ueda-san wa Furansu no koosui o hoshigatte imasu.
Ueda-san quiere perfume francés.

21.2.2	Expresiones de modo	–*TE + HOSHII*	–*TE + HOSHII*

La forma –*TE HOSHII* indica que el sujeto no quiere realizar por sí mismo una acción (al contrario de lo que sucede con –*TAI*), sino que desea que la realice la persona marcada con *NI* (segunda o tercera personas).

私は金田さんに郵便局へ行ってほしい。
Watashi wa Kaneda-san ni yuubinkyoku e itte hoshii.
Quiero que Kaneda-san (o usted) vaya a Correos.

私は（あなたに）ちょっと来てほしいんですが。
Watashi wa (anata ni) chotto kite hoshii n desu ga.
Querría que viniera un momento.

–*TE MORAITAI* (y su forma honorífica –*TE ITADAKITAI*) equivalen a –*TE HOSHII*. Si la persona que deseamos que realice una acción está en un cargo o posición superior al nuestro, o si queremos tratarla con deferencia, las formas –*TE MORAITAI / ITADAKITAI* son mucho más apropiadas.

{ 私は尾崎さんにあの本を送ってもらいたいです。
Watashi wa Ozaki-san ni ano hon o okutte moraitai desu.
Me gustaría que Ozaki-san (o usted) me enviara aquel libro.

{ 私は先生に作文を読んでいただきたいです。
Watashi wa sensei ni sakubun o yonde itadakitai desu.
Me gustaría que usted (profesor) hiciera el favor de leerme la redacción.

Cuando el sujeto agente no es un ser animado al que podamos ordenar o pedir algo, o sea, cuando lo que deseamos es que suceda algo, *GA* sustituye a *NI*. En español se traduciría por: *tengo ganas de que + subjuntivo*.

{ 私は速く夏が来てほしい。
Watashi wa hayaku natsu ga kite hoshii.
Tengo ganas de que llegue pronto el verano.

{ このつまらない夏期講座が終わってほしい。
Kono tsumaranai kaki-kooza ga owatte hoshii.
Tengo ganas de que acabe este aburrido curso de verano.

Con *–TE HOSHII*, la primera persona expresa el deseo de que la segunda o la tercera persona realicen una acción. Para referirse a los deseos de una tercera persona, deberá añadirse: *TO ITTE IMASU* (*dice que*), *SOO DESU* (*dice/n que*), *–RASHII*, *–SOO DESU*, *–YOO DESU* (*parece que*), etc.

{ 安部さんは田中さんにお茶を入れてほしいようです。
Abe-san wa Tanaka-san ni o-cha o irete hoshii yoo desu.
Parece que Abe-san quiere que Tanaka-san haga té.

{ トムさんは吉本さんに新聞を読んでほしいと言っています。
Tomu-san wa Yoshimoto-san ni shinbun o yonde hoshii to itte imasu.
Tom-san dice que quiere que Yoshimoto-san lea el periódico.

Para hablar de los supuestos deseos de una tercera persona, también podemos añadir *–GARU*, en presente continuo si se refiere a los deseos que tiene en aquel momento la tercera persona, a *–TE MORAITAI*.

{
本多さんは上村さんにコピーをしてもらいたがっています。
Honda-san wa Uemura-san ni kopii o shite moraitagatte imasu.
Honda-san quiere que Uemura-san haga fotocopias.

{
マリアさんは上田さんに切手を買ってもらいたがっています。
Maria-san wa Ueda-san ni kitte o katte moraitagatte imasu.
María-san quiere que Ueda-san le compre sellos.

21.3 | Expresiones de modo | *–YOO / –YOO TO OMOU*

Las flexión verbal *–YOO* y su forma derivada *–YOO TO OMOU* expresan propósito, voluntad e intención.

FORMACIÓN

GRUPO I		
–KU: –KOO	(kiku:	kikoo)
–GU: –GOO	(oyogu:	oyogoo)
–SU: –SOO	(hanasu:	hanasoo)
–MU: –MOO	(yomu:	yomoo)
–NU: –NOO	(shinu:	shinoo)
–BU: –BOO	(yobu:	yoboo)
–U: –OO	(kau:	kaoo)
–TSU: –TOO	(matsu:	matoo)
–RU: –ROO	(toru:	toroo)
GRUPO II		
–RU: –YOO	(taberu:	tabeyoo)
GRUPO III		
	Suru:	shiyoo
	Kuru:	koyoo

Mediante la forma –**YOO** (al igual que –**MASHOO**) la primera persona expresa –hablando para sí– su intención de hacer algo o propone a su interlocutor realizar una acción conjuntamente. La forma interrogativa –**YOO KA** (al igual que –**MASHOO KA**) también indica proposición.

{
行こう。
Ikoo.
¡Vamos!

{
行こうか。
Ikoo ka.
¿Vamos?

Con la forma –**YOO TO OMOU**, la primera persona expresa el deseo o la intención de hacer algo.

{
ベルリンへ行こうと思います／思っています。
Berurin e ikoo to omoimasu/omotte imasu.
Pienso/quiero ir a Berlín.

La primera persona también puede utilizar **TO OMOTTE IRU** para referirse a sí misma cuando expresa una determinación o opinión sostenida, invariable, a lo largo del tiempo.

{
プールで泳ごうと思います／思っています。
Puuru de oyogoo to omoimasu/omotte imasu.
Pienso/quiero bañarme/nadar en la piscina.

La forma -**YOO TO OMOU** no puede ir con verbos que no expresen voluntad como *comprender, poder*, etc. (no controlables).

{
田中さんを呼ぼうと思います。
Tanaka-san o yoboo to omoimasu.
Pienso/quiero invitar a Tanaka-san.

La forma negativa de –**YOO TO OMOU** es:

VERBO FORMA DICCIONARIO + *MAI* + *TO* + *OMOU*

松本さんと二度と会うまいと思います。
Matsumoto-san to ni-do-to aumai to omoimasu.
No pienso volver a ver jamás a Matsumoto-san.

あそこへもう行くまいと思います。
Asoko e moo ikumai to omoimasu.
No pienso volver allí jamás.

La forma –**YOO TO OMOU** es similar a –**TAI TO OMOU** y también a la forma –**TSUMORI DA**.

海へ行こうと思います。
Umi e ikoo to omoimasu.
海へ行きたいと思います。
Umi e ikitai to omoimasu.
海へ行くつもりです。
Umi e iku tsumori desu.
Pienso/quiero/tengo la intención de ir a la playa.

Aunque –**MASHOO KA** (y su informal –**YOO KA**) expresen proposición o sugerencia, la forma propia de invitación es –**MASEN KA**.

よかったら、いっしょに海へ行きませんか。
Yokattara, isshoni umi e ikimasen ka.
¿Vamos juntos a la playa?

No debemos confundir la expresión de voluntad –**YOO TO OMOU** con la expresión de opinión o probabilidad –**TO OMOU**.

吉田さんはもう帰ったと思います。
Yoshida-san wa moo kaetta to omoimasu.
Me parece que Yoshida-san ya se ha ido a casa.

きれいだと思います。
Kirei da to omoimasu.
Creo que es/son bonito/a/os/as.

TSUMORI es un nombre formal (*keishiki-meishi*) que expresa la voluntad o intención de la primera persona, al igual que –*YOO TO OMOU* o –*TAI TO OMOU*.

FORMACIÓN

> **VERBO PRESENTE INFORMAL AFIRMATIVO +** *TSUMORI DA*

Con *TSUMORI DA* la primera persona expresa su voluntad o intención de hacer algo.

> 私はニューヨークへ行くつもりです。
> Watashi wa Nyuuyooku e iku tsumori desu.
> *Tengo la intención de ir a Nueva York.*

> 新しい車を買うつもりです。
> Atarashii kuruma o kau tsumori desu.
> *Tengo la intención de comprarme un coche nuevo.*

Existen dos formas negativas. A es más usual que B. B implica una negación más categórica, más rotunda que A.

A > **VERBO PRESENTE INFORMAL NEGATIVO +** *TSUMORI DA*

B > **VERBO PRESENTE INFORMAL AFIRMATIVO +** *TSUMORI WA NAI*

> クリスマスに国へ帰らないつもりです。
> Kurisumasu ni kuni e kaeranai tsumori desu.
> *No tengo la intención de volver a mi país por Navidad.*

> あのいやな人と会うつもりはありません。
> Ano iya-na hito to au tsumori wa arimasen.
> *No tengo ninguna intención de ver a aquella persona tan desagradable.*

Con **TSUMORI DA**, podemos interrogar a la segunda persona sobre sus intenciones o propósitos.

大学を卒業したら、どうするつもりですか。
Daigaku o sotsugyoo shitara, doo suru tsumori desu ka.
¿Qué piensas hacer cuando te gradúes?

A：あのコートを買うつもりですか。
　　Ano kooto o kau tsumori desu ka.
　　¿Piensas/tienes la intención de comprarte aquel abrigo?
B：はい、そのつもりです。
　　Hai, sono tsumori desu.
　　Sí.

> **TSUMORI DA** no es lo suficientemente cortés para ser usado para preguntar a una persona de posición o rango superior por sus intenciones o propósitos. En este caso, es mejor optar por una forma más neutra, menos directa.
>
> 先生は週末何をなさいますか。
> Sensei wa shuumatsu nani o nasaimasu ka.
> *¿Qué hará este fin de semana, señor/a profesor/a?*

Como otras formas de expresar deseo y voluntad (–**TAI** y –**YOO TO OMOU**), **TSUMORI DA** no puede utilizarse para hablar de los deseos de la tercera persona. Para hacerlo, se debe añadir: **TO ITTE IMASU** (*dice que*), **SOO DESU** (*dice/n que*), –**RASHII**, –**SOO DESU**, –**YOO DESU** (*parece que*), etc.

森田さんはメキシコへ行くつもりだそうです。
Morita-san wa Mekishiko e iku tsumori da soo desu.
Dicen que Morita-san/ Morita-san dice que piensa ir a México.

TSUMORI DA y –**YOO TO OMOU** pueden utilizarse de una manera prácticamente indistinta. Sin embargo, cuando hablamos de acciones muy inmediatas, se debe usar –**YOO TO OMOU**.

このケーキはおいしそうなので食べようと思います。
Kono keeki wa oishisoo-na node tabeyoo to omoimasu.
Este pastel parece bueno y me lo voy a comer.

TSUMORI DA también expresa la convicción de tener unas determinadas características o de haber hecho algo aunque esto no se corresponda con la realidad.

VERBO PASADO + *TSUMORI DA*

分かりやすく説明したつもりですが、分かった人は一人もいないそうです。
Wakariyasuku setsumei shita tsumori desu ga, wakatta hito wa hitori mo inai soo desu.
Creía haberlo explicado de una manera fácil de entender, pero por lo visto no hubo nadie que me entendiera.

ADJETIVO –I + *TSUMORI DA*

谷崎さんはまだ若いつもりで、いつも派手な服を着たりします。
Tanizaki-san wa mada wakai tsumori de, itsumo hade-na fuku o kitari shimasu.
Tanizaki-san está convencido de que aún es joven y siempre lleva ropa llamativa y cosas por el estilo.

ADJETIVO –NA + *TSUMORI DA*

私は親切なつもりです。
Watashi wa shinsetsu-na tsumori desu.
Estoy convencido de ser amable.

NOMBRE + *NO* + *TSUMORI DA*

金田さんはすごい美人のつもりですが、あまりきれいではないと思います。
Kaneda-san wa sugoi bijin no tsumori desu ga, amari kirei dewanai to omoimasu.
Kaneda-san cree ser una belleza, pero a mí no me parece muy guapa.

21.5 | Expresiones de modo | *NAKEREBA NARANAI / IKENAI*

–*NAKEREBA NARANAI* expresa deber u obligación (*tener que + infinitivo*). Con el verbo *DEARU* la obligación es especialmente imperativa y la exigencia raya en la obviedad (*debe ser + nombre/adjetivo, y es lógico que sea así*).

–**NAKEREBA** surge de la forma negativa informal del adjetivo –**I** y del verbo. Se sustituye la –**I** final por –**KERE** y se añade la conjunción-partícula condicional –**BA**. En español, se traduciría por *si no +verbo/si no es + adjetivo*.

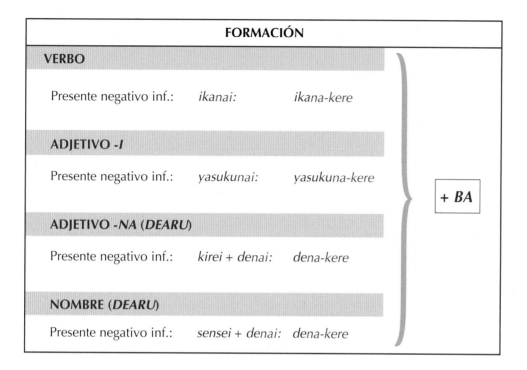

FORMACIÓN

VERBO

Presente negativo inf.:   *ikanai*:   *ikana-kere*

ADJETIVO -I

Presente negativo inf.:   *yasukunai*:   *yasukuna-kere*

ADJETIVO -NA (DEARU)

Presente negativo inf.:   *kirei + denai*:   *dena-kere*

NOMBRE (DEARU)

Presente negativo inf.:   *sensei + denai*: *dena-kere*

+ BA

Si añadimos **NARANAI** (lit. *no puede ser*) a la forma condicional negativa de un verbo o adjetivo, tendremos la expresión de deber u obligación –**NAKEREBA NARANAI**.

VERBO (forma condicional negativa) + *NARANAI*

和室に入る時、靴を脱がなければなりません。
Washitsu ni hairu toki, kutsu o nuganakereba narimasen.
Cuando entras en una habitación de estilo japonés, te tienes que quitar los zapatos.

VERBO *DEARU* (forma condicional negativa) + *NARANAI*

秘書が一人必要ですが、英語が上手でなければなりません。
Hisho ga hitori hitsuyoo desu ga, eigo ga joozu denakereba narimasen.
Necesitamos una secretaria, pero tiene que saber inglés.

> アパートは明るくなければなりません。
> Apaato wa akarukunakereba narimasen.
> *Un apartamento debe tener luz.*

La forma –**NAKEREBA**, en japonés coloquial, se transforma en las formas –**NAKYA** o –**NAKYAA**.

> 明日仕事でパリへ行かなきゃ（あ）ならない。
> Ashita shigoto de Pari e ikanakya (a) naranai.
> *Mañana tengo que ir a París por cuestiones de trabajo.*

En japonés coloquial, **NARANAI** suele omitirse cuando se entiende de una manera implícita.

> 今日試験を受けなきゃ（ならない）。
> Kyoo shiken o ukenakya (naranai).
> *Hoy tengo que examinarme.*

Una forma propia de la lengua escrita es –**NEBA NARANU**.

> 人間は互いに助け合わねばならぬ。
> Ningen wa tagai ni tasukeawaneba naranu.
> *Los seres humanos debemos ayudarnos los unos a los otros.*

Una forma muy similar, pero no idéntica, a –**NAKEREBA NARANAI** es –**NAKEREBA IKENAI**. La diferencia estriba en que mientras la primera señala una obligación general, extensible a todos, o un deber dictado por la lógica y el sentido común, la segunda expresa una obligación particular del sujeto. –**NAKEREBA IKENAI**, por lo tanto, señala una obligación que surge de la opinión subjetiva de quien habla.

> 夜早く寝なければいけない。
> Yoru hayaku nenakereba ikenai.
> *Por la noche tienes que acostarte temprano.*

La forma –*NAKUTE WA IKENAI* equivale a –*NAKEREBA IKENAI.*

> おじいちゃんに手紙を書かなくてはいけないよ。
> Ojii-chan ni tegami o kakanakutewa ikenai yo.
> *Tienes que escribir al abuelito.*

–*NAKEREBA NARANAI* es la forma idónea para referirse a normas, leyes, reglas u obligaciones, así como a necesidades y obligaciones que dicta el sentido común.

> 明日午前八時にテストがあります。ですから、早く起きなければなりません。
> Ashita gozen hachi-ji ni tesuto ga arimasu. Desukara, hayaku okinakereba narimasen.
> *Mañana tengo un examen a las ocho de la mañana. Por eso, tengo que levantarme pronto.*

> ダイエットする前に、お医者さんに相談しなければなりません。
> Daietto suru mae ni, o-isha-san ni soodan shinakereba narimasen.
> *Antes de hacer una dieta, se tiene que consultar al médico.*

Otras formas similares son –*NAKUTE WA NARANAI* y –*NAI TO IKENAI.*

> ご飯を食べてから、歯を磨かなくてはならない。
> Gohan o tabete kara, ha o migakanakute wa naranai.
> *Después de comer, tienes que lavarte los dientes.*

> もっと勉強しないといけない。
> Motto benkyoo shinai to ikenai.
> *Tienes que estudiar más.*

La forma –*NAKUTE WA* suele derivar en –*NAKUCHA* (**A**) en japonés coloquial.

> 作文を書かなくちゃいけないんです。
> Sakubun o kakanakucha ikenai n desu.
> *Tengo que escribir una redacción.*

21.6.1	Expresiones de modo	Otras expresiones de permiso, prohibición y obligación	**Permiso**

Para preguntar sobre la posibilidad o conveniencia de realizar una acción se añaden los adjetivos **II** y **YOROSHII** (*bien*) o el verbo **KAMAIMASEN** (*no importa*) a la forma **–TE + MO** (*aunque*).

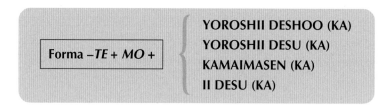

Forma **–TE + MO +**

YOROSHII DESHOO (KA)
YOROSHII DESU (KA)
KAMAIMASEN (KA)
II DESU (KA)

La forma más cortés es la primera (**–TEMO + YOROSHII DESHOO KA**) y la menos, la última. Sin embargo, **–TEMO + II DESU KA**, llevando como lleva el verbo **DEARU** en presente afirmativo formal (**DESU**), sigue siendo una forma educada muy habitual en el japonés hablado.

A：たばこを吸ってもいいですか。
Tabako o sutte mo ii desu ka.
¿Puedo fumar?
B：ええ、いいですよ。
Ee, ii desu yo.
Sí, claro.

A：ここに座ってもかまいませんか。
Koko ni suwatte mo kamaimasen ka.
¿Le importa que me siente aquí?
B：どうぞ、座ってください。
Doozo, suwatte kudasai.
Siéntese por favor.

もう帰ってもいいですよ。
Moo kaette mo ii desu yo.
Ya puede irse.

どの電話を使ってもいいです。

Dono denwa o tsukattemo ii desu.

Puede utilizar el teléfono que quiera.

何時に来てもかまいません。

Nan-ji ni kitemo kamaimasen.

Puede venir a la hora que desee.

También se puede preguntar sobre la conveniencia de una determinada cosa o estado.

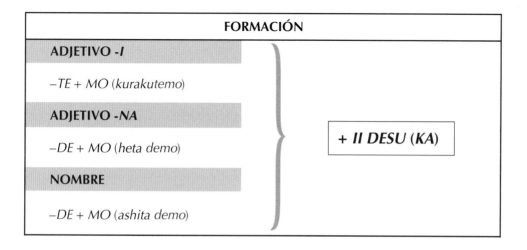

FORMACIÓN	
ADJETIVO -*I* –*TE* + *MO* (*kurakutemo*)	
ADJETIVO -*NA* –*DE* + *MO* (*heta demo*)	**+ *II DESU* (*KA*)**
NOMBRE –*DE* + *MO* (*ashita demo*)	

A：宿題は夏休みについての作文です。明日出しなさい。

　　Shukudai wa natsuyasumi nitsuite no sakubun desu. Ashita dashinasai.

　　Los deberes consisten en una redacción sobre las vacaciones de verano.
　　Entregadla mañana.

B：あさってでもいいですか。

　　Asatte demo ii desu ka.

　　¿Puede ser pasado mañana?

C：短くてもいいですか。

　　Mijikakutemo ii desu ka.

　　¿Puede ser corta?

D：字が下手でもいいですか。

　　Ji ga heta de mo ii desu ka.

　　¿Puede estar escrita con mala letra?

E：他のテーマでもいいですか。

　　Hoka no teema demo ii desu ka.

　　¿Es posible escribir sobre otro tema?

En japonés, como en cualquier otra lengua, hay muchas expresiones de prohibición, unas más indirectas y corteses, otras más categóricas.

A : たばこを吸ってもいいですか。
Tabako o sutte mo ii desu ka.
¿Puedo fumar?

B 1 : あの、たばこはちょっと。
Ano, tabako wa chotto…
Pues, es que el tabaco…

PRESENTE INFORMAL NEGATIVO + *HOO GA II (DESU)*

B 2 : なるべく吸わないほうがいいです。
Narubeku suwanai hoo ga ii desu.
En lo posible, es mejor que no fume (preferiría que no fumara)

PRESENTE INFORMAL NEGATIVO + *DE + KUDASAI*

B 3 : なるべく吸わないでください。
Narubeku suwanaide kudasai.
En lo posible, no fume.

FORMA –*TE* + *WA* + *IKEMASEN*

B 4 : たばこを吸ってはいけません。
Tabako o sutte wa ikemasen.
No se puede fumar. / No está bien que fume.

21.6.3	Expresiones de modo	Otras expresiones de permiso, prohibición y obligación	**Obligación**

Las expresiones de obligación y permiso consisten en diversas variantes de las formas siguientes:

OBLIGACIÓN: *–NAKUTE WA/NAKEREBA + IKENAI/NARANAI*
PERMISO: *–TE MO II*
NO OBLIGACIÓN: *–NAKUTE MO II*

NO OBLIGACIÓN: NO HACE FALTA QUE + SUBJUNTIVO

FORMACIÓN		
VERBO		
Presente negativo inf.:	*ikanai:*	*ikana-kute*
ADJETIVO -*I*		
Presente negativo inf.:	*yasukunai:*	*yasukuna-kute*
ADJETIVO- *NA* (*DEARU*)		
Presente negativo inf.:	*kirei + dewanai:*	*dewana-kute*
NOMBRE (*DEARU*)		
Presente negativo inf.:	*sensei + dewanai:*	*dewana-kute*

+ MO

A ：明日学校へ来なければいけませんか。
　　Ashita gakkoo e konakereba ikemasen ka.
　　¿Mañana tengo que venir a la escuela?
B 1：はい、来なければいけません。
　　Hai, konakereba ikemasen.
　　Sí, tienes que venir.
B 2：いいえ、来なくてもいいです。
　　Iie, konakutemo ii desu.
　　No, no hace falta que vengas.
B 3：来ても来なくてもいいです。
　　Kitemo konakutemo ii desu.
　　Tanto da que vengas como que no vengas.

A：アパートは新しくなくてもいいですか。

Apaato wa atarashikunakutemo ii desu ka.

¿Le importa que el apartamento no sea nuevo?

B：広ければ、新しくても新しくなくてもいいです。

Hirokereba atarashikutemo atarashikunakutemo ii desu.

Mientras sea grande, tanto da que sea nuevo como que no lo sea.

A：私の学校では毎週作文を書かなくてはならないんです。
あなたの学校は。

Watashi no gakkoo de wa maishuu sakubun o kakanakutewa naranai n desu. Anata no gakkoo wa?

En mi escuela, tenemos que escribir una redacción todas las semanas. ¿Y en la tuya?

B：書いても書かなくてもいいんです。

Kaitemo kakanakutemo ii n desu.

Tanto da que la escribamos como que no.

A：毎日テレビのニュースを見なければなりませんか。

Mainichi terebi no nyuusu o minakereba narimasen ka.

¿Tiene/s que mirar todos los días las noticias de la televisión?

B：いいえ、見なくてもいいです。

Iie, minakutemo ii desu.

No, no tengo que mirarlas.

A：毎日宿題をしなくてもいいんですか。

Mainichi shukudai o shinakutemo ii n desu ka.

¿No hace falta que haga/s todos los días los deberes?

B：いいえ、しなければならないんです。

Iie, shinakereba naranai n desu.

Sí, tiene/s que hacerlos.

A：私はテニスがあまりできませんが、下手でもかまいませんか。

Watashi wa tenisu ga amari dekimasen ga, heta demo kamaimasen ka.

No juego demasiado bien al tenis. ¿No importa que sea malo?

B：いいですよ。上手ではなくてもいいですよ。

Ii desu yo. Joozu dewanakutemo ii desu yo.

De ningún modo. No importa que no juegue muy bien.

La estructura verbo pasado + ***HOO GA II*** expresa sugerencia o consejo. El tono es bastante directo y determinante. Si la acompañamos de ***TO OMOIMASU*** (*creo que*) la sugerencia es más cortés.

FORMACIÓN

VERBO
Pasado informal afirmativo
Presente informal negativo
+ *HOO GA II*

頭が痛いなら、寝たほうがいいです。
Atama ga itai nara, neta hoo ga ii desu.
Si te duele la cabeza, es mejor que te acuestes.

たばこは体によくないから吸わないほうがいいですよ。
Tabako wa karada ni yokunai kara suwanai hoo ga ii desu yo.
Como el tabaco no es bueno para la salud, es mejor no fumar.

お菓子はあまり食べないほうがいいと思います。
Okashi wa amari tabenai hoo ga ii to omoimasu.
Creo que no es bueno comer demasiados dulces.

毎日7、8時間寝たほうがいいです。
Mainichi shichi, hachi-ji-kan neta hoo ga ii desu.
Es mejor dormir todos los días siete u ocho horas.

La expresión –***TARA DOO DESU KA*** también indica sugerencia, pero es más indirecta y cortés que –***HOO GA II***.

辞書をひいたらどうですか。
Jisho o hiitara doo desu ka.
¿Y si consulta el diccionario?

ファックスで送ったらどうでしょうか。
Fakkusu de okuttara doo deshoo ka.
¿Y si lo enviara por fax?

No debe confundirse **VERBO PASADO** + *HOO GA II* con la forma comparativa **VERBO PRESENTE** + *HOO GA II DESU*. La primera expresa consejo y la segunda comparación.

働きすぎですよ。映画にでも行ったほうがいいんじゃありませんか。
Hatarakisugi desu yo. Eiga ni demo itta hoo ga ii n ja arimasen ka.
Trabajas demasiado. ¿No sería mejor que fueras al cine o a algún otro sitio?

A ：映画に行くのと行かないのとどちらがいいですか。
Eiga ni iku no to ikanai no to dochira ga ii desu ka.
¿Qué prefieres, ir al cine o no?
B ：映画に行くほうがいいです。
Eiga ni iku hoo ga ii desu.
Prefiero ir al cine.

| 21.8 | Expresiones de modo | *DAROO* |

DAROO procede de la forma futura hipotética (***mizen-kei***) del verbo *DA* (*DEARU*) a la que se ha añadido el auxiliar *O*.

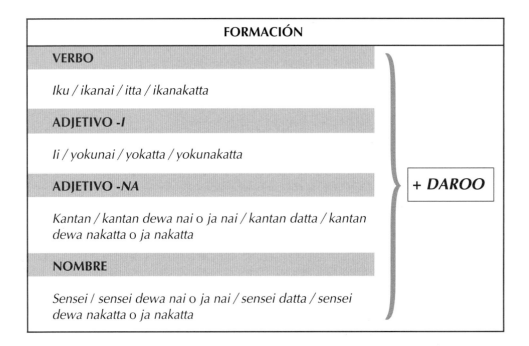

FORMACIÓN	
VERBO	
Iku / ikanai / itta / ikanakatta	
ADJETIVO -I	
Ii / yokunai / yokatta / yokunakatta	
ADJETIVO -NA	**+ DAROO**
Kantan / kantan dewa nai o ja nai / kantan datta / kantan dewa nakatta o ja nakatta	
NOMBRE	
Sensei / sensei dewa nai o ja nai / sensei datta / sensei dewa nakatta o ja nakatta	

La forma formal de **DAROO** es **DESHOO**.

DAROO es un auxiliar que indica conjetura y probabilidad. Dentro de las expresiones modales que indican la posición o postura de la persona que habla, **DAROO** es una de las más subjetivas. Para llegar a una determinada conclusión, la persona que habla se basa, más que en pruebas objetivas, en su conocimiento y experiencia. Así pues, la oración formulada con **DAROO** no deja de ser una simple suposición.

> このハンドバッグは高いだろう。
> Kono handobaggu wa takai daroo.
> *Este bolso debe de ser caro.*

> 横山さんはもう日本へ帰っただろう。
> Yokoyama-san wa moo Nihon e kaetta daroo.
> *Yokoyama-san ya debe de haber regresado a Japón.*

Aunque el tiempo presente del verbo pueda expresar futuro, cuando se habla de hechos no controlables que se supone que van a suceder en el futuro, se debe añadir **DAROO**, **DESHOO** u otro auxiliar que indique probabilidad al verbo en tiempo presente.

> 明日雨が降るでしょう。
> Ashita ame ga furu deshoo.
> *Mañana lloverá.*

DAROO se puede acompañar de algún adverbio que exprese duda como **TABUN** (quizás).

> 田中さんはたぶんパリへ行っているだろう。
> Tanaka-san wa tabun Pari e itte iru daroo.
> *Tanaka-san quizás esté en París.*

DAROO no tiene forma negativa. Tampoco tiene tiempo pasado.

DAROO y su formal **DESHOO** tienen formas interrogativas: **DAROO KA** y **DESHOO KA**.

La forma interrogativa **DESHOO KA** se utiliza cuando se quiere dar un tono cortés a una pregunta.

> お茶はいかがでしょうか。
> O-cha wa ikaga deshoo ka.
> *¿Tomará un té?*

También se utiliza la forma interrogativa, **–DESHOO KA**, cuando no se tiene la certeza de que la persona a quien se pregunta sepa la respuesta.

Ejemplo: Hay dos personas en un despacho. No esperan a nadie. De repente llaman a la puerta. Una dice a otra:

> だれでしょうか。
> Dare deshoo ka.
> *¿Quién será?*

TO OMOU (*creer que*) puede seguir a **DAROO**.

> 高田さんはたぶん芝居に行くだろうと思います。
> Takada-san wa tabun shibai ni iku daroo to omoimasu.
> *Quizás Takada-san vaya al teatro.*

21.9	Expresiones de modo	*KAMO SHIRENAI*

–KAMO SHIRENAI (informal) /**-KAMO SHIREMASEN** (formal) expresa conjetura y probabilidad. Se traduce por *puede ser, es posible que…*

FORMACIÓN	
VERBO	
Iku / ikanai / itta / ikanakatta	
ADJETIVO -I	
Ii / yokunai / yokatta / yokunakatta	
ADJETIVO -NA	**+ KAMOSHIRENAI**
Kantan / kantan dewa nai o ja nai / kantan datta / kantan dewa nakatta o ja nakatta	
NOMBRE	
Sensei / sensei dewa nai o ja nai / sensei datta / sensei dewa nakatta o ja nakatta	

–**KAMO SHIRENAI** expresa la duda del hablante sobre la veracidad de algo.

> 彼は来ないかもしれません。
> Kare wa konai kamo shiremasen.
> *Puede que no venga.*

–**KAMO SHIRENAI** expresa que el hablante está calibrando las posibilidades de que ocurra un determinado hecho.

> あまり勉強しなかったので、試験に落ちるかもしれない。
> Amari benkyoo shinakatta node shiken ni ochiru kamo shirenai.
> *No he estudiado mucho y es posible que suspenda.*

KAMO SHIRENAI puede ir acompañado de adverbios como **hyotto shite** (*por si acaso, por casualidad*), **moshikashitara** (*quizás*), etc.

> もしかしたら私は今日出かけるかもしれません。
> Moshikashitara watashi wa kyoo dekakeru kamo shiremasen.
> *Es posible que salga hoy.*

21.10	Expresiones de modo	*NI CHIGAI NAI*

NI CHIGAI NAI (informal) / **NI CHIGAI ARIMASEN** (formal) expresa convicción. Equivale a *no hay duda de que, seguro que...*

FORMACIÓN	
VERBO	
Iku / ikanai / itta / ikanakatta	
ADJETIVO -I	
Ii / yokunai / yokatta / yokunakatta	
ADJETIVO -NA	**+ NI CHIGAINAI**
Kantan / kantan dewa nai o ja nai / kantan datta / kantan dewa nakatta o ja nakatta	
NOMBRE	
Sensei / sensei dewa nai o ja nai / sensei datta / sensei dewa nakatta o ja nakatta	

–*NI CHIGAI NAI* indica certeza. Sin embargo, esta convicción no está basada en pruebas objetivas ni lógicas, sino en la intuición y la capacidad de deducción del hablante basadas en su propia experiencia.

> 金本先生の授業は面白いにちがいない。
> Kanemoto-sensei no jugyoo wa omoshiroi ni chigainai.
> *Las clases de Kanemoto-sensei seguro que son interesantes.*

Muchas veces acompañan a **NI CHIGAI NAI** adverbios como **kitto** (*seguro que*).

> 加藤さんはきっと日本へ帰ったにちがいありません。
> Katoo-san wa kitto Nihon e kaetta ni chigaiarimasen.
> *Seguro que Katoo-san ya ha vuelto a Japón.*

| 21.11 | Expresiones de modo | –*SOO DA (YOOTAI)* |

–*SOO DA* es un adjetivo auxiliar llamado auxiliar de apariencia (**yootai no jodooshi**). Expresa la conjetura del hablante sobre un estado, esencia o situación presente o sobre una acción o hecho que puede tener lugar en el futuro. Se traduce por *parece + adjetivo/ parece que + verbo*.

–*SOO DA* no puede seguir a un nombre. Para expresar conjetura, detrás de un nombre se pone –*DAROO*, –*RASHII* o –*YOO DA*.

FORMA AFIRMATIVA

FORMACIÓN		
VERBO		
Verbo (*masu*)	(*iku: iki*)	**+ SOO DA** **+ SOO NA–**
ADJETIVO -*I*		
Adjetivo (–*i*)	(*yasui: yasu*)	
ADJETIVO- *NA*		
Adjetivo (–*na*)	(*fukuzatsu: fukuzatsu*)	

La conjetura expresada con –*SOO DA* se basa en una información visual directa o en la intuición. Por lo tanto, sólo podrá referirse al estado actual de alguien o algo, o a un hecho o acción que sucederá en el futuro.

> あのコートは高そうです。
> Ano kooto wa takasoo desu.
> *Aquel abrigo parece/tiene el aspecto de ser/debe ser caro.*

> 雨が降りそうです。
> Ame ga furisoo desu.
> *Parece que va a llover.*

> 今日はだれかお客さんが来そうです。
> Kyoo wa dareka okyakusan ga kisoo desu.
> *Tengo la impresión de que hoy va a venir alguna visita.*

Como la conjetura se basa en la observación directa que el hablante hace en aquel momento, no pueden hacerse conjeturas sobre hechos o estados que pertenecen al pasado. Sólo se utiliza el tiempo pasado al hablar de conjeturas que se formularon en el pasado.

> 昨日雨が降りそうでしたが、とうとう雨が降りませんでした。
> Kinoo ame ga furisoo deshita ga, too-too ame ga furimasen deshita.
> *Ayer parecía que iba a llover, pero al final no llovió.*

> 田中さんが作ったケーキはおいしそうだったけど、食べてみたら、そんなにおいしくなかった。
> Tanaka-san ga tsukutta keeki wa oishisoo datta kedo, tabete mitara, sonna ni oishikunakatta.
> *El pastel que hizo Tanaka-san parecía muy rico, pero cuando lo probé, no lo era tanto.*

FORMA NEGATIVA

La forma negativa parte del presente negativo informal del verbo y del adjetivo –*I*, y del verbo *DEARU* para los adjetivos –*NA*. A esta forma negativa se le quita la –*I* final y se le añade *SA* + *SOO DA*.

La traducción de la forma negativa, –*NASA-SOO*, sería: *no parece + adjetivo, no parece que + subjuntivo.*

La forma negativa también incluye el nombre: *nombre* + ***DEWANASA-SOO DA*** =
no parece ser + nombre.

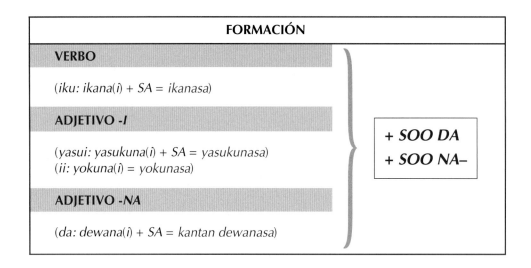

FORMACIÓN	
VERBO	
(iku: ikana(i) + *SA = ikanasa)*	**+ SOO DA**
ADJETIVO -I	**+ SOO NA–**
(yasui: yasukuna(i) + *SA = yasukunasa)* *(ii: yokuna(i) = yokunasa)*	
ADJETIVO -NA	
(da: dewana(i) + *SA = kantan dewanasa)*	

{
この問題はあまり難しくなさそうです。
Kono mondai wa amari muzukashikunasa soo desu.
Este problema no parece demasiado difícil.

{
この辺に喫茶店はなさそうです。
Kono hen ni kissaten wa nasasoo desu.
No parece que haya ninguna cafetería por aquí.

El verbo tiene otra forma negativa: verbo (*masu*) + ***SOO NI/MO NAI***.

{
雨が降りそうに／もありません。
Ame ga furisoo ni/mo arimasen.
No parece que vaya a llover.

–***SOO DA/NA*** es un adjetivo –***NA*** y, como tal, puede preceder a un nombre.
Encontraremos muchos adjetivos de este tipo en descripciones del estado anímico o
apariencia de las personas.

{
元気そうな顔をしています。
Genki-soo-na kao o shite imasu.
Hace una cara saludable/animosa.

{ 田中さんは嬉しそうです。
Tanaka-san wa ureshisoo desu.
Tanaka-san parece contento.

{ 竹田さんはえらそうな顔をしています。
Takeda-san wa erasoo-na kao o shite imasu.
Takeda-san se da importancia.

Hay adjetivos como **KIREI** (*bonito*) que no van con **–SOO NA/DA**.

{ きれいです。　　きれいそうです。
Kirei desu.　　¿?Kirei-soo desu.
Es bonito/a.　　¿Parece bonito?

Existe una forma adverbial derivada de **–SOO NA**: **–SOO NI**

{ 子供は楽しそうに遊んでいます。
Kodomo wa tanoshi-soo-ni asonde imasu.
Los niños juegan animadamente.

{ 松本さんはおいしそうにパエーリャを食べています。
Matsumoto-san wa oishi-soo-ni paeerya o tabete imasu.
Matsumoto-san está comiendo paella con apetito.

| 21.12 | Expresiones de modo | **–YOO DA / MITAI DA** |

–YOO DA (informal) /**-YOO DESU** (formal) es un adjetivo auxiliar que expresa hipótesis o comparación. También se usa cuando una persona habla con modestia. Cuando indica hipótesis, expresa una deducción lógica del hablante que parte de la observación directa y se basa en la experiencia. Cuando indica comparación, simplemente expresa semejanza.

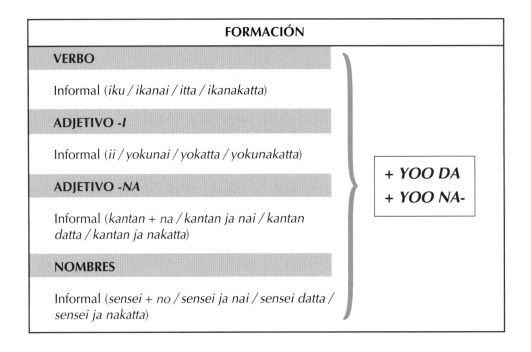

La forma equivalente a –**YOO DA** en japonés coloquial es –**MITAI DA/NA**.

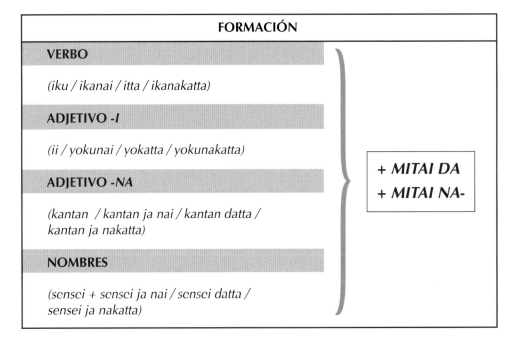

HIPÓTESIS (DEDUCCIÓN)

このコンピュータの使い方は簡単（なよう／みたい）です。

Kono konpyuuta no tsukaikata wa kantan (na yoo/mitai) desu.

Este ordenador parece fácil de usar. (Lo he deducido por lo que estoy viendo, basándome en mi experiencia en ordenadores.)

これは学生には分かり難いみたいです。

Kore wa gakusei ni wa wakarinikui mitai desu.

Parece que esto es difícil de entender para los estudiantes.

田中さんはもう先生と話したようです。

Tanaka-san wa moo sensei to hanashita yoo desu.

Parece que Tanaka-san ya ha hablado con el profesor.

COMPARACIÓN

-**YOO DA** indica semejanza. Expresa que una persona o cosa no son, pero parecen.

この子供の話し方は大人のようです。

Kono kodomo no hanashikata wa otona no yoo desu.

La manera de hablar de este niño es como la de una persona mayor.

El adverbio **MARUDE** (*igual que/como*) refuerza la idea de semejanza.

まるで春のようです。

Marude haru no yoo desu.

Igual que si estuviésemos en primavera. (Pero no estamos)

MODESTIA

También se utiliza –**YOO DA** o –**MITAI DA** cuando se habla con modestia, aunque no se tenga ninguna duda sobre lo que se afirma.

女の人は普通「お水」と言うみたいです。

Onna no hito wa futsuu "O-mizu" to iu mitai desu.

Parece ser que las mujeres suelen decir: "O-mizu".(O-mizu = agua)

También se puede usar –**YOO NA** como adjetivo.

木村さんは何もわからなかったような顔をしています。

Kimura-san wa nanimo wakaranakatta yoo na kao o shite imasu.

Kimura-san hace cara de no haberse enterado de nada.

$\left\{\begin{array}{l}\text{松村さんは疲れたような顔をしています。}\\ \text{Matsumura-san wa tsukareta yoo na kao o shite imasu.}\\ \textit{Matsumura-san hace cara de estar cansado/a.}\end{array}\right.$

Existe una forma adverbial derivada del adjetivo –**YOO NA**: –**YOO NI**.

$\left\{\begin{array}{l}\text{橋本さんはスペイン人のようにスペイン語を話します。}\\ \text{Hashimoto-san wa supein-jin no yoo ni supein-go o hanashimasu.}\\ \textit{Hashimoto-san habla el español como un español (como un nativo).}\end{array}\right.$

$\left\{\begin{array}{l}\text{昨日のことのように覚えています。}\\ \text{Kinoo no koto no yoo ni oboete imasu.}\\ \textit{Lo recuerdo como si hubiera sucedido ayer.}\end{array}\right.$

| **21.13** | Expresiones de modo | –*RASHII* |

–**RASHII** es un adjetivo auxiliar que expresa una conjetura basada en una información que se ha leído, escuchado o visto. También puede expresar comparación.

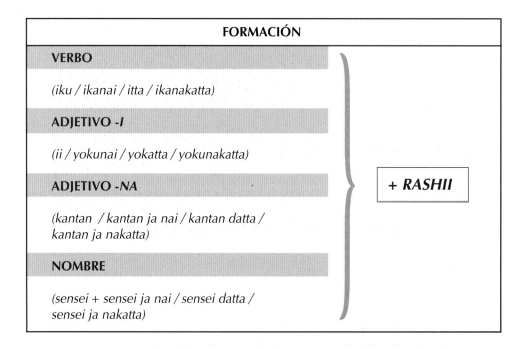

FORMACIÓN	
VERBO	
(iku / ikanai / itta / ikanakatta)	
ADJETIVO -*I*	
(ii / yokunai / yokatta / yokunakatta)	
ADJETIVO -*NA*	**+ RASHII**
(kantan / kantan ja nai / kantan datta / kantan ja nakatta)	
NOMBRE	
(sensei + sensei ja nai / sensei datta / sensei ja nakatta)	

–**RASHII** se usa cuando la conjetura se basa en una información más objetiva, en algo que el hablante ha visto, oído o leído. Recordando otras expresiones similares, –**DAROO** es una mera suposición del hablante, –**SOO DA** es una conjetura basada en la impresión que tiene éste ante lo que está viendo y –**YOO DA** es una deducción del hablante ante lo que está viendo basada en su experiencia o conocimientos.

–**RASHII** es un adjetivo –**I**. Por lo tanto, puede ir seguido del verbo **DESU** en su uso como auxiliar aunque no sea necesario.

> 来年ジョンさんが日本へ来るらしい（です）。
> Rainen Jon-san ga Nihon e kuru rashii (desu).
> *Parece ser que John vendrá a Japón el año que viene.*

> 宮沢さんは結局会社をやめないらしい（です）。
> Miyazawa-san wa kekkyoku kaisha o yamenai rashii (desu).
> *Parece ser que finalmente Miyazawa-san no deja la empresa.*

Cuando va delante de un nombre, –**RASHII**, al igual que –**YOO DA**, puede indicar conjetura o comparación.

Respecto al uso de –**RASHII** como conjetura:

> あの人は日本人（のよう／みたい／らしい）です。
> Ano hito wa nihonjin (no yoo/mitai/rashii) desu.
> *Aquella persona parece japonesa. (No es seguro que lo sea.)*

Respecto a la comparación, –**YOO DA** denotaba un simple parecido: *parecía, pero no era*. Por el contrario, –**RASHII** puede indicar que alguien o algo reúne las características que definen el concepto expresado. **ONNA**: *mujer*, **ONNA-RASHII**: *femenina*; **HONTOO**: *verdad*, **HONTOO-RASHII**: *verosímil*.

> あの女の子は男の子のようです。
> Ano onna no ko wa otoko no ko no yoo desu.
> *Aquella niña parece un chico (pero, evidentemente, no lo es).*

> 木村さんの奥さんは本当に女らしい人です。
> Kimura-san no okusan wa hontoo-ni onna-rashii hito desu.
> *La esposa de Kimura-san es una mujer muy femenina.*

Las formas negativas: **–RASHIKUNAI**, etc. (*no parece*, etc.) son las propias de un adjetivo –**I**. Además, como adjetivo, puede preceder a un nombre. (Véase 23. EL ADJETIVO.)

> 木村さんは男らしくない人です。。
> Kimura-san wa otoko-rashikunai hito desu.
> *Kimura-san no es masculino.*

> 野村さんは本当に女らしい人ですね。
> Nomura-san wa hontoo-ni onna-rashii hito desu ne.
> *Nomura-san es una persona (mujer) verdaderamente femenina.*

> あの子は子供らしい子供ではありません。
> *Ano ko wa kodomo-rashii kodomo dewa arimasen.*
> *Aquel niño no parece un niño (lit. Aquel niño es un niño muy poco niño).*

Detrás de un nombre, **–RASHII** también puede traducirse por *propio de, típico de...*

> これは本当に君らしい。
> Kore wa hontoo-ni kimi-rashii.
> *Esto es muy propio de ti.*

21.14	Expresiones de modo	–SOO DA (DENBUN)

Con el auxiliar –**SOO DA** (*informal*) / –**SOO DESU** (*formal*), el hablante transmite

FORMACIÓN	
VERBO	
Informal *(iku / ikanai / itta / ikanakatta)*	
ADJETIVO -I	
Informal *(ii / yokunai / yokatta / yokunakatta)*	**+ SOO DA**
ADJETIVO -NA	
Informal *(kirei + da/dewa nai o ja nai / datta / dewa nakatta o ja nakatta)*	
NOMBRE	
Informal *(sensei + da/dewa nai o ja nai / datta / dewa nakatta o ja nakatta)*	

una información que ha obtenido a través de una fuente determinada. Se traduce por *dice/dicen/he oído que...*

> 吉田さんは来週日本へ帰るそうです。
> Yoshida-san wa raishuu Nihon e kaeru soo desu.
> *He oído que Yoshida-san vuelve a Japón la semana que viene.*

> ロペスさんは若い時サッカーの選手だったそうです。
> Ropesu-san wa wakai toki sakkaa no senshu datta soo desu.
> *Dicen que López-san era jugador de fútbol cuando era joven.*

Con **–SOO DA**, cuando se especifica la fuente, se señala con **NI YORU TO**.

> 天気予報によると、明日雨が降るそうです。
> Tenkiyohoo ni yoru to ashita ame ga furu soo desu.
> *Según el parte meteorológico, mañana lloverá.*

> 金本さんのはなしによると、石川さんはお酒を飲まないそうです。
> Kanemoto-san no hanashi ni yoru to, Ishikawa-san wa o-sake o nomanai soo desu.
> *Según Kanemoto-san, Ishikawa-san no bebe alcohol*

21.15	Expresiones de modo	–*HAZU DA*

–**HAZU** es un nombre que expresa que la realización de algo se considera lógica y

FORMACIÓN	
VERBO	
Informal *(iku / ikanai / itta / ikanakatta)*	
ADJETIVO -*I*	
Informal *(ii / yokunai / yokatta / yokunakatta)*	+ *HAZU DA*
ADJETIVO -*NA*	+ *HAZU NO–*
Informal *(kantan + na / kantan ja nai / kantan datta / kantan ja nakatta)*	
NOMBRE	
Informal *(sensei + no / sensei ja nai / sensei datta / sensei ja nakatta)*	

esperada. Denota convicción. También indica previsión. Se traduce por *deber de + verbo*.

–**HAZU** no expresa suposición, sino una deducción lógica basada en un hecho objetivo. Por lo tanto, junto a *conclusión* + **HAZU**, muchas veces se formula la causa o razón que ha llevado al hablante a una conclusión determinada.

前田さんは二十年スペインに住んでいたので、スペイン語ができるはずです。
Maeda-san wa ni juu-nen Supein ni sunde ita node, supein-go ga dekiru hazu desu.
Maeda-san ha vivido veinte años en España, por lo tanto, debe de hablar bien español.

神田橋さんのかばんとコートはここにあるので、まだ学校にいるはずです。
Kandabashi-san no kaban to kooto wa koko ni aru node, mada gakkoo ni iru hazu desu.
El abrigo y la maleta de Kandabashi-san están aquí, por lo tanto, todavía debe de estar en la escuela.

–**HAZU** también expresa previsión, plan.

明日出発するはずです。
Ashita shuppatsu suru hazu desu.
Mañana debe de salir.

La negación puede expresarse de dos formas:

> **Forma negativa del verbo o adjetivo + *HAZU DA***

スミスさんはアメリカへ帰らないはずです。
Sumisu-san wa Amerika e kaeranai hazu desu.
Smith-san no creo que vuelva a América.

> **Forma afirmativa del verbo o adjetivo + *HAZU GA (WA) NAI***

スミスさんはアメリカへ帰るはずはありません。
Sumisu-san wa Amerika e kaeru hazu wa arimasen.
No es de esperar/no es previsible que Smith-san vuelva a América.

Las terminaciones *NO DESU/ –N DESU* indican que el hablante está pidiendo o dando una explicación. También se utilizan cuando se habla con emotividad.

En japonés hablado, la forma *NO DESU* suele convertirse en *–N DESU*.

NO/ –N puede ir al final de la oración, sola en lenguaje coloquial (*NO*) o seguida del verbo *DEARU*.

NO/ –N también se puede encontrar en el interior de la oración, seguida de *–JA NAI DESU KA/JA ARIMASEN KA*, *DESHOO KA*, etc.

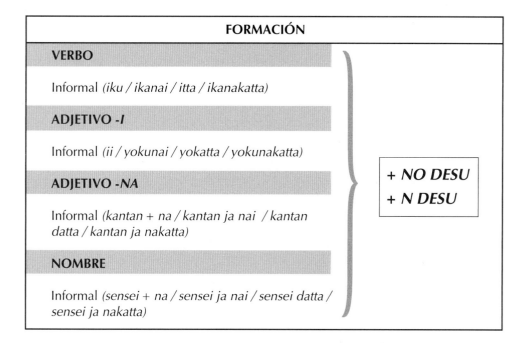

FORMACIÓN
VERBO
Informal *(iku / ikanai / itta / ikanakatta)*
ADJETIVO -*I*
Informal *(ii / yokunai / yokatta / yokunakatta)*
ADJETIVO -*NA*
Informal *(kantan + na / kantan ja nai / kantan datta / kantan ja nakatta)*
NOMBRE
Informal *(sensei + na / sensei ja nai / sensei datta / sensei ja nakatta)*

+ NO DESU
+ N DESU

USOS DE *NO DESU/ –N DESU*

Las terminaciones *NO DESU/ –N DESU* expresan que el hablante tiene la intención de explicar algo a su interlocutor basándose en unas circunstancias conocidas y compartidas por ambos, dentro de un contexto determinado. Equivale a *es que + razón*.

Ejemplo: *A bosteza. Se da cuenta de que B lo está mirando.*

{
夕べ子供に泣かれてあまり眠れなかったんです。
Yuube kodomo ni nakarete amari nemurenakatta n desu.
Es que anoche el niño estuvo llorando y apenas pude dormir.

También se usan las terminaciones **NO DESU/ –N DESU** para pedir que el interlocutor explique la razón de algo o que confirme una suposición. Previamente, deben existir unas circunstancias determinadas, conocidas y compartidas por los interlocutores.

Ejemplo: *A está tiritando. B se da cuenta de que tiene frío.*

{
寒いんですか。ストーブを入れましょうか。
Samui n desu ka. Sutoobu o iremashoo ka.
¿Tiene frío? ¿Encendemos la estufa?

En caso de dar o pedir un explicación, las terminaciones **NO DESU/ –N DESU** sólo deben utilizarse cuando hay una información previa compartida por los interlocutores. De no ser así, el interlocutor puede no entender de qué se le está hablando.

Las terminaciones **NO DESU/ –N DESU** también se usan cuando se explica algo con mucha emotividad, con la intención de captar el interés o la simpatía del interlocutor.

{
最近忙しくてあまり寝ていないんです。
Saikin isogashikute, amari nete inai n desu.
¿Sabes? Últimamente tengo mucho trabajo y apenas he dormido.

NO/ –N DESU EN EL INTERIOR DE LA FRASE

Podemos encontrar **NO/–N** delante de la terminación **–JA NAI DESU KA/JA ARIMASEN KA**. Las formas **–N JA NAI DESU KA/ ARIMASEN KA** se utilizan para exponer la propia opinión o juicio en un tono modesto y cortés. La entonación debe ser ascendente. En castellano equivalen a: *¿No es...?* No debe confundirse **–N JA NAI DESU KA** con **–N JA NAI N DESU KA** (*¿Acaso/es que no....?*), ya que, en según que contexto, esta última puede ser muy poco educada.

{
地下鉄で行くほうが速いんじゃないですか。
Chikatetsu de iku hoo ga hayai n janai desu ka.
¿No es más rápido ir en metro?

{
地下鉄で行くほうが速いんじゃないんですか。
Chikatetsu de iku hoo ga hayai n janai n desu ka.
¿Es que/acaso no es más rápido ir en metro?

También puede preceder a **–DESHOO KA**. La forma **–N DESHOO KA** equivale a: *¿Debe ser/no será…?*

{
どのボタンを押せばいいんでしょうか。
Dono botan o oseba ii n deshoo ka.
¿Qué botón se debe tener que pulsar?

La diferencia en el uso de **–N DESU KA** y **–N DESHOO KA** viene dada por las características del auxiliar **–DAROO/DESHOO**. (Véase 21.8 **DAROO/DESHOO.**)

{
どうやって食べるんですか。
Doo yatte taberu n desu ka.
¿Cómo se come esto?

{
どうやって食べるんでしょうか。
Doo yatte taberu n deshoo ka.
¿Cómo debe de comerse esto? (explíquemelo si lo sabe y si me hace el favor).

También podemos encontrarlo en oraciones interrogativas indirectas.

{
あの人がだれなのか知りません。
Ano hito ga dare na no ka shirimasen.
Pues no sé quién es.

En conversación coloquial, en las oraciones enunciativas, la terminación **–N DESU** se convierte en **–N DA** en lenguaje masculino y **NO** en lenguaje femenino. En oraciones interrogativas, se usa **NO** tanto en lenguaje masculino como femenino.

FORMAL. LENGUAJE MASCULINO Y FEMENINO

> 頭が痛いのです。／頭が痛いんです。
> Atama ga itai no desu./ Atama ga itai n desu.
> *(Es que) me duele la cabeza./ Me duele la cabeza, ¿sabe?*

> テニスが大好きなのです。／テニスが大好きなんです。
> Tenisu ga daisuki na no desu./ Tenisu ga daisuki na n desu.
> *Es que me gusta mucho el tenis./ Me gusta mucho el tenis, ¿sabe?*

INFORMAL. LENGUAJE MASCULINO

> 頭が痛いんだ。
> Atama ga itai n da.
> *(Es que) me duele la cabeza. / Me duele la cabeza, ¿sabes?*

> テニスが大好きなんだ。
> Tenisu ga daisuki na n da.
> *Es que me gusta mucho el tenis./ Me gusta mucho el tenis, ¿sabes?*

INFORMAL. LENGUAJE FEMENINO

> 頭が痛いの。
> Atama ga itai no.
> *(Es que) me duele la cabeza. / Me duele la cabeza, ¿sabes?*

> テニスが大好きなの。
> Tenisu ga daisuki na no.
> *Es que me gusta mucho el tenis./ Me gusta mucho el tenis, ¿sabes?*

El honorífico (*KEI-GO*)

Se llama **KEI-GO** al lenguaje que utiliza el hablante para mostrar respeto a la persona de quien o con quien está hablando.

22.1	El honorífico (*KEI-GO*)	**Usos del *KEI-GO***

Se utiliza **KEI-GO** cuando la persona de quien o con quien se está hablando es mayor o está en un puesto o cargo superior al del hablante.

Cuando el hablante se dirige a una persona a la que no conoce o conoce poco.

En el sector servicios, para dirigirse a los clientes.

En la correspondencia (aunque las cartas estén dirigidas a amigos o familares).

En conferencias, discursos y ceremonias.

22.2	El honorífico (*KEI-GO*)	**Tipos de *KEI-GO***

22.2.1	El honorífico (*KEI-GO*)	Tipos de *KEI-GO*	**TEINEI-GO**

Mediante el uso del **TEINEI-GO**, o lenguaje formal el hablante expresa respeto hacia su interlocutor. Las terminaciones (de hecho, auxiliares) propias del **TEINEI-GO** son –**DESU** y –**MASU** (con sus formas negativas y pasadas equivalentes). El **TEINEI-GO**, a diferencia del **SONKEI-GO** y del **KENJOO-GO**, únicamente denota respeto hacia la persona con quien se está hablando, no hacia la persona de la que se está hablando.

22.2.2	El honorífico (*KEI-GO*)	Tipos de *KEI-GO*	**SONKEI-GO**

El uso del **SONKEI-GO** denota respeto hacia la persona con quien y de quien se está hablando, pero no solamente hacia esta persona, sino también hacia las acciones, los objetos, la características y las personas que están relacionadas con ella.

NEUTRO SONKEI-GO	Sensei ga kuru. Sensei ga irasshaimasu. *El profesor viene.*
NEUTRO SONKEI-GO	Sensei no ie wa ookii. Sensei no otaku wa ookii desu. *La casa del profesor es grande.*
NEUTRO SONKEI-GO	Sensei no okusan wa kirei da Sensei no okusama wa o-utsukushii/o-kirei desu. *La esposa del profesor es hermosa.*

El **SONKEI-GO** a menudo se usa con el **TEINEI-GO**, pero no siempre:

{
A: Tanaka-san wa irasshatta?
B: Hai, Tanaka-san wa moo irasshaimashita.

La persona **A** pregunta a **B** si ya ha llegado Tanaka-san utilizando la forma informal del honorífico (**SONKEI-GO**): **IRASSHATTA**. O sea, que muestra respeto hacia **Tanaka-san** (el tema de la conversación), pero no hacia su interlocutor, la persona **B**. Sin embargo, **B** contesta utilizando la forma formal (**TEINEI-GO**): **IRASSHAIMASHITA**. Esto significa que **B** manifiesta respeto a *Tanaka-san* con el uso del honorífico (**SONKEI-GO**) y a la persona **A** con la forma formal (**TEINEI-GO**). Sólo con eso podemos deducir que la persona **A** es mayor que **B**, o tiene un cargo superior al de **B**.

22.2.3	El honorífico (*KEI-GO*)	Tipos de *KEI-GO*	**KENJOO-GO**

El **KENJOO-GO** denota respeto, igual que el **SONKEI-GO**. Sin embargo, mientras el **SONKEI-GO** eleva a la persona que se debe respetar, con el **KENJOO-GO** el hablante muestra respeto rebajándose. El **KENJOO-GO** se utiliza cuando la acción que realiza el hablante está relacionada de alguna forma con la persona respetada por él.

EJEMPLO A

{
Sensei: Moo kono hon o yomimashita ka.
Profesor: *¿Ya ha leído este libro?*
Gakusei: Hai, haiken shimashita.
Alumno: *Sí, lo he leído.*

EJEMPLO B

{
Sensei:	Moo kono hon o yomimashita ka.
Profesor:	*¿Ya ha leído este libro?*
Gakusei:	Hai, yomimashita.
Alumno:	*Sí, lo he leído.*

En el ejemplo A, podemos saber que el libro tiene algo que ver con el profesor. Podemos imaginar que, tal vez, el libro ha sido escrito por el profesor, ya que el alumno contesta usando el **KENJOO-GO**: **HAIKEN SHIMASHITA**.

En el ejemplo B, el alumno contesta en lenguaje formal (**TEINEI-GO**): **YOMIMASHITA**. El alumno no ha utilizado **KENJOO-GO** y, por lo tanto, adivinamos que entre el profesor y el libro no hay ninguna relación.

22.3	El honorífico (*KEI-GO*)	Formación del honorífico	
22.3.1	El honorífico (*KEI-GO*)	Formación del honorífico	**El nombre y el adjetivo**

A los nombres y adjetivos se les añaden los prefijos honoríficos **O** o **GO**. (Para el uso del **O** y **GO** honoríficos, véase 5.2.8.1. PREFIJOS). Hay casos, como sucede con algunas de las palabras que salen en el siguiente cuadro, en los que cambia completamente el término: **chichi** (*mi padre*) = **otoosan** (*su padre*).

LISTA DE PALABRAS EN SONKEI-GO Y KENJOO-GO LA FAMILIA		
SONKEI-GO	SIGNIFICADO	KENJOO-GO
gokazoku	*familia*	kazoku
otoo(san/sama)	*padre*	chichi
okaa(san/sama)	*madre*	haha
ojii(san/sama)	*abuelo*	sofu
obaa(san/sama)	*abuela*	sobo
onii(san/sama)	*hermano mayor*	ani
onee(san/sama)	*hermana mayor*	ane
otootosan	*hermano menor*	otooto
imootosan	*hermana menor*	imooto

A : 私の父は六十歳です。大野さんのお父さんはおいくつですか。

Watashi no chichi wa roku-jus-sai desu. Oono-san no otoosan wa o-
ikutsu desu ka.

Mi padre tiene sesenta años. ¿Y su padre, Oono-san?

B : 私の父は五十六歳です。

Watashi no chichi wa go-juu roku-sai desu.

Mi padre tiene cincuenta y seis.

22.3.2	El honorífico (*KEI-GO*)	Formación del honorífico	**El verbo**

22.3.2.1	El honorífico (*KEI-GO*)	Formación del honorífico	El verbo
Formación del verbo en *SONKEI-GO*			

VERBOS DEL GRUPO I Y II

O + Verbo (*masu*) + NI NARU

KAKU: (*escribir*)   **O** + **KAKI** (masu) + **NI NARU** = **O-kaki ni naru**

YOMU (*leer*):   **O** + **YOMI** (masu) + **NI NARU** = **O-yomi ni naru**

GRUPO III: VERBOS DE ORIGEN CHINO (NOMBRE + *SURU*)

GO + Nombre de origen chino + NI NARU

SHUSSEKI SURU (*asistir*):   **GO-shusseki** + **NI NARU**

SETSUMEI SURU (*explicar*): **GO-setsumei** + **NI NARU**

22.3.2.2	El honorífico (*KEI-GO*)	Formación del honorífico	El verbo
Formación del verbo en *KENJOO-GO*			

VERBOS DEL GRUPO I Y II

O + Verbo (*masu*) + SURU

KAKU (*escribir*):   **O** + **KAKI** (*masu*) + **SHIMASU** = **o-kaki-shimasu**

NOMU (*beber*):   **O** + **NOMI** (*masu*) + **SHIMASU** = **o-nomi-shimasu**

Para expresar aún más respeto, se puede sustituir **SHIMASU** por su **KENJOO-GO ITASHIMASU**.

GRUPO III: VERBOS DE ORIGEN CHINO (NOMBRE + *SURU*)

> **GO** + Nombre de origen chino + **SURU**

SHUSSEKI SURU (*asistir*):　　**GO-shusseki** + **SHIMASU**
ANNAI SURU (*guiar*):　　　　**GO-annai**　 + **SHIMASU**

LISTA DE VERBOS QUE TIENEN UNA FORMA ESPECIAL DE *SONKEI-GO* Y *KENJOO-GO*			
VERBO	SIGNIFICADO	**SONKEIGO**	**KENJOO-GO**
SURU	*hacer*	nasaru	itasu
IKU	*ir*	irassharu oide-ni-naru	mairu (ukagau)
KURU	*venir*	irassharu oide-ni-naru	mairu (ukagau)
IRU	*estar*	irassharu oide-ni-naru	oru
TABERU	*comer*	meshiagaru	itadaku
NOMU	*beber*	meshiagaru	itadaku
MIRU	*ver*	goran-ni-naru	(haiken suru)
IU	*decir*	ossharu	moosu (mooshiageru)
SHIRU	*saber*	gozonji da	zonjiru (zonjiageteiru)
KIKU	*escuchar preguntar*		(ukagau, uketamawaru) o-kiki-suru

Las palabras entre paréntesis sólo pueden utilizarse cuando la acción del hablante (o de su grupo) está relacionada o dirigida a una persona a quien debe respetarse.

La forma pasiva de los verbos también puede usarse como **SONKEI-GO** (Véase 14.1. LA VOZ PASIVA.)

Forma-diccionario	Voz pasiva	Sonkei-go
suwaru (*sentarse*)	suwarareru	o-suwari-ni-naru
kau　(*comprar*)	kawareru	o-kai-ni-naru
hanasu (*hablar*)	hanasareru	o-hanashi-ni-naru

En cuanto a los verbos con forma de **SONKEI-GO** especial, se pueden usar indistintamente las tres formas.

> Sensei wa bangohan o meshiagaru.
> Sensei wa bangohan o o-tabe-ni-naru.
> Sensei wa bangohan o taberareru.
> *El/la profesor/a cena.*

Se tiene que prestar atención en no usar demasiados verbos en forma **SONKEI-GO** juntos. Cuando, por ejemplo, hay dos o tres verbos seguidos, es suficiente poner el último verbo en la forma **SONKEI-GO**.

> Sensei wa tabako o o-kai ni irasshaimashita.   (No es natural)
> Sensei wa tabako o kai ni irasshaimashita.   (Natural)
> *El profesor ha ido a comprar un paquete de cigarrillos.*

EL ADJETIVO
(*YOOGEN II*)

El ADJETIVO (*KEIYOOSHI* y *KEIYOO-DOOSHI*)

| **23.1** | El adjetivo | **Características generales** |

El adjetivo japonés, junto con el verbo, forma el **yoogen**, la parte flexiva de la oración que desempeña la función de predicado.

El adjetivo japonés es una palabra que expresa la cualidad o el estado de una cosa.

El adjetivo japonés, al igual que el sustantivo, carece de género y número y, por lo tanto, no hay regla de concordancia alguna.

Hay dos tipos de adjetivos: los adjetivos –**I** (**keiyooshi**) y los adjetivos –**NA** (**keiyoo-dooshi**).

En lengua japonesa, los adjetivos propiamente dichos (**keiyooshi** y **keiyoo-dooshi**) son los adjetivos calificativos.

Existen formas equivalentes a los adjetivos demostrativos y posesivos españoles.

Pueden construirse algunas formas equivalentes a los adjetivos indefinidos. (Véase 6. 7. EL PRONOMBRE INDEFINIDO.)

Los numerales se consideran nombres, no adjetivos. (Véase 5. EL NOMBRE.)

| **23.2** | El adjetivo | **Los adjetivos –I (KEIYOOSHI)** |

Todos los adjetivos –**I** acaban en –**i** (la terminación del presente afirmativo). Sin embargo, hay adjetivos como **kirei** (*bonito/limpio*) o **yuumei** (*famoso*) que no son adjetivos –**I**, a pesar de terminar en –**i**.

Los adjetivos –**I** poseen una flexión propia que indica presente, afirmativo o negativo, y pasado, afirmativo o negativo. No es preciso añadir el verbo **DEARU** (*ser*). Al poner **DESU** (presente afirmativo del verbo **DEARU**, *ser*) detrás de algunas formas de los adjetivos –**I**, éstas simplemente pasan de informales a formales.

Aka-I:	*es rojo/a/os/as* (informal)	
Aka-I + DESU:	*es rojo/a/os/as* (formal)	
Aka-KUNAI:	*no es rojo/a/os/as* (informal)	
Aka-KUNAI + DESU:	*no es rojo/a/os/as* (formal)	
Aka-KATTA:	*era rojo/a/os/as* (informal)	
Aka-KATTA + DESU:	*era rojo/a/os/as* (formal)	
Aka-KUNAKATTA:	*no era rojo/a/os/as* (informal)	
Aka-KUNAKATTA + DESU:	*no era rojo/a/os/as* (formal)	

Los adjetivos **–I** tienen flexión propia. No necesitan, por lo tanto, ir acompañados del verbo **DEARU** (*ser*).

23.2.1 | El adjetivo | *KEIYOOSHI* | **Flexión de los adjetivos –I (informal)**

RAÍZ	PRESENTE INFORMAL		PASADO INFORMAL	
	AFIRMATIVO	NEGATIVO	AFIRMATIVO	NEGATIVO
AKA	AKA–I	AKA–KUNAI	AKA–KATTA	AKA–KUNAKATTA

23.2.2 | El adjetivo | *KEIYOOSHI* | **Flexión de los adjetivos –I (formal)**

RAÍZ	PRESENTE FORMAL		PASADO FORMAL	
	AFIRMATIVO	NEGATIVO	AFIRMATIVO	NEGATIVO
AKA	AKA–I DESU	AKA–KUNAI DESU AKA–KUARIMASEN	AKA–KATTA DESU	AKA–KUNAKATTA DESU AKA-KUARIMASEN DESHITA

あの花は白い。　　　　　　あの花は白いです。
Ano hana wa shiroi.　　　　Ano hana wa *shiroi desu*.
　　　Aquella flor es blanca. (Informal y formal.)

{
試験は難しくなかった。   試験は難しくなかったです。
Shiken wa muzukashikunakatta.   Shiken wa muzukashikunakatta desu.

El examen no era difícil. (Informal y formal.)

23.2.3	El adjetivo	*KEIYOOSHI*	**Clasificación de los adjetivos –I**

Según el tipo de terminación en hiragana, los adjetivos –**I** se dividen en tres grupos, división que no afecta a su uso:

TERMINADOS EN –I

{
古い	長い	短い
Furu-i	naga-i	mijika-i
Viejo/a/os/as	*largo/a/os/as*	*corto/a/os/as*

TERMINADOS EN –SHII

{
正しい	美しい	厳しい	難しい
Tada-shi-i	utsuku-shi-i	kibi-shi-i	muzuka-shi-i
Correcto/a/os/as	*bello/a/os/as*	*severo/a/os/as*	*difícil/es*

OTROS

{
大きい	小さい	明るい
Oo-ki-i	chii-sa-i	aka-ru-i
Grande/es	*pequeño/a/os/as*	*claro/a/os/as*

23.3	El adjetivo	**Los adjetivos –NA (KEIYOO–DOOSHI)**

Los adjetivos –**NA** van acompañados del verbo **DEARU** de manera parecida a los adjetivos españoles.

Aunque se llamen adjetivos –**NA**, sólo van seguidos de –**NA** cuando preceden a un nombre: *adjetivo –**NA** + **NA** + nombre*.

{ この靴はきれいです。   これはきれいな靴です。
Kono kutsu wa kirei desu.   Kore wa kirei-na kutsu desu.
Estos zapatos son bonitos.   *Esto son unos zapatos bonitos.*

Kirei DA: Kirei DESU:	*es bonito/a/os/as* (informal) *es bonito/a/os/as* (formal)
Kirei DEWANAI/JANAI: Kirei DEWA ARIMASEN:	*no es bonito/a/os/as* (informal) *no es bonito/a/os/as* (formal)
Kirei DATTA: Kirei DESHITA:	*era bonito/a/os/as* (informal) *era bonito/a/os/as* (formal)
Kirei DEWANAKATTA/JANAKATTA: Kirei DEWA ARIMASEN DESHITA:	*no era bonito/a/os/as* (informal) *no era bonito/a/os/as* (formal)

El verbo **DEARU** (*ser*) puede ir en formal o en informal.

23.3.1	El adjetivo	*KEIYOO-DOOSHI*	**Conjugación del verbo *DEARU* (*ser*) (informal)**

PRESENTE INFORMAL		PASADO INFORMAL	
AFIRMATIVO	NEGATIVO	AFIRMATIVO	NEGATIVO
DA	DEWANAI JANAI	DATTA	DEWANAKATTA JANAKATTA

23.3.2	El adjetivo	*KEIYOO-DOOSHI*	**Conjugación del verbo *DEARU* (*ser*) (formal)**

PRESENTE FORMAL		PASADO FORMAL	
AFIRMATIVO	NEGATIVO	AFIRMATIVO	NEGATIVO
DESU	DEWA ARIMASEN JA ARIMASEN	DESHITA	DEWA ARIMASEN DESHITA JA ARIMASEN DESHITA

あの部屋は静かだ／です。

Ano heya wa shizuka DA/DESU.

Aquella habitación es tranquila. (Informal/formal.)

小林さんは親切ではない／ではありません。

Kobayashi-san wa shinsetsu DEWANAI/DEWA ARIMASEN.

Kobayashi-san no es amable. (Informal/formal.)

あの俳優は有名だった／でした。

Ano haiyuu wa yuumei DATTA/DESHITA.

Aquel actor era famoso. (Informal/formal.)

あのブラウスは派手ではなかった／ではありませんでした。

Ano burausu wa hade DEWANAKATTA / DEWA ARIMASEN DESHITA.

Aquella blusa no era llamativa. (Informal/formal.)

| **23.3.3** | El adjetivo | *KEIYOO-DOOSHI* | **Clasificación de los adjetivos –NA** |

Los adjetivos –**NA** se dividen en:

PALABRAS DE ORIGEN JAPONÉS (*WA-GO*)

1. *Hiragana* (el ideograma existe, pero ha caído en desuso)

きれい（だ） にぎやか（だ）

Kirei (da) nigiyaka (da)

Bonito/a/os/as *animado/a/os/as*

2. Un ideograma + *hiragana*

静か（だ） 明らか（だ）

Shizu-ka (da) aki-raka (da)

Tranquilo/a/os/as *obvio/a/os/as*

PALABRAS DE ORIGEN CHINO (*KAN-GO*)

1. Dos ideogramas:

有名（だ） 安全（だ）

Yuumei (da) Anzen (da)

Famoso/a/os/as *seguro/a/os/as*

2. Un prefijo + dos ideogramas:

不親切（だ）　　　　　　不必要（だ）
Fu-shinsetsu (da)　　　　Fu-hitsuyoo (da)
Poco amable/s　　　　　*Innecesario/a/os/as*

3. Dos ideogramas (formando un sustantivo) + el sufijo *TEKI*:

家庭的（だ）　　　　　　哲学的（だ）
Katei-teki (da)　　　　　Tetsugaku-teki (da)
Casero/a/os/as　　　　　*filosófico/a/os/as*

PALABRAS DE ORIGEN OCCIDENTAL (*YOO-GO*)

1. *Katakana*:

シック（だ）　　　　　　ハンサム（だ）
Shikku (da)　　　　　　　hansamu (da)
Elegante/s　　　　　　　*guapo/os*

23.4 | El adjetivo　　　　　　　**La forma adverbial de los adjetivos –*I***

En el caso del adjetivo –*I*, la forma adverbial se construye sustituyendo la –*I* (flexión que indica presente afirmativo) por –*KU*:

HAYAI (adjetivo) = *HAYAKU* (adverbio)

あの電車はとても速いです。
Ano densha wa totemo hayai desu.
Aquel tren es muy rápido (veloz).

高橋さんは速く話します。
Takahashi-san wa hayaku hanashimasu.
Takahashi-san habla rápido.

KIBISHII (adjetivo) – *KIBISHIIKU* (adverbio)

神田橋先生は厳しいです。
Kandabashi-sensei wa kibishii desu.
El profesor/a Kandabashi es severo/a.

{ 私は先生に厳しく叱られました。
  Watashi wa sensei ni kibishiku shikararemashita.
  El profesor me riñó severamente.

La terminación *–KU* puede también utilizarse como nexo de unión: **Kimura-san wa iro ga shiroku, kami ga kuroi desu.** (*Kimura-san tiene el cutis blanco y el pelo negro*).

23.5 | El adjetivo | La forma adverbial de los adjetivos *–NA*

En el caso de los adjetivos *–NA*, la forma adverbial se construye añadiendo *–NI* al adjetivo:

KIREI (adjetivo) = *KIREI NI* (adverbio)

{ 台所はきれいです。
  Daidokoro wa kirei desu.
  La cocina está limpia.

{ きれいに台所の掃除をしてください。
  Kirei ni daidokoro no sooji o shite kudasai.
  Limpie la cocina bien limpia (lit. limpiamente).

SHINSETSU (adjetivo) = *SHINSETSU NI* (adverbio)

{ 尾崎さんは親切です。
  Ozaki-san wa shinsetsu desu.
  Ozaki-san es amable.

{ 尾崎さんは親切に道を教えました。
  Ozaki-san wa shinsetsu ni michi o oshiemashita.
  Ozaki-san me enseñó amablemente el camino.

La función de la forma –*TE* es unir el adjetivo en cuestión con otro adjetivo o con un verbo. El tiempo real lo darán el adjetivo o el verbo final.

La forma –*TE* de los adjetivos –*I* es –*KUTE*. Para construir la forma –*TE* debemos sustituir la –*I* por –*KUTE*.

Yasui:	**yasu**kute	takai:	**taka**kute
Hikui:	**hiku**kute	ii/yoi:	**yo**kute

La forma –*TE* de los adjetivos –*NA* es –*DE*. Se construye añadiendo –*DE* al adjetivo.

Shizuka:	**shizuka** de	shinsetsu:	**shinsetsu** de
Kantan:	**kantan** de	hade:	**hade** de

ADJETIVO –*I* + ADJETIVO –*I* / –*NA*

あの部屋は広くて明るい（です）。
Ano heya wa hirokute akarui (desu).
Aquella habitación es amplia y clara.

あの部屋は広くて明るかった（です）。
Ano heya wa hirokute akarukatta (desu).
Aquella habitación era amplia y clara.

吉田さんの車は新しくてきれいです。
Yoshida-san no kuruma wa atarashikute kirei desu.
El coche de Yoshida-san es nuevo y bonito.

ADJETIVO –*NA* + ADJETIVO –*I* /–*NA*

上田さんは親切でいい人です。
Ueda-san wa shinsetsu de ii hito desu.
Ueda-san es amable y buena persona.

{ あの公園は静かできれいでした。
Ano kooen wa shizuka de kirei deshita.
Aquel parque era tranquilo y bonito.

> La forma –**TE** también puede, a veces, unir causa y consecuencia.
> (Véase 30. ORACIONES CAUSALES.)

ADJETIVO –*I* / –*NA* + VERBO

{ 暗くて見えません。
Kurakute miemasen.
Está oscuro y (por lo tanto) no se ve.

{ 難しくてわかりません。
Muzukashikute wakarimasen.
Es difícil y (por eso) no lo entiendo.

23.7	El adjetivo	La forma condicional del adjetivo	
23.7.1	El adjetivo	La forma condicional del adjetivo	**Adjetivo –*I***

Para construir la forma condicional del adjetivo –*I* se parte del presente informal afirmativo y negativo (por ejemplo **yasui** y **yasukunai** = *es/no es barato*), se sustituye la –*I* final (**yasu**–/ **yasukuna**–) por–**KERE** y, posteriormente, se les añade –**BA**, la conjunción-partícula condicional.

ADJETIVO	CONDICIONAL AFIRM.	COND. NEGATIVO
Takai	takakereba	takakunakereba
Yasui	yasukereba	yasukunakereba
Hikui	hikukereba	hikukunakereba
Furui	furukereba	furukunakereba
Atarashii	atarashikereba	atarashikunakereba
Omoshiroi	omoshirokereba	omoshirokunakereba
Ii / yoi	yokereba	yokunakereba

$\left\{\begin{array}{l}\text{安ければ買いますが、安くなければ買いません。}\\ \text{Yasukereba kaimasu ga, yasukunakereba kaimasen.}\\ \textit{Si es barato lo compraré, pero si no lo es, no.}\end{array}\right.$

$\left\{\begin{array}{l}\text{天気がよければ散歩に行きます。}\\ \text{Tenki ga yokereba, sanpo ni ikimasu.}\\ \textit{Si hace buen tiempo, iré a pasear.}\end{array}\right.$

| 23.7.2 | El adjetivo | La forma condicional del adjetivo | **Adjetivo –NA** |

Para construir la forma condicional de los adjetivos **–NA**, se añade **NARA** o, simplemente, se pone detrás el verbo **DEARU** (*ser*) en condicional, igual que en español.

ADJETIVO	CONDICIONAL AFIRM.	COND. NEGATIVO
Kirei	kirei nara / deareba	kirei denakereba
Shinsetsu	shinsetsu nara / deareba	shinsetsu denakereba
Shizuka	shizuka nara / deareba	shizuka denakereba
Anzen	anzen nara / deareba	anzen denakereba
Kantan	kantan nara / deareba	kantan denakereba

$\left\{\begin{array}{l}\text{静かであれば勉強が出来ますが、静かでなければ出来ません。}\\ \text{Shizuka deareba, benkyoo ga dekimasu ga, shizuka denakereba, dekimasen.}\\ \textit{Si está tranquilo (en silencio) puedo estudiar, pero si no está tranquilo, no.}\end{array}\right.$

$\left\{\begin{array}{l}\text{きれいであれば買いますが。}\\ \text{Kirei deareba kaimasu ga.}\\ \textit{Si es bonito lo compraré.}\end{array}\right.$

| 23.8 | El adjetivo | **Posición del adjetivo** |

| 23.8.1 | El adjetivo | Posición del adjetivo | **Atributivo** |

Equivalente al adjetivo español unido mediante el verbo copulativo (*ser* o *estar*). El adjetivo sigue a las partículas **WA** o **GA** que señalan el sujeto. Detrás del adjetivo **–I** (flexivo) no es necesario poner el verbo **DEARU** (*ser/estar*), pero sí debe ponerse detrás de un adjetivo **–NA** (que no tiene flexión).

SUJETO + *WA* / *GA* + ADJETIVO –*I* (+ *DESU*)

この部屋は広い（です）。
Kono heya wa hiroi (desu).
Esta habitación es amplia.

SUJETO + *WA* / *GA* + ADJETIVO –*NA* + *DESU*

あのスカートはきれいです。
Ano sukaato wa kirei desu.
Aquella falda es bonita.

| 23.8.2 | El adjetivo | Posición del adjetivo | **Yuxtapuesto** |

El adjetivo japonés precede al nombre. Los adjetivos –*I* se unen directamente al nombre, pero los adjetivos –*NA* se unen a él mediante la cópula –*NA*.

ADJETIVO –*NA* + NOMBRE

きのう面白い映画を見ました。
Kinoo omoshiroi eiga o mimashita.
Ayer vi una película interesante.

黄色いセーターを買いました。
Kiiroi seetaa o kaimashita.
He comprado/compré un jersey amarillo.

ADJETIVO –*NA* + *NA* + NOMBRE

今朝静かな公園を散歩しました。
Kesa shizuka-na kooen o sanpo shimashita.
Esta mañana he paseado por un parque tranquilo.

{ 夕べ喫茶店で有名な俳優を見ました。

Yuube kissaten de yuumei-na haiyuu o mimashita.

Anoche vi un actor famoso en una cafetería.

23.9 | El adjetivo | **Adjetivos demostrativos**

Las formas **KONO**, **SONO**, **ANO** (*este, ese y aquel* + *nombre*) equivalentes a los adjetivos demostrativos españoles se denominan **rentai-shi** (la palabra que modifica el **taigen**, o sea, al nombre y al pronombre). Siguen la forma **KO-SO-A-DO**:

KONO: (*este/a/os/as*). Determina a una cosa, persona o animal que está cerca de quien habla.

SONO: (*ese/a/os/as*). Determina a una cosa, persona o animal que está cerca de quien escucha.

ANO: (*aquel/a/os/as*). Determina a una cosa, persona o animal que está lejos de quien habla y de quien escucha.

DONO: (*qué* + *nombre*). Es la forma interrogativa.

{ A ：このノートは誰のですか。

Kono nooto wa dare no desu ka.

¿De quién es esta libreta?

B ：そのノートは坂本さんのです。

Sono nooto wa Sakamoto-san no desu.

Esa libreta es de Sakamoto-san.

{ A ：あの傘はいくらですか。

Ano kasa wa ikura desu ka.

¿Cuánto vale aquel paraguas?

B ：あの傘は一万円です。

Ano kasa wa ichi-man en desu.

Aquel paraguas vale diez mil yenes.

Cuando se habla de una cosa, lugar o persona no presentes que conocen tanto la persona que habla como la/s que escucha/n, se usa la forma **A**–. Sin embargo, si quien habla, quien escucha, o ambos, desconocen esta cosa, lugar o persona, se usa la forma **SO**–.

きのう地下鉄で変な人を見ました。その人はぶつぶつ言いながら座ったり
立ったりしていました。

Kinoo chikatetsu de hen-na hito o mimashita. Sono hito wa butsu-butsu
iinagara, suwattari tattari shite imashita.

*Ayer en el metro vi a una persona rara. Esa persona no paraba de sentarse y
levantarse, mientras rezongaba.*

23.10 | El adjetivo | **Adjetivos posesivos**

La forma posesiva se compone del nombre del poseedor o del pronombre personal
que lo señala seguidos de la partícula **NO** (*de*, complemento del nombre). En el caso
del adjetivo posesivo, detrás de la partícula **NO** irá un nombre. (Véase 6.2. FORMAS
POSESIVAS.)

田中さんの本はどれですか。

Tanaka-san no hon wa dore desu ka.

¿Cuál es el libro de Tanaka-san?

私の車は古いです。

Watashi no kuruma wa furui desu.

Mi coche es viejo.

23.11 | El adjetivo | **Adjetivos auxiliares**

Los adjetivos auxiliares van detrás de un verbo en forma –**TE** o presente (*masu*)
(forma **renyoo-kei**). Añaden al significado del verbo al que siguen una apreciación
subjetiva de deseo o voluntad: –**TAI** (*querer + infinitivo*), –**TE HOSHII** (*querer que +
subjuntivo*); conjetura: –**SOO DESU**, –**YOO DESU**, –**RASHII**, etc. (*parece + adjetivo/
parece que + verbo*). (Véase 21. EXPRESIONES DE MODO.)

EL ADVERBIO Y LA ONOMATOPEYA

El ADVERBIO (*FUKUSHI*)

24.1 | El adverbio | **Características generales**

El adverbio es la palabra que desempeña el papel de modificador de un verbo, de un adjetivo o de otro adverbio.

Yukkuri hanasu (*hablar despacio*)	adverbio + verbo
Taihen nagai (*muy largo*)	adverbio + adjetivo
Motto yukkuri (*más despacio*)	adverbio + adverbio

En japonés, el adverbio precede al verbo, adjetivo o adverbio que modifica. Suele colocarse inmediatamente delante.

> 金田先生は速く話します。
> Kaneda-sensei wa hayaku hanashimasu.
> *El/la profesor/a Kaneda habla deprisa.*

También es posible poner alguna otra palabra entre el adverbio y el término modificado.

> よくテープを聞いてください。
> Yoku teepu o kiite kudasai.
> *Escuche bien la cinta.*

Hay adverbios genuinos, adverbios derivados, nombres que cumplen la función de adverbios y onomatopeyas.

Los adverbios derivados se dividen entre los que proceden de un sustantivo, de un adjetivo –*I* y de un adjetivo –*NA* .

24.2 | El adverbio | **Clasificación formal del adverbio**

24.2.1 | El adverbio | Clasificación formal del adverbio | **Adverbios genuinos**

Los adverbios genuinos o propios no derivan de ningún sustantivo o adjetivo.

A : よくテニスをしますか。
Yoku tenisu o shimasu ka.
¿Juega mucho al tenis?
B : いいえ、あまりしません。
Iie, amari shimasen.
No, no mucho.

ここから富士山がはっきり見えます。
Koko kara Fuji-san ga hakkiri miemasu.
Desde aquí se ve claramente el monte Fuji.

吉田さんはたくさん食べました。
Yoshida-san wa takusan tabemashita.
Yoshida-san ha comido/comió mucho.

PRINCIPALES ADVERBIOS GENUINOS	
amari (+ sugiru):	*demasiado*
amari (+ verbo negativo):	*no muy, no mucho*
choodo:	*justamente, precisamente*
chotto:	*un poco*
hakkiri:	*claramente*
hotondo:	*casi, apenas*
ippai:	*lleno de, mucho*
kanarazu:	*sin falta, seguramente*
kanari:	*bastante*
kekkyoku:	*en fin, finalmente, después de todo*
kesshite:	*nunca, jamás*
mada:	*todavía, aún*
massugu:	*recto, directo*
mattaku:	*completamente*
mazu:	*ante todo, primero*
minna (mina):	*todo, todos*
moshi:	*si*
motto:	*más*
nokorazu:	*totalmente, sin excepción*
omowazu:	*sin querer, inconscientemente*
sakki:	*hace poco tiempo, hace un rato*
sappari:	*en absoluto, de ninguna manera*
sassoku:	*en seguida, inmediatamente*
tabun:	*quizás, tal vez*

PRINCIPALES ADVERBIOS GENUINOS

taezu:	*continuamente, constantemente*
taihen:	*muy*
taitei:	*normalmente, en general*
takusan:	*mucho*
yagate:	*pronto. Dentro de poco*
yahari:	*como es lógico, tal como pensaba*
yukkuri:	despacio
yoku:	*bien. A menudo*
yooyaku:	*por los pelos, en fin, al fin*

24.2.2	El adverbio	Clasificación formal del adverbio	Adverbios derivados de un sustantivo
24.2.2.1	El adverbio	Clasificación formal del adverbio	Adverbios derivados de un sustantivo
Nombres que expresan lugar			

En japonés, nombres como **ue** (*encima*), **shita** (*debajo*), **ushiro** (*detrás*), etc., se consideran nombres, no adverbios, pero cuando van marcados por **NI** u otras partículas como **DE**, **O**, **KARA** o **MADE** desempeñan la función adverbial.

MAE:	*delante*
MAE NI:	*delante* (con verbos de estado como **ARU**, **IRU** = *estar*).
MAE DE:	*delante* (con verbos de acción)
MAE O:	*por delante* (con verbos de desplazamiento)
MAE KARA:	*desde delante.*

弟は前を歩いている子供です。
Otooto wa mae o aruite iru kodomo desu.
Mi hermano menor es el que va delante.

田中さんはこの上に住んでいます。
Tanaka-san wa kono ue ni sunde imasu.
Tanaka-san vive arriba.

Mae:	*delante*	Naka:	*dentro*
Ue:	*encima, arriba*	Ushiro:	*detrás*
Shita:	*debajo*	Soto:	*fuera*

En japonés, **koko** (*aquí*), **soko** (*ahí*), **asoko** (*allí*) y **doko** (*¿dónde?*) no se consideran adverbios, sino pronombres. Sin embargo, si les añadimos una partícula como **NI**, **DE** u **O**, desempeñarán la función de los adverbios.

あそこに猫がいます。
Asoko ni neko ga imasu.
Allí hay un gato.

ここで待っていてください。
Koko de matte ite kudasai.
Espere aquí.

24.2.2.2	El adverbio	Clasificación formal del adverbio	Adverbios derivados de un sustantivo
Adverbios derivados de nombres que expresan conceptos abstractos			

Conceptos abstractos como **hontoo** (*verdad*), **kooshiki** (*formalidad*) a los que se añade + **NI.**

Genjitsu-ni:	*en realidad*
Hontoo-ni:	*verdaderamente*
Jissai-ni:	*de hecho, en realidad*
Jitsu-ni:	*realmente*
Kooshiki-ni:	*oficialmente*
Muishiki-ni:	*inconscientemente, involuntariamente*
Shidai-ni:	*poco a poco, gradualmente*

{
上田さんは実に親切です。
Ueda-san wa jitsu-ni shinsetsu desu.
Ueda-san es realmente amable.

{
無意識に手を引っ込めました。
Muishiki-ni te o hikkomemashita.
Inconscientemente retiré la mano.

Conceptos abstractos como **katsudoo** (*actividad*) o **chuushoo** (*abstracción*) a los que se añade +**TEKI-NI.**

Chuushoo-teki-ni:	*de un modo abstracto*
Gutai-teki-ni:	*concretamente*
Honshitsu-teki-ni:	*esencialmente*
Ishiki-teki-ni:	*a sabiendas*
Katsudoo-teki-ni :	*activamente*
Konpon-teki-ni:	*fundamentalmente*
Risoo-teki-ni:	*idealmente*
Sekkyoku-teki-ni:	*de manera activa, positiva*
Shookyoku-teki-ni:	*pasivamente*

{
具体的に説明してください。
Gutai-teki-ni setsumei shite kudasai.
Explíquelo de una manera concreta.

{
これらの問題は本質的に違います。
Korera no mondai wa honshitsu-teki-ni chigaimasu.
Estos problemas son esencialmente diferentes.

24.2.3	El adverbio	Clasificación formal del adverbio	**Adverbios derivados de un adjetivo –I**

La flexión **–I** (presente afirmativo) se sustituye por **–KU.**

Adjetivo –I		Adverbio	
Akaru-i:	claro, alegre	akaru-ku:	alegremente
Haya-i:	rápido, veloz	haya-ku:	rápidamente
Kibishi-i:	severo	kibishi-ku:	severamente
Kuwashi-i:	detallado	kuwashi-ku:	detalladamente
Maru-i:	redondo	maru-ku:	de una manera redonda
Naga-i:	largo	naga-ku:	largamente
Tanoshi-i:	divertido, alegre	tanoshi-ku:	de manera divertida

学生は楽しく話しています。
Gakusei wa tanoshiku hanashite imasu.
Los estudiantes hablan animadamente.

もっと詳しく説明していただけますか。
Motto kuwashiku setsumei shite itadakemasu ka.
¿Podría explicarlo de una manera más precisa, por favor?

24.2.4	El adverbio	Clasificación formal del adverbio	**Adverbios derivados de un adjetivo –NA**

Se añade –**NI** al adjetivo -**NA**.

Adjetivo		Adverbio	
Akiraka:	obvio	akiraka-ni:	obviamente
Joozu:	ser hábil	joozu-ni:	bien, con habilidad
Kirei:	limpio, bonito	kirei-ni:	de forma limpia, bonita
Shiawase:	feliz	shiawase-ni:	felizmente
Shinsetsu :	amable	shinsetsu-ni:	amablemente
Shizuka:	silencioso, tranquilo	shizuka-ni:	silenciosamente
Tashika:	cierto	tashika-ni:	ciertamente

松本さんは親切に道を教えてくれました。
Matsumoto-san wa shinsetsu-ni michi o oshiete kuremashita.
Matsumoto-san me enseñó amablemente el camino.

{ 彼らは幸せに暮らしています。
Karera wa shiawase-ni kurashite imasu.
Ellos viven felizmente.

24.2.5	El adverbio	Clasificación formal del adverbio	**Sustantivos que funcionan como adverbios**

Palabras como **ashita** (*mañana*) o **ima** (*ahora*) pueden desempeñar, seguidas de la partícula **WA**, la función de sujeto y, por lo tanto, en japonés no se las considera adverbios, sino nombres. Sin embargo, estas palabras, en su mayoría indicadores de tiempo, cumplen la función de un adverbio.

SUSTANTIVOS QUE DESEMPEÑAN LA FUNCIÓN DE UN ADVERBIO

Asatte:	*pasado mañana*
Ashita:	*mañana*
Gozen-chuu:	*por la mañana*
Gogo:	*por la tarde*
Ima:	*ahora*
Kesa:	*esta mañana*
Kinoo:	*ayer*
Kondo:	*esta vez, la próxima vez*
Konkai:	*esta vez*
Kyoo:	*hoy*
Mukashi:	*hace tiempo, antes, antiguamente*
Yoru:	*por la noche*
Yuugata:	*al atardecer*

{ 明日パリへ行きます。
Ashita Pari e ikimasu.
Mañana iré a París.

{ 夕方家へ帰ります。
Yuugata uchi e kaerimasu.
Vuelvo a casa al atardecer.

Hay dos tipos de onomatopeyas: *giseigo* (onomatopeyas que imitan un sonido) y *gitaigo* (onomatopeyas que expresan acción o movimiento). En ambas es frecuente la repetición de una o dos sílabas: *zaa-zaa* (imita el sonido de la lluvia torrencial), *niko-niko* (sonriendo), *pika-pika* (de una manera reluciente), etc. Las onomatopeyas modifican al verbo. Suelen ir acompañadas de la posposición *TO*.

あの小さい石がころころと転がっています。
Ano chiisai ishi ga koro-koro to korogatte imasu.
Aquellas pequeñas piedras están rodando rítmicamente.

上田さんはじっと待っています。
Ueda-san wa jitto matte imasu.
Ueda-san está esperando pacientemente.

24.2.7	El adverbio	Clasificación formal del adverbio	**Adverbios indicativos**

Los adverbios indicativos son formas derivadas de las demostrativas: *KO* (primera persona, refiriéndose a algo que tiene la primera persona), *SO* (segunda persona), *A* (tercera persona) y *DO* (interrogativo). Se traducirían por: *así* o *de esta/esa/aquella forma* o por el interrogativo *cómo*.

この言葉の漢字はこう書きます。
Kono kotoba no kanji wa koo kakimasu.
El kanji de esta palabra se escribe así.

駅へはどう行けばいいですか。
Eki e wa doo ikeba ii desu ka.
¿Cómo se va a la estación?

KO:	KOO	(*así*)
SO:	SOO	(*así*)
A:	AA	(*así*)
DO:	DOO	(*¿Cómo?*)

Adverbios que indican el modo como se realiza la acción: **yukkuri** (*despacio*), **shizuka-ni** (*en silencio*), **yoku** (*bien*), etc. Suelen modificar al verbo.

Chanto:	*correctamente*
Hakkiri:	*claramente*
Hayaku:	*rápidamente*
Kanarazu:	*sin falta, con seguridad*
Kichinto:	*ordenadamente*
Kitto:	*sin falta, sin duda*
Massugu (ni):	*recto*
Muishiki-ni:	*involuntariamente*
Omowazu:	*sin querer*
Shidai-ni:	*gradualmente*
Shikkari to:	*de firme, firmemente*
Shizuka-ni:	*en silencio, tranquilamente*
Yoku:	*bien*
Yukkuri:	*despacio*
Waza to:	*intencionadamente, a propósito*
Waza-waza:	*expresamente*

すみません。ゆっくり話していただけませんか。
Sumimasen. Yukkuri hanashite itadakemasu ka.
¿Podría hablar despacio, por favor?

マリアさんはじょうずに日本語を話している。
Maria-san wa joozu-ni nihongo o hanashite iru.
María-san habla bien el japonés.

De forma parecida al gerundio en lengua española, a menudo un verbo en la forma **−TE** puede sustituir a un adverbio de modo.

注意して車を運転してください。
Chuui shite kuruma o unten shite kudasai.
Conduce con cuidado (lit. prestando atención).

{ あわてて家を出ました。
Awatete uchi o demashita.
Salí precipitadamente de casa.

Entre los adverbios que expresan los sentimientos o la actitud del sujeto se encuentran muchas onomatopeyas: **iya-iya** (*de mala gana*), **niko-niko** (*sonriente*), **iki-iki** (*con vitalidad*), etc.

{ 子どもはいやいや勉強している。
Kodomo wa iya-iya benkyoo shite iru.
El niño estudia de mala gana.

{ 彼女の表情はいきいきとしています。
Kanojo no hyoojoo wa iki-iki to shite imasu.
La expresión de su rostro está llena de vida.

24.3.2	El adverbio	Clasificación del adverbio según su uso	**Adverbios de cantidad**

Los adverbios que indican cantidad como **totemo** (*muy*), **takusan** (*mucho*), pueden modificar al verbo, al adjetivo o a otro adverbio.

Chotto:	*un poco*
Hijoo-ni:	*muy, extraordinariamente*
Hotondo:	*casi, apenas*
Ippai:	*mucho*
Juubun (ni):	*suficientemente, en abundancia*
Kanari:	*bastante*
Mattaku:	*completamente*
Motto:	*más*
Naka-naka:	*bastante, considerablemete*
Naka-naka (verbo neg.):	*apenas*
Taihen:	*muy*
Takusan:	*mucho*
Totemo:	*muy*

Adverbio + verbo

{ 田中さんは英語がぜんぜん話せません。
Tanaka-san wa eigo ga zenzen hanasemasen.
Tanaka-san no habla nada de inglés.

Adverbio + adjetivo

{ 今日のテストはかなり難しかったです。
Kyoo no tesuto wa kanari muzukashikatta desu.
El examen de hoy ha sido bastante difícil.

Adverbio + adverbio

{ もっとゆっくり話していただけますか。
Motto yukkuri hanashite itadakemasu ka.
¿Podría hablar más despacio, por favor?

El adverbio **motto** (*más*) se puede usar delante de un verbo, de un adjetivo o de un adverbio en las oraciones comparativas. El adverbio **mottomo** (*el/la/los/las más*) indica el superlativo.

{ 日本で最も高い山は何ですか。
Nihon de mottomo takai yama wa nan desu ka.
¿Cuál es la montaña más alta de Japón?

{ 石川さんは速く話しますが、高橋さんはもっと速く話します。
Ishikawa-san wa hayaku hanashimasu ga, Takahashi-san wa motto
hayaku hanashimasu.
Ishikawa-san habla rápido, pero Takahashi-san aún habla más rápido.

24.3.3	El adverbio	Clasificación del adverbio según su uso	**Adverbios de tiempo**

En el apartado de adverbios que expresan tiempo se encuentran muchos sustantivos que desempeñan la función de adverbios.

Sustantivos	
Ashita:	*mañana*
Asatte:	*pasado mañana*
Izen:	*antes*
Ototoi:	*anteayer*
Kinoo:	*ayer*
Kono-goro:	*últimamente*
Mukashi:	*antiguamente, en otros tiempos*
Saikin:	*últimamente*
Kesa:	*esta mañana*
Konkai:	*esta vez*
Kyoo:	*hoy*
Yuube:	*anoche*
Adverbios	
Hajimete:	*por primera vez*
Itsuka:	*alguna vez*
Mamonaku:	*pronto*
Mazu:	*ante todo, primero*
Moo-sugu:	*enseguida*
Sakki:	*hace un poco*
Sassoku:	*en seguida*
Sugu:	*en seguida*
Shoorai:	*en el futuro*
Yagate:	*pronto, poco después*

24.3.4	El adverbio	Clasificación del adverbio según su uso	**Adverbios de frecuencia**

Entre los adverbios que expresan frecuencia y duración se encuentran **yoku** (*a menudo*), **tokidoki** (*a veces*), **zutto** (*sin cesar, continuamente*), etc.

Itsumo:	*siempre*
Kesshite:	*nunca, jamás*
Mada:	*todavía, aún*
Masu-masu:	*cada vez más*
Metta-ni:	*casi nunca, apenas*

Nen-juu:	todo el año
Ni-do-to:	nunca, jamás
Shibaraku:	poco rato, mucho tiempo
Shiba-shiba:	frecuentemente, a menudo
Tabi-tabi:	a menudo, frecuentemente
Taezu:	continuamente
Taitei:	normalmente, en general
Tama-ni:	de vez en cuando
Toki-doki:	a veces
Yoku:	a menudo

Hay que tener en cuenta que **YOKU** puede expresar modo (*bien*), o frecuencia (*a menudo*).

高橋さんはよく映画に行きます。
Takahashi-san wa yoku eiga ni ikimasu.
Takahashi-san va mucho al cine.

一度も日本に行ったことがありません。
Ichi-do-mo Nihon ni itta koto ga arimasen.
No he ido ni una sola vez (nunca) al Japón.

今日からバーゲンが始まった。しかし、店が開くとたちまち品物が売りきれた。
Kyoo kara baagen ga hajimatta. Shikashi, mise ga aku to tachimachi shinamono ga urikireta.
Aunque hoy han empezado las rebajas, en cuanto la tienda ha abierto, se han agotado inmediatamente los artículos.

| 24.3.5 | El adverbio | Clasificación del adverbio según su uso | **Adverbios exclamativos e interrogativos** |

Algunos adverbios exclamativos e interrogativos son **dooshite** (*¿cómo?, ¿por qué?*), **nanto/nante** (*¡qué!*), **naze** (*¿por qué?*), **ikura ...temo** (*por mucho que*), etc.

いくら走っても間に合わないだろう。
Ikura hashitte mo ma ni awanai daroo.
Por mucho que corras, no llegarás a tiempo.

どうして学校を休んだんですか。
Dooshite gakkoo o yasunda n desu ka.
¿Por qué faltaste a clase?

24.3.6	El adverbio	Clasificación del adverbio según su uso	**Adverbios condicionales**

La conjunción condicional española *si*, **moshi**, en lengua japonesa se considera un adverbio, así como **tatoe** (*suponiendo que*).

たとえ松本さんが手伝ってくれるとしても明日までにこの仕事はできないでしょう。
Tatoe Matsumoto-san ga tetsudatte kureru to shite mo ashita made ni kono shigoto wa dekinai deshoo.
Aunque (suponiendo que) nos ayudara Matsumoto-san, no podríamos tener hecho este trabajo para mañana.

もしお金があったら、家を建てるでしょう。
Moshi okane ga attara, ie o tateru deshoo.
Si tuviera dinero, me construiría una casa.

24.3.7	El adverbio	Clasificación del adverbio según su uso	**Expresiones exclamativas (KANDOOSHI)**

En japonés, **hai** (*sí*) y **iie** (*no*) no son considerados adverbios sino **kandooshi**. Los **kandooshi** –expresiones exclamativas– son términos independientes que no pertenecen ni al sintagma nominal ni al verbal y que se dividen en interjecciones, saludos y términos de afirmación y negación.

INTERJECCIONES

あら、きれい。
Ara, kirei.
¡Caramba! ¡Qué bonito!

SALUDOS

{
おはようございます。
Ohayoo gozaimasu.
¡Buenos días!
}

TÉRMINOS DE AFIRMACIÓN Y NEGACIÓN

{
A：田中さんはお医者さんですか。
Tanaka-san wa o-isha-san desu ka.
¿Tanaka-san es médico?
B：はい、そうです。
Hai, soo desu.
Sí, lo es.
B：いいえ、そうではありません。
Iie, soo dewa arimasen.
No, no lo es.
}

LA ONOMATOPEYA

La onomatopeya tiene una función muy importante en la frase japonesa, tanto en el aspecto gramatical como en el léxico. La onomatopeya imita voces, sonidos o bien indica el estado de una cosa, o el estado emocional, psicológico o físico de una persona.

> 彼はいらいらしている。
> Kare wa ira-ira shite iru.
> *Él está nervioso/impaciente.*

Aquí, por ejemplo, podemos saber enseguida el estado en que está la persona en cuestión. O sea, que está nerviosa, debido a que la onomatopeya "*ira-ira*" indica nerviosismo.

Las onomatopeyas japonesas se pueden clasificar en dos tipo **GISEI-GO** y **GITAI-GO.**

La mayor parte de las onomatopeyas consisten en la repetición de la misma combinación de sonidos (normalmente, dos sílabas), como **guu-guu** (indica que una persona ronca) o **zaa-zaa** (indica que llueve a cántaros)

Las onomatopeyas *gisei-go* imitan sonidos del mundo exterior.
– Onomatopeyas que representan voces de los seres animados.
– Onomatopeyas que imitan los sonidos que emiten los seres inanimados.

Son onomatopeyas que expresan simbólicamente a través de un sonido una cosa abstracta que no emite sonido alguno. Se dividen en:

– Onomatopeyas que expresan el estado en que se encuentran los seres animados.
– Onomatopeyas que expresan el estado de los seres inanimados.
– Onomatopeyas que expresan el estado psíquico, sentimental y de salud del ser humano.

Las onomatopeyas japonesas se usan frecuentemente como adverbios modificadores de verbos. Las onomatopeyas *GISEI-GO* pueden usarse, como adverbios, solas o pospuestas por la partícula *TO*. Las onomatopeyas *GITAI-GO* pueden usarse, como adverbios, solas o seguidas de las partículas *NI* o *TO*. También pueden desempeñar la función de un adjetivo –*NA* e ir acompañadas de *DEARU* (*DESU*), o seguidas de *NO* + *nombre*. Hay muchas onomatopeyas que, precediendo al verbo *SURU*, desempeñan la función de un verbo.

GISEI-GO

かえるがけろけろ（と）鳴いている。
Kaeru ga kero-kero naite iru.
Las ranas croan (haciendo cro-cro).

雨だれがぽたぽた落ちている。
Amadare ga pota-pota ochite iru.
Caen gotas de lluvia (haciendo pop-pop) .

GITAI-GO

寒さで道がこちこちに凍っている。
Samusa de michi ga kochi-kochi ni kootte iru.
A causa del frío, el suelo está congelado.

のどがからからにかわいている。
Nodo ga kara-kara ni kawaite iru.
Tengo mucha sed.

25.5.1	La onomatopeya	Clasificación de las onomatopeyas	**Onomatopeyas que representan las voces de los animales**

WAN-WAN	(+ ***to***)	representa el ladrido del perro.
NYAA-NYAA	(+ ***to***)	representa el maullido del gato.
MOO-MOO	(+ ***to***)	representa el mugido de la vaca.
KOKEKOKKOO	(+ ***to***)	representa el canto del gallo.
BUU-BUU	(+ ***to***)	representa el gruñido del cerdo.
POPPO	(+ ***to***)	representa el arrullo de la paloma.

25.5.2	La onomatopeya	Clasificación de las onomatopeyas	**Onomatopeyas que indican el aspecto y el estado de la naturaleza**

HYUU-HYUU	(+ *to*)	indica que sopla un fuerte viento.
KAN-KAN	(+ *to*)	indica que el sol brilla con fuerza.
KIRA-KIRA	(+ *to*)	indica que centellan las estrellas.
POKA-POKA	(+ *to*)	indica un clima agradable y cálido.
POTSU-POTSU	(+ *to*)	indica que llueve con poca intensidad.
SOYO-SOYO	(+ *to*)	indica que sopla la brisa.
ZAA-ZAA	(+ *to*)	indica que llueve a cántaros.

25.5.3	La onomatopeya	Clasificación de las onomatopeyas	**Onomatopeyas que imitan los sonidos de los seres inanimados**

CHOKI-CHOKI	(+ *to*)	imita el sonido de las tijeras cortando.
CHORO-CHORO	(+ *to*)	indica que corre poca agua.
GATA-GATA	(+ *to*)	indica el choque entre dos objetos duros.
GII-GII	(+ *to*)	imita el roce entre dos objetos duros.
KATA-KATA	(+ *to*)	imita el sonido que dos objetos duros tocándose.
KORO-KORO	(+ *to*)	indica un objeto redondo rodando.
TON-TON	(+ *to*)	imita el sonido de un golpe ligero.
ZAATTO	(+ *to*)	indica que corre con fuerza una gran cantidad de agua.

25.5.4	La onomatopeya	Clasificación de las onomatopeyas	**Onomatopeyas que expresan el estado de los seres inanimados**

BUYO-BUYO (+ *no* / + *dearu* / + *ni naru* / + *suru* / + otros verbos)
indica que algo (o alguien) está blando, flácido.

GASSHIRI (+ *to* / + *shita*)
indica que algo (o alguien) es sólido, fuerte o robusto.

GOCHA-GOCHA (+ *no* / + *dearu* / + *ni naru* / + *ni suru* / + *suru* / + otros verbos)
indica que objetos diferentes están mezclados desordenadamente.

KACHI-KACHI (+ *da* / + *no* / + *ni naru*)
indica que un objeto es muy duro.

KUSHA-KUSHA	(+ *da* / + *no* / + *ni naru* / + **ni suru**)
	indica que un papel o una tela están arrugados.
PIKA-PIKA	(+ *da* / + *no* / + *ni naru* / + *to* + *verbo* / + *ni suru* / shita)
	expresa que un objeto está reluciente, brillante o pulido.
PUN-PUN	(+ **to** + *verbo*)
	expresa que un objeto emite un olor fuerte.
SUBE-SUBE	(+ *da* / + *no* / + *ni naru* / + *ni suru* / + *shita*)
	Expresa que la superficie de un objeto está lisa, suave.
ZARA-ZARA	(+ *da* / + *no* / + *ni naru* / + *to* + *verbo* / + *ni suru* / shita)
	Expresa que la superficie de un objeto está áspera, rasposa.

25.5.5	La onomatopeya	Clasificación de las onomatopeyas	**Onomatopeyas que expresan el movimiento o la acción del hombre**

BORO-BORO	(+ *to* + verbo) indica que una persona llora derramando lágrimas
GATSU-GATSU	(+ *to* + verbo / + **suru**) indica que una persona come con voracidad, con ansia.
GERA-GERA	(+ *to* + verbo) expresa que una persona se ríe a carcajadas.
GOKU-GOKU	(+ *to* + verbo) expresa que una persona bebe deprisa, sin parar.
GUU-GUU	(+ *to* + verbo) expresa que una persona está roncando.
NIKO-NIKO	(+ *to* +verbo / + **suru**) expresa que una persona sonríe alegremente.
PERA-PERA	(+ *to* + verbo) expresa que una persona habla sin parar o que habla con fluidez un idioma extranjero.
PYON-PYON	(+ *to* + verbo) expresa que una persona o un animal brincan o saltan con ligereza.
SUTA-SUTA	(+ *to* + verbo) indica que una persona anda rápido.
SHIKU-SHIKU	(+ *to* + verbo) expresa que una persona solloza.
SUYA-SUYA	(+ *to* + verbo) expresa que una persona está durmiendo apaciblemente.
WAA-WAA	(+ *to* + verbo) expresa que una persona llora a lágrima viva.

25.5.6	La onomatopeya	Clasificación de las onomatopeyas	**Onomatopeyas que expresan el estado de salud del hombre**

HETO-HETO (+ **ni naru** / + **dearu**) expresa que una persona está exhausta.

PICHI-PICHI (+ **suru** / + **shita**) expresa que una persona joven está rebosante de vitalidad.

PIN-PIN (+ **suru** / + **shita**) expresa que una persona goza de buena salud.

ZOKU-ZOKU (+ **suru**) expresa que una persona siente escalofríos o tiembla de emoción.

ZUKI-ZUKI (+ **to** + verbo / + **suru**) expresa un dolor punzante.

25.5.7	La onomatopeya	Clasificación de las onomatopeyas	**Onomatopeyas que expresan el estado psicológico o emocional del hombre**

BONYARI (+ **to** + verbo / + **suru**/ + **shita**) expresa que una persona está distraída.

IRA-IRA (+ **to** + verbo / + **suru**/ + **shita**) indica que una persona está impaciente, inquieta, nerviosa o irritada.

HARA-HARA (+ **suru**) expresa que a una persona le palpita el corazón a causa del miedo o de la emoción.

HIYA-HIYA (+ **suru**) expresa que una persona siente pánico ante un peligro.

HOTTO (+ verbo / + **suru**/ + **shita**) expresa que una persona siente alivio, se sosiega o se tranquiliza.

KUYO-KUYO (+ verbo / + **suru**) expresa que una persona se preocupa por algo trivial.

ODO-ODO (+ **to** + verbo / + **suru**/ + **shita**) indica que una persona está inquieta a causa del miedo o de alguna preocupación.

UKI-UKI (+ **to** + verbo / + **suru**/ + **shita**) indica que una persona está excitada a causa de un acontecimiento feliz.

WAKU-WAKU (+ **suru**) indica que una persona está exaltada a causa de la ilusión que siente.

LA CONJUNCIÓN *SETSUZOKUSHI* Y *SETSUZOKU-JOSHI*

LA CONJUNCIÓN (*SETSUZOKUSHI*)

| **26.1** | La conjunción (*SETSUZOKUSHI*) | **Características generales** |

La conjunción japonesa (**setsuzokushi**) es aquella parte de la oración que tiene como función enlazar palabras, oraciones o parágrafos.

En japonés, existe otro tipo de conjunción, la conjunción-partícula (**setsuzoku-joshi**), que se pospone al **yoogen** (verbo o adjetivo) o a un auxiliar y establece relaciones temporales, causales, condicionales, etc., con la oración que la sigue.

El término conjunción (**setsuzokushi**) coincide, en gran parte, con las conjunciones coordinantes españolas.

El término conjunción-partícula (**setsuzoku-joshi**) equivale, con excepciones, a las conjunciones subordinantes españolas.

| **26.2** | La conjunción (*SETSUZOKUSHI*) | **Posición de la conjunción** |

| **26.2.1** | La conjunción | Posición de la conjunción | **Entre sustantivos** |

PALABRA + CONJUNCIÓN + PALABRA

ここは工業および商業の中心です。
Koko wa koogyoo oyobi shoogyoo no chuushin desu.
*Éste es el centro de **la industria** y **del comercio**.*

お箸またはフォークで食べてください。
O-hashi mata wa fooku de tabete kudasai.
*Cómalo con **palillos** o **tenedor**.*

| **26.2.2** | La conjunción | Posición de la conjunción | Entre oraciones. Detrás de la forma –*TE* de la forma *REN'YOO–KEI* (verbo presente -*masu*) |

FORMA –*TE*/VERBO (*masu*) + CONJUNCIÓN + ORACIÓN

本多さんは映画に行って、それから友達と晩ご飯を食べに行きました。

Honda-san wa eiga ni itte, sorekara tomodachi to bangohan o tabe-ni ikimashita.

Honda-san fue al cine y después fue a cenar con sus amigos.

松本さんは毎晩夜遅くまで働き、しかも朝早く起きます。

Matsumoto san wa maiban yoru osoku made hataraki, shikamo asa hayaku okimasu.

Matsumoto-san trabaja hasta tarde todas las noches y, además, se levanta temprano.

26.2.3	La conjunción	Posición de la conjunción	**Entre oraciones. Detrás de un punto**

PRIMERA ORACIÓN. CONJUNCIÓN + SEGUNDA ORACIÓN

今朝七時に起きました。そして顔を洗いました。

Kesa shichi-ji ni okimashita. Soshite kao o araimashita.

Esta mañana me he levantado a las siete. Y después me he lavado la cara.

お茶にしますか。それともコーヒーにしますか。

O-cha ni shimasu ka. Soretomo koohii ni shimasu ka.

¿Quiere un té? ¿O prefiere un café?

26.3	**La conjunción (*SETSUZOKUSHI*)**	**Clases de conjunciones**
26.3.1	La conjunción	Clases de conjunciones	**Conjunciones causales**

Las conjunciones causales unen la oración donde se formula una causa o razón con la oración donde se expresa su consecuencia lógica.

DAKARA: *por eso*

明日漢字のテストがあります。だから今日勉強しなければなりません。

Asu kanji no tesuto ga arimasu. Dakara kyoo benkyoo shinakereba narimasen.

Mañana tengo un examen de ideogramas. Por eso tengo que estudiar.

DESUKARA : *por eso*

> あのレストランは安くておいしいです。ですからいつも込んでいます。
> Ano resutoran wa yasukute oishii desu. Desukara itsumo konde imasu.
> *Aquel restaurante es bueno y barato. Por eso siempre está lleno.*

SHITAGATTE: *por consiguiente, por lo tanto, por eso, de modo que*

> 北海道は日本の北にある。したがって、冬はとても寒い。
> Hokkaidoo wa Nihon no kita ni aru. Shitagatte, fuyu wa totemo samui.
> *Hokkaido está en el norte de Japón. Por lo tanto, en invierno hace mucho frío.*

SONO KEKKA: *como resultado de ello, en consecuencia*

> 選挙がありました。その結果社会党が勝ちました。
> Senkyo ga arimashita. Sono kekka shakaitoo ga kachimashita.
> *Ha habido/hubo elecciones. Como resultado de ello, ha ganado/ganó el partido socialista.*

SORE DE: *por esa razón*

> 京都には有名なお寺や庭がたくさんある。それで一年中観光客が絶えない。
> Kyooto ni wa yuumei-na o-tera ya niwa ga takusan aru. Sorede ichinen-juu kankoo-kyaku ga taenai.
> *En Kyoto hay muchos templos y jardines famosos. Por esa razón, hay turistas todo el año.*

YUE NI: *luego, por lo tanto*

> 我想う、ゆえに我あり。
> Ware omou, yueni ware ari.
> *Pienso, luego existo.*

26.3.2	La conjunción	Clases de conjunciones	**Conjunciones que sirven para expresar consecuencia**

Son conjunciones que unen una oración que expresa consecuencia con otra donde se formula su causa o razón.

NAZENARA: *porque, es que*

> マリアさんは試験で100点とりました。なぜなら彼女は毎日勉強するからです。
> Maria-san wa shiken de 100 ten torimashita. Nazenara kanojo wa mainichi
> benkyoo suru kara desu.
> *María ha sacado/sacó cien puntos en el examen porque estudia todos los días.*

TO IU NO WA: *porque*

> 今日会社に遅れました。というのは、今朝地下鉄の事故がありました。
> Kyoo, kaisha ni okuremashita. To iu no wa, kesa chikatetsu no jiko ga
> arimashita.
> *Hoy he llegado tarde a la empresa porque ha habido un accidente de metro.*

26.3.3	La conjunción	Clases de conjunciones	**Conjunciones adversativas**

Las conjunciones adversativas expresan oposición o contradicción entre el significado de las dos oraciones que unen.

GA: *pero*

> 尾崎さんは来ましたが、上田さんは来ませんでした。
> Ozaki-san wa kimashita ga, Ueda-san wa kimasen deshita.
> *Ha venido Ozaki-san, pero Ueda-san no.*

DEMO: *pero*

> 今日は日曜日です。でも会社に行かなければなりません。
> Kyoo wa nichiyoo-bi desu. Demo kaisha ni ikanakereba narimasen.
> *Hoy es domingo, pero tengo que ir a la empresa.*

SHIKASHI: *pero, sin embargo*

> 一生懸命勉強しました。しかし試験に落ちました。
> Isshookenmei benkyoo shimashita. Shikashi shiken ni ochimashita.
> *Estudié mucho, pero suspendí el examen.*

KEREDOMO: *pero, sin embargo*

> 彼はとても頭がいいです。けれども性格はよくないです。
> Kare wa totemo atama ga ii desu. Keredomo seikaku wa yokunai desu.
> *Es muy inteligente, pero su carácter no es bueno.*

SOREDEMO: *a pesar de*

{
今日は熱があったが、それでも学校に行った。
Kyoo wa netsu ga atta ga, soredemo gakkoo ni itta.
A pesar de que tenía fiebre, he ido a la escuela.
}

NI MO KAKAWARAZU: *a pesar de*

{
彼はアメリカに5年いたにもかかわらずあまり英語ができません。
Kare wa Amerika ni go-nen ita ni mo kakawarazu amari eigo ga dekimasen.
A pesar de que estuvo cinco años en Estados Unidos, apenas habla inglés.
}

DAGA: *pero*

{
彼は8時に来ると言った。だが、9時になっても来ない。
Kare wa hachi-ji ni kuru to itta. Daga, ku-ji ni nattemo konai.
Él dijo que vendría a las ocho. Pero ya son las nueve y aún no ha venido.
}

TOKORO GA: *sin embargo*

{
飛行機は空港の近くまで来た。ところが天気が悪くて着陸できなかった。
Hikooki wa kuukoo no chikaku made kita. Tokoroga tenki ga warukute chakuriku dekinakatta.
El avión se acercó al aeropuerto. Sin embargo, debido al mal tiempo no pudo aterrizar.
}

26.3.4	La conjunción	Clases de conjunciones	**Conjunciones copulativas**

Las conjunciones copulativas unen dos oraciones. También sirven para añadir nueva información a la mencionada en la primera oración.

SOSHITE: *y*

{
あの人は山田さんです。そしてその人は長野さんです。
Ano hito wa Yamada-san desu. Soshite sono hito wa Nagano-san desu.
Aquella persona es Yamada-san y ésa es Nagano-san.
}

{
6時にガールフレンドに会います。そして二人で映画に行きます。
Roku-ji ni gaarufurendo ni aimasu. Soshite futari de eiga ni ikimasu.
A las seis me encontraré con mi novia e iremos juntos al cine.
}

SONO UE: *además*

> 彼女は美人で、その上優しい。
> Kanojo wa bijin de, sono ue yasashii.
> *Ella es guapa y, además, es amable.*

SORE NI: *además*

> 東京での生活は便利です。それにとても安全です。
> Tookyoo de no seikatsu wa benri desu. Sore ni totemo anzen desu.
> *La vida en Tokyo es cómoda y, además, es muy segura.*

SOREKARA: *y luego, después*

> ぼくは毎朝シャワーを浴びます。それから朝ご飯を食べます。
> Boku wa maiasa shawaa o abimasu. Sorekara asagohan o tabemasu.
> *Me ducho todas las mañanas. Luego desayuno.*

TOKA: *y / o*

> 最近の学生は海外旅行をするとか、車を買うとかとてもぜいたくだ。
> Saikin no gakusei wa kaigai ryokoo o suru toka, kuruma o kau toka totemo
> zeitaku da.
> *Últimamente los estudiantes viven con mucho lujo: se compran coche y viajan*
> *al extranjero, etc.*

YARA: *y*

> デモ隊は機動隊に石を投げるやら、大声で叫ぶやら大変なさわぎだった。
> Demo-tai wa kidoo-tai ni ishi o nageru yara, oogoe de sakebu yara taihen-na
> sawagi datta.
> *Los manifestantes alborotaron tirando piedras y gritando a los policías del*
> *cuerpo antidisturbios.*

26.3.5	La conjunción	Clases de conjunciones	**Conjunciones consecutivas**

Las conjunciones consecutivas encabezan una cláusula (la segunda) donde se expresa una consecuencia derivada de lo que se ha dicho en la primera. Marcan también el progreso del discurso.

SORE DE: *y*

> A：昨日通りを歩いていたら、5年ぶりに山本さんに会ったんです。
> Kinoo toori o aruite itara, go-nen buri ni Yamamoto-san ni atta n desu.
> *Ayer cuando caminaba por la calle, me encontré a Yamamoto-san. Hacía cinco años que no lo/la veía.*
>
> B：それで、どうしたんですか。
> Sorede, doo shitan desu ka.
> *Y, ¿qué hiciste?*

SOKO DE: *entonces*

> きのう6時に仕事が終わりました。そこで仲間とビヤガーデンへ行くことにしました。
> Kinoo roku-ji ni shigoto ga owarimashita. Soko de nakama to biyagaaden e iku koto ni shimashita.
> *Ayer el trabajo terminó a las seis. Entonces decidí ir a la cervecería con los compañeros de trabajo.*

SURU TO: *entonces, y*

> 窓のカーテンを開けました。すると雪が降っていました。
> Mado no kaaten o akemashita. Suruto yuki ga futte imashita.
> *Abrí la cortina de la ventana. Y estaba nevando.*

SOREDEWA / DEWA: *entonces*

> 今日の宿題は作文です。それではこれで今日の授業を終わります。
> Kyoo no shukudai wa sakubun desu. Soredewa, kore de kyoo no jugyoo o owarimasu.
> *Los deberes de hoy son una redacción. Entonces, con eso terminamos la clase.*

SOREJA(A) / JA(A): *entonces*

> A：今日はちょっと都合が悪いんです。
> Kyoo wa chotto tsugoo ga warui n desu.
> *Es que hoy no me va bien ir.*
>
> B：それじゃあ、明日行きましょう。
> Sorejaa, ashita ikimashoo.
> *Entonces, vayamos mañana.*

SORENARA: *entonces*

A : 今度の日曜日はお客さんが来るんです。
Kondo no nichiyoo-bi wa o-kyaku-san ga kuru n desu.
Es que el próximo domingo tengo invitados.

B : それなら、来週の日曜日はどうですか。
Sorenara, raishuu no nichiyoo-bi wa doo desu ka.
Entonces, ¿qué le parece el domingo de la semana que viene?

26.3.6	La conjunción	Clases de conjunciones	**Conjunciones explicativas**

Son conjunciones que introducen una segunda oración que complementa, explicándola o concretándola, la información aportada en la primera oración.

SUNAWACHI: *o sea, es decir*

日本では最近「脱サラ」、すなわちサラリーマンがいやになってやめる人が増えている。
Nihon de wa saikin "Datsu-sara", sunawachi sarariiman ga iya ni natte, yameru hito ga fuete iru.
En Japón, últimamente están aumentando los datsu-sara, es decir, las personas que detestan ser asalariadas y dejan de serlo.

TSUMARI: *o sea, es decir, en resumen, en una palabra*

このプロジェクトには大きな障害がある。つまり実現するのに十分なお金がないことだ。
Kono purojekuto niwa ookina shoogai ga aru. Tsumari, jitsugen suru no ni juubun-na okane ga nai koto da.
Este proyecto tiene un enorme obstáculo: en resumen, no hay suficiente dinero para realizarlo.

KEKKYOKU: *en definitiva, al fin, finalmente*

田中さんは今日来ると言っていましたが、けっきょく来ませんでした。
Tanaka-san wa kyoo kuru to itte imashita ga, kekkyoku kimasen deshita.
Tanaka-san dijo que vendría hoy, pero finalmente no ha venido.

26.3.7	La conjunción	Clases de conjunciones	**Conjunciones disyuntivas**

Las conjunciones disyuntivas expresan incompatibilidad o exclusión entre las oraciones que unen.

SORETOMO: *o* (sólo entre oraciones interrogativas)

映画に行きますか、それとも芝居に行きますか。
Eiga ni ikimasu ka, soretomo shibai ni ikimasu ka.
¿Vamos al cine o al teatro?

MATA WA: *o*

それじゃ、電子メールまたはファックスをお願いします。
Soreja, denshi meeru matawa fakkusu o onegai shimasu.
Entonces, envíeme, por favor, un correo electrónico o un fax.

26.3.8	La conjunción	Clases de conjunciones	**Conjunciones de cambio de discurso**

Las conjunciones de cambio de discurso son aquéllas que se usan cuando se quiere introducir un nuevo tema.

TOKORO DE: *a propósito*

A：ひさしぶり。仕事はどう？
Hisashiburi. Shigoto wa doo?
¡Cuánto tiempo sin vernos! ¿Cómo va el trabajo?
B：あいかわらず忙しいよ。君のほうは？
Aikawarazu isogashii yo. Kimi no hoo wa?
Ocupado, como siempre. ¿Y tú?
A：ぼくもあいかわらずだよ。ところで、いつか一緒に飲みに
行かない？
Boku mo aikawarazu da yo. Tokorode, itsuka nomi ni ikanai?
Yo también, como siempre. A propósito, ¿por qué no vamos tomar algo un día de éstos?

SATE: *y, pues, pues bien*

> （テレビのニュースで）
> これで今日のニュースを終わります。さて、次に明日の天気予報をお知ら
> せいたします。
> (Terebi no nyuusu de)
> Kore de kyoo no nyuusu o owarimasu. Sate, tsugi ni asu no tenkiyohoo o o-
> shirase itashimasu.
> *(Las noticias de la televisión)*
> *Con esto terminan las noticias de hoy. Y, a continuación, les ofrecemos la*
> *previsión del tiempo para mañana.*

LA CONJUNCIÓN II (*SETSUZOKU-JOOSHI*)

27.1 | La conjunción (*SETSUZOKU-JOOSHI*) | **Características generales**

La conjunción-partícula (***setsuzoku-joshi***) se pospone a un verbo, a un adjetivo o a un auxiliar y establece relaciones temporales, causales, condicionales, etc., con la oración que la sigue.

La función principal de las conjunciones-partícula (***setsuzoku-joshi***) es crear oraciones subordinadas.

27.2 | La conjunción (*SETSUZOKU-JOOSHI*) | **Posición de las conjunciones-partícula**

Las conjunciones-partícula normalmente se sitúan detrás de la forma informal presente o pasada, afirmativa o negativa, del verbo, adjetivo o auxiliar de la primera oración –la subordinada–, y la enlazan con la segunda oración –la principal.

VERBO/ADJETIVO PRESENTE/PASADO + CONJ. PART.

> とても疲れたから、早く寝たい。
> Totemo tsukareta kara, hayaku netai.
> *Como estoy muy cansado, quiero acostarme pronto.*

Las conjunciones-partícula también pueden ir detrás de la forma verbo presente (***masu***) –la forma ***renyoo-kei***–, detrás de la forma –***TE***, detrás de la forma ***katei-kei*** (condicional), etc.

FORMA –*TE* / VERBO PRESENTE (*MASU*) / OTROS + CONJ. PART.

> 石川さんはアイスクリームを食べながら、散歩しています。
> Ishikawa-san wa aisukuriimu o tabenagara, sanpo shite imasu.
> *Ishikawa-san pasea comiéndose (mientras se come) un helado.*

Hay casos en que, según su posición dentro de la frase, pueden llamarse conjunciones (**setsuzokushi**) o conjunciones-partícula (**setsuzoku-joshi**). Por ejemplo, la conjunción-partícula **SOKODE** (*entonces*) desempeña la función de una conjunción cuando une, encabezando la segunda cláusula, dos oraciones independientes.

O. SUBORDINADA + *SOKO DE* + O. PRINCIPAL

この仕事が終わったら、そこで一休みする。
Kono shigoto ga owattara, sokode hitoyasumi suru.
Cuando termine este trabajo, entonces haré un descanso.

PRIMERA CLÁUSULA *SOKO DE* + SEGUNDA CLÁUSULA

きのう6時に仕事が終わりました。そこで仲間とビヤガーデンへ行くことにしました。
Kinoo roku-ji ni shigoto ga owarimashita. Soko de nakama to biyagaaden e iku koto ni shimashita.
Ayer el trabajo terminó a las seis. Entonces decidí ir a la cervecería con mis compañeros de trabajo.

27.3 | La conjunción (*SETSUZOKU-JOOSHI*) | **Tipos de conjunción-partícula**

Los diferentes tipos de conjunciones-partícula conforman distintos tipos de oraciones compuestas.

En caso de subordinación, la conjunción-partícula (**setsuzoku-joshi**) siempre se pospone a la oración subordinada. En japonés, la oración subordinada (**juuzokusetsu**) es siempre la primera cláusula y la oración principal (**shusetsu**), la segunda.

CONJUNCIONES-PARTÍCULA CAUSALES: –KARA, –NODE
(Véase 30. LAS ORACIONES CAUSALES)

やせたいから、ダイエットをしようと思います。
Yasetai kara, daietto o shiyoo to omoimasu.
Como quiero adelgazar, voy a hacer dieta.

天気が悪いので、出かけません。

Tenki ga warui node, dekakemasen.

Como hace mal tiempo, no saldré.

CONJUNCIONES-PARTÍCULA FINALES: –NONI, –YOO NI

(Véase 31. LAS ORACIONES FINALES)

作文を書くのに、辞書をひきます。

Sakubun o kaku noni, jisho o hikimasu.

Para escribir la redacción, consulto el diccionario.

読めるように、きれいに書いてください。

Yomeru yoo ni, kirei-ni kaite kudasai.

Escribe claro para que se pueda leer.

CONJUNCIONES-PARTÍCULA TEMPORALES: –NAGARA, –TO

(Véase 32. LAS ORACIONES TEMPORALES)

吉本さんはコーヒーを飲みながら、新聞を読んでいます。

Yoshimoto-san wa koohii o nominagara, shinbun o yonde imasu.

Yoshimoto-san está leyendo el periódico mientras se toma un café.

秋になると木の葉が落ちます。

Aki ni naru to konoha ga ochimasu.

Cuando llega el otoño, caen las hojas de los árboles.

CONJUNCIONES-PARTÍCULA ADVERSATIVAS: –GA, –NONI, –KEREDO

(Véase 33. LAS ORACIONES ADVERSATIVAS Y CONCESIVAS)

猫は大好きですが、犬はあまり好きではありません。

Neko wa dai-suki desu ga, inu wa amari suki dewa arimasen.

Me gustan mucho los gatos, pero no me gustan los perros.

谷原さんは一生懸命勉強をしたのに、試験に落ちました。

Tanihara-san wa isshookenmei benkyoo o shita noni, shiken ni ochimashita.

Tanihara-san suspendió el examen a pesar de haber estudiado muchísimo.

CONJUNCIONES-PARTÍCULA CONCESIVAS: –NONI, –TEMO

(Véase 33. LAS ORACIONES ADVERSATIVAS Y CONCESIVAS)

大上さんは病気なのに、学校へ行きました。

Ooue-san wa byooki na noni, gakkoo e ikimashita.

Ooue-san fue a trabajar a pesar de estar enfermo.

> 明日天気が悪くてもハイキングに行きます。
>
> Ashita tenki ga warukute mo haikingu ni ikimasu.
>
> *Mañana iré de excursión aunque haga mal tiempo.*

CONJUNCIONES-PARTÍCULA CONDICIONALES: –*BA, NARA*
(Véase 34. LAS ORACIONES CONDICIONALES)

> よく日本語で話せば、早く上手になります。
>
> Yoku nihongo de hanaseba, hayaku joozu ni narimasu.
>
> *Si habla mucho en japonés, aprenderá rápido.*

> 大阪へ行くなら、新幹線で行ってください。
>
> Oosaka e iku nara, shinkansen de itte kudasai.
>
> *Si va a Osaka, vaya en Shinkansen.*

CONJUNCIONES-PARTÍCULA COPULATIVAS: –*TE, –TARI, –SHI*
(Véase 35. LAS ORACIONES COPULATIVAS)

> 毎日家へ帰ってから、お風呂に入って、晩ご飯を食べます。
>
> Mainichi uchi e kaette kara, o-furo ni haitte, bangohan o tabemasu.
>
> *Todos los días, después de volver a casa, me baño y ceno.*

> 日曜日に本を読んだり、音楽を聞いたりします。
>
> Nichiyoobi ni hon o yondari, ongaku o kiitari shimasu.
>
> *Los domingos leo, escucho música…*

LA ORACIÓN
COMPUESTA
(FUKU-BUN)

LA ORACIÓN DE RELATIVO (*RENTAI–SHUUSHOKU-SETSU*)

| **28.1** | La oración de relativo | **Características generales** |

En japonés, al igual que en español, un sustantivo puede estar modificado por una oración, pero en japonés no existen pronombres relativos que introduzcan la oración modificadora.

La oración modificadora va siempre delante del nombre modificado, yuxtapuesta a éste.

En el predicado de la oración modificadora puede haber un verbo, un adjetivo o un nombre (seguido, en origen, por el verbo **DEARU** = *ser*).

| **28.2** | La oración de relativo | **Procedimiento** |

Para modificar un sustantivo se debe seguir un determinado proceso.

EJEMPLO 1

A) Determinar cuál es el sustantivo que se quiere modificar, o sea, decidir el antecedente. Por ejemplo:

> 本
> Hon.
> *Libro.*

B) Decidir qué se quiere decir sobre el libro, cómo se quiere modificar. Se puede calificar o determinar un sustantivo utilizando un verbo, un adjetivo u otro nombre, o sea, utilizando, en japonés, una oración donde el *yoogen* (palabra que tiene flexión) sea un verbo, un adjetivo o un nombre (seguido del verbo **DEARU** = *ser*).

| **28.2.1** | La oración de relativo | Procedimiento | **Verbo** |

C) Primero debe decidirse qué oración en la que un verbo exprese una acción o estado se quiere utilizar. Por ejemplo:

> 私は昨日（本を）買いました
> Watashi wa kinoo (hon o) kaimashita.
> *Ayer compré (el libro). (Verbo en formal.)*

D) A continuación, si el verbo está en formal, se ha de pasar de formal a informal. El tiempo verbal (presente o pasado) se mantiene.

> 私は昨日買った
> Watashi wa kinoo katta.
> *Ayer compré.* (Verbo en informal.)

E) El sujeto de la oración modificadora no puede ir marcado con **WA**, sino con **GA**. Cuando entre el sujeto y el verbo no hay ninguna otra palabra, puede marcarse indistintamente con **NO** o con **GA**. En este caso, hay la palabra **kinoo** (*ayer*) y, por consiguiente, se ha de sustituir la partícula **WA** por la partícula **GA**.

> 私が昨日買った
> Watashi ga kinoo katta.
> *Ayer compré.*

> La partícula que señala el sustantivo que va a modificarse cae.
> ***Watashi wa kinoo (hon o) katta.***

F) Se ha de poner la oración anterior delante del sustantivo que se desea modificar.

> 私が昨日買った本
> Watashi ga kinoo katta hon.
> *El libro que compré ayer.*

G) El sustantivo **HON** (*libro*) ya está modificado. A continuación, se introducirán los términos MODIFICADOR + SUSTANTIVO MODIFICADO dentro de una frase, donde desempeñarán la función de sujeto, complemento directo, etc.

SUJETO (MARCADO CON *WA*)

> 私が昨日買った本は面白いです。
> Watashi ga kinoo katta hon wa omoshiroi desu.
> *El libro que compré ayer es interesante.*

COMPLEMENTO DIRECTO (MARCADO CON *O*)

> 田中さんは私が昨日買った本を読んでいます。
> Tanaka-san wa watashi ga kinoo katta hon o yonde imasu.
> *Tanaka-san está leyendo el libro que compré ayer.*

EJEMPLO 2

A) El sustantivo que se quiere modificar ahora es: **HEYA** (*habitación*)

> 部屋
> Heya.
> *Habitación.*

B) De nuevo va a calificarse el sustantivo **HEYA** (*habitación*) con una oración donde el **yoogen** (*palabra que tiene flexión*) es un verbo.

C) La oración que se ha decidido utilizar es:

> 私は（この部屋で）勉強します
> Watashi wa (kono heya de) benkyoo shimasu.
> *Yo estudio* (en esta habitación). (Verbo en formal.)

D) A continuación, el verbo se ha de pasar de formal a informal. El tiempo verbal –presente en este caso– se mantiene.

> 私は勉強する
> Watashi wa benkyoo suru.
> *Yo estudio.* (Verbo en informal.)

E) El sujeto de la oración modificadora no puede ir marcado con **WA**, sino con **GA**. En este caso, entre el sujeto y el verbo no hay ninguna otra palabra y, por lo tanto, también puede marcarse con **NO**.

> 私が／の勉強する
> Watashi ga/no benkyoo suru.
> *Yo estudio.*

> La partícula que señala el sustantivo que va a modificarse cae.
> **Watashi wa (kono heya de) benkyo suru.**

F) Se ha de poner la oración anterior delante del sustantivo que se desea modificar.

> 私が／の勉強する部屋
> Watashi ga/no benkyoo suru heya.
> *La habitación donde estudio.*

G) El sustantivo **HEYA** (*habitación*) ya está modificado. A continuación, se introducirán los términos MODIFICADOR + SUSTANTIVO MODIFICADO dentro de una frase, donde desempeñarán diversas funciones.

28.2.2	La oración de relativo	Procedimiento	**Adjetivo**

Si se quiere modificar un sustantivo con un adjetivo que lo califique, simplemente debe ponerse el adjetivo –**I** –en informal y en el tiempo que corresponda– delante del nombre. Si se trata de un adjetivo –**NA**, se ha de poner la partícula **NA** –en presente afirmativo– o el verbo **DEARU** (**DESU**) en informal –en presente negativo y pasado afirmativo y negativo.

ADJETIVO –I	
Takai HON :	LIBRO *que es caro*
Takakunai HON :	LIBRO *que no es caro*
Takakatta HON :	LIBRO *que era caro*
Takakunakatta HON :	LIBRO *que no era caro*
ADJETIVO –NA	
Shizuka-na HEYA :	HABITACIÓN *que es amplia*
Shizuka dewanai HEYA :	HABITACIÓN *que no es amplia*
Shizuka datta HEYA :	HABITACIÓN *que era amplia*
Shizuka dewanakatta HEYA :	HABITACIÓN *que no era amplia*

28.2.3	La oración de relativo	Procedimiento	**Nombre**

Si se quiere determinar el sustantivo con un nombre, en presente afirmativo, debe unirse el nombre que modifica o explica con el sustantivo modificado con la partícula **NO**. También puede ponerse el verbo **DEARU** entre ambos. El presente negativo o pasado, afirmativo y negativo, se expresa mediante la conjugación del verbo **DEARU**.

Seijika no/dearu HITO :	PERSONA *que es político*
Seijika dewanai HITO :	PERSONA *que no es político*
Seijika datta HITO :	PERSONA *que era político*
Seijika dewanakatta HITO :	PERSONA *que no era político*

LAS ORACIONES INTRODUCIDAS POR TO (*IN'YOO-SETSU*)

29.1	Las oraciones introducidas por *TO*	**Estilo directo e indirecto**

29.1.1	Las oraciones introducidas por *TO*	Estilo directo e indirecto	**Características generales**

El estilo directo consiste en reproducir un mensaje tal como fue expresado. En japonés, el mensaje literal está acotado por los **kagi-kakko** [「 」], el equivalente japonés a las comillas, y por la partícula **TO**.

原さんは「暑いですね。」と言いました。
Hara-san wa "Atsui desu ne" to iimashita.
Hara-san dijo: "¡Qué calor!".

En el estilo indirecto, el narrador introduce diversas variaciones. El verbo o el adjetivo que aparecen en el mensaje deben ir en informal, y los **kagi-kakko** caen. La partícula **TO** sigue acotando el mensaje.

原さんは暑いと言いました。
Hara-san wa atsui to iimashita.
Hara-san dijo que hacía calor.

No sólo pueden ir en estilo directo e indirecto las frases enunciativas, sino también las imperativas y las interrogativas.

ORACIÓN IMPERATIVA

ESTILO DIRECTO

鈴木さんは橋本さんに「窓を開けてください。」と言いました。
Suzuki-san wa Hashimoto-san ni "mado o akete kudasai" to iimashita.
Suzuki-san le dijo a Hashimoto-san: "Abra la ventana".

ESTILO INDIRECTO

鈴木さんは橋本さんに窓を開けるように言いました。
Suzuki-san wa Hashimoto-san ni mado o akeru yoo ni iimashita.
Suzuki-san le dijo a Hashimoto-san que abriera la ventana.

ORACIÓN INTERROGATIVA

ESTILO DIRECTO

> 松本さんは太田さんに「吉本さんはいつ来ましたか。」と聞きました。
>
> Matsumoto-san wa Oota-san ni "Yoshimoto-san wa itsu kimashita ka" to kikimashita.
>
> *Matsumoto-san le preguntó a Oota-san: "¿Cuándo ha venido Yoshimoto-san?".*

ESTILO INDIRECTO

> 松本さんは太田さんに吉本さんがいつ来たかと聞きました。
>
> Matsumoto-san wa Oota-san ni Yoshimoto-san ga itsu kita ka to kikimashita.
>
> *Matsumoto-san le preguntó a Oota-san cuándo había venido Yoshimoto-san.*

29.1.2	Las oraciones introducidas por *TO*	Estilo directo e indirecto	**Oraciones enunciativas**

29.1.2.1	Las oraciones introducidas por *TO*	Estilo directo e indirecto	Oraciones enunciativas
El verbo *IU* (*decir*)			

En las oraciones enunciativas, el verbo introductor más común es el verbo **IU** (*decir*), pero pueden utilizarse otros verbos de lengua o expresión.

29.1.2.2	Las oraciones introducidas por *TO*	Estilo directo e indirecto	Oraciones enunciativas
Acotación. La partícula *TO* y los *KAGI-KAKKO*			

En las oraciones enunciativas, el mensaje, tanto reproducido en estilo directo como indirecto, se introduce mediante la partícula **TO**. (Véase 4.2. LA PARTÍCULA **TO**.)

MENSAJE + *TO* + VERBO *IU* (*decir*) u otros verbos

En estilo directo, el mensaje va acotado por los ***kagi-kakko***, signo de puntuación equivalente a las comillas.

En estilo indirecto se suprime la puntuación: caen los **kagi-kakko**.

ESTILO DIRECTO

> 田中さんは「来週日本へ帰ります。」と言いました。
> Tanaka-san wa "Raishuu Nihon e kaerimasu" to iimashita.
> *Tanaka-san dijo: "La semana que viene regreso a Japón".*

ESTILO INDIRECTO

> 田中さんは来週日本へ帰ると言いました。
> Tanaka-san wa raishuu Nihon e kaeru to iimashita.
> *Tanaka-san dijo que la semana próxima regresaba a Japón.*

29.1.2.3	Las oraciones introducidas por *TO*	Estilo directo e indirecto	Oraciones enunciativas
Concordancia de los tiempos verbales			

Tanto en estilo directo como en estilo indirecto, el tiempo del verbo o del adjetivo de la cláusula que expresa el mensaje es el mismo que formuló el hablante. En el estilo indirecto japonés no hay concordancia de tiempo verbal entre el tiempo del verbo introductor y el de la cláusula que reproduce el mensaje.

ESTILO DIRECTO

> 吉川さんは「私はとても疲れている。」と言いました。
> Yoshikawa-san wa "Watashi wa totemo tsukarete iru" to iimashita.
> *Yoshikawa-san dijo: "Estoy muy cansado/a".*

ESTILO INDIRECTO

> 吉川さんはとても疲れていると言いました。
> Yoshikawa-san wa totemo tsukarete iru to iimashita.
> *Yoshikawa-san dijo que estaba muy cansado/a (lit. Yoshikawa-san dijo que estoy muy cansado/a).*

29.1.2.4	Las oraciones introducidas por *TO*	Estilo directo e indirecto	Oraciones enunciativas
Uso del formal y del informal			

En estilo directo, el verbo o el adjetivo de la cláusula que reproduce el mensaje pueden ir indistintamente en formal o en informal. Sin embargo, en estilo indirecto, el verbo y el adjetivo deben ir en informal tal como aparecen en el siguiente cuadro.

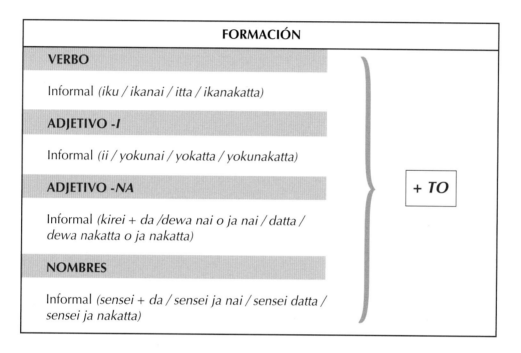

FORMACIÓN	
VERBO	
Informal *(iku / ikanai / itta / ikanakatta)*	
ADJETIVO -*I*	
Informal *(ii / yokunai / yokatta / yokunakatta)*	**+ TO**
ADJETIVO -*NA*	
Informal *(kirei + da /dewa nai o ja nai / datta / dewa nakatta o ja nakatta)*	
NOMBRES	
Informal *(sensei + da / sensei ja nai / sensei datta / sensei ja nakatta)*	

ESTILO DIRECTO (VERBO)

谷原さんは「新しい車を買いました。」と言いました。
Tanihara-san wa "Atarashii kuruma o kaimashita" to iimashita.
Tanihara-san dijo: "Me he comprado un coche nuevo".

ESTILO INDIRECTO (VERBO)

谷原さんは新しい車を買ったと言いました。
Tanihara-san wa atarashii kuruma o katta to iimashita.
Tanihara-san dijo que se había comprado un coche nuevo.

ESTILO DIRECTO (ADJETIVO –*I*)

マリアさんは「いい辞書が欲しいです。」と言っています。
Maria-san wa "Ii jisho ga hoshii desu" to itte imasu.
María-san dice: "Quiero un buen diccionario".

ESTILO INDIRECTO (ADJETIVO –*I*)

> マリアさんはいい辞書が欲しいと言っています。
> Maria-san wa ii jisho ga hoshii to itte imasu.
> *María-san dice que quiere un buen diccionario.*

ESTILO DIRECTO (ADJETIVO –*NA*)

> 吉川さんは「チョコレートが大好きです。」と言っています。
> Yoshikawa-san wa "Chokoreeto ga daisuki desu" to itte imasu.
> *Yoshikawa-san dice: "Me encanta el chocolate".*

ESTILO INDIRECTO (ADJETIVO –*NA*)

> 吉川さんはチョコレートが大好きだと言っています。
> Yoshikawa-san wa chokoreeto ga daisuki da to itte imasu.
> *Yoshikawa-san dice que le encanta el chocolate.*

ESTILO DIRECTO (NOMBRE)

> 吉本さんは「来週スキーに行くつもりです。」と言っています。
> Yoshimoto-san wa "Raishuu sukii ni iku tsumori desu" to itte imasu.
> *Yoshimoto-san dice: "La semana que viene pienso ir a esquiar".*

ESTILO INDIRECTO (NOMBRE)

> 吉本さんは来週スキーに行くつもりだと言っています。
> Yoshimoto-san wa raishuu sukii ni iku tsumori da to itte imasu.
> *Yoshimoto-san dice que la semana que viene piensa ir a esquiar.*

29.1.2.5	Las oraciones introducidas por *TO*	Estilo directo e indirecto	Oraciones enunciativas
Uso de las partículas			

En estilo indirecto, si el sujeto de las dos cláusulas es diferente, el sujeto de la cláusula donde está expresado el mensaje irá señalado con **GA**.

> 金田さんは吉田さんが病気だと言いました。
> Kaneda-san wa Yoshida-san ga byooki da to iimashita.
> *Kaneda-san dijo que Yoshida-san estaba enfermo.*

{
吉田さんは病気だと言いました。

Yoshida-san wa byooki da to iimashita.

Yoshida-san dijo que (él) estaba enfermo.

La persona a quien decimos, comunicamos, explicamos o preguntamos algo va señalada con la partícula **NI**. El canal, en caso de especificarlo, va marcado con **DE**.

{
武君はお母さんに帰りが少し遅くなると電話で知らせました。

Takeshi-kun wa okaasan ni kaeri ga sukoshi osokunaru to denwa de shirasemashita.

Takeshi-kun dijo a su madre por teléfono que llegaría un poco tarde.

29.1.2.6	Las oraciones introducidas por *TO*	Estilo directo e indirecto	Oraciones enunciativas
El tiempo y aspecto del verbo introductor			

Respecto al tiempo y al aspecto verbal de **IU** (*decir*), son muy comunes, tanto en estilo directo como indirecto, las siguientes formas:

MENSAJE + *TO* + *ITTE IRU / ITTE IMASU*

{
谷原さんは熱があると言っています。

Tanihara-san wa netsu ga aru to itte imasu.

Tanihara-san dice que tiene fiebre.

MENSAJE + *TO* + *ITTA / IIMASHITA*

{
谷原さんは熱があると言いました。

Tanihara-san wa netsu ga aru to iimashita.

Tanihara-san dijo que tenía fiebre.

MENSAJE + *TO* + *ITTE ITTA / ITTE IMASHITA*

{
谷原さんは熱があると言っていました。

Tanihara-san wa netsu ga aru to itte imashita.

Tanihara-san decía que tenía fiebre.

29.1.2.7	Las oraciones introducidas por *TO*	Estilo directo e indirecto	Oraciones enunciativas
Reproducción de un mensaje en japonés coloquial			

En japonés coloquial, la partícula **TO** que acota el mensaje puede tomar la forma **–TTE**. A veces, incluso puede llegar a omitirse el verbo **IU** (*decir*). De todas formas, **–TTE** pertenece exclusivamente al campo de la lengua hablada.

{
鎌田さんはもうすぐ帰るって言って（い）る。

Kamada-san wa moo sugu kaeru tte itte (i)ru.

Kamada-san dice que se va enseguida.

{
山本さんは来られないって。

Yamamoto-san wa korarenai tte.

Yamamoto-san ha dicho que no puede venir.

29.1.2.8	Las oraciones introducidas por *TO*	Estilo directo e indirecto	Oraciones enunciativas
Otros posibles verbos introductores			

En vez de **IU**, se pueden encontrar verbos como **SETSUMEI SURU** (*explicar*), **HAPPYOO SURU** (*anunciar, manifestar*), **TEIAN SURU** (*proponer*), **SHIRASERU** (*informar*), **TSUTAERU** (*comunicar, transmitir*), etc. Antepuesta a los verbos anteriores y marcada con **TO**, se encuentra la cláusula que contiene el mensaje.

{
先生はもうすぐ出発すると学生に説明しました。

Sensei wa moo sugu shuppatsu suru to gakusei ni setsumei shimashita.

El profesor explicó a los alumnos que saldrían enseguida.

En los verbos transitivos que se realizan mediante un mensaje oral o escrito como **SASOU** (*invitar, lo/le/la/les/los/las invitó diciendo que*), **SHIKARU** (*reñir*), **NAGUSAMERU** (*consolar*), **HOMERU** (*alabar*), **HAGEMASU** (*animar, alentar*), etc., la persona que recibe la significación del verbo transitivo no va señalada con **NI**, sino con **O**. El mensaje, por supuesto, va marcado con **TO**.

先生はもっと勉強しなさいと学生を叱りました。

Sensei wa motto benkyoo shinasai to gakusei o shikarimashita.

El profesor riñó al alumno diciéndole: ¡Estudia más!

松村さんは映画に行きましょうと落合さんを誘いました。

Matsumura-san wa eiga ni ikimashoo to Ochiai-san o sasoimashita.

Matsumura-san invitó a Ochiai-san diciéndole: ¡Vamos al cine!

29.1.3	Las oraciones introducidas por *TO*	Estilo directo e indirecto	**Oraciones imperativas**

En el estilo directo e indirecto de las oraciones imperativas, se reproducen órdenes y ruegos.

29.1.3.1	Las oraciones introducidas por *TO*	Estilo directo e indirecto	Oraciones imperativas
El verbo *IU* (*decir*)			

El verbo introductor más común en las oraciones imperativas es ***IU*** (*decir*). Pero también podemos encontrar otros verbos como ***TANOMU*** (*pedir*), ***YOOKYUU SURU*** (*exigir*), ***KITAI SURU*** (*esperar*), ***NOZOMU*** (*esperar*), ***MEIREI SURU*** (*ordenar*), etc.

29.1.3.2	Las oraciones introducidas por *TO*	Estilo directo e indirecto	Oraciones imperativas
Acotación. La partícula *TO* y los *KAGI-KAKKO*. La conjunción *YOO NI*			

En las oraciones imperativas, el mensaje (orden o ruego) reproducido en estilo directo se introduce mediante la partícula ***TO*** y va acotado por los ***kagi-kakko***.

谷原さんは大上さんに「あそこに座ってください。」と言いました。

Tanihara-san wa Ooue-san ni "Asoko ni suwatte kudasai" to iimashita.

Tanihara-san le dijo a Ooue-san: "Siéntese allí".

石川さんは井上さんに「クーラーをつけていただけますか。」と言いました。

Ishikawa-san wa Inoue-san ni "Kuuraa o tsukete itadakemasu ka" to iimashita.

Ishikawa-san le dijo a Inoue-san: "¿Podría poner el aire acondicionado, por favor?"

En estilo indirecto, caen los **kagi-kakko**. Como nexo de unión con el verbo introductor se utiliza la conjunción **YOO NI**. O sea, la partícula **TO** se sustituye por la conjunción **YOO NI**.

> 谷原さんは大上さんにあそこに座るように言いました。
> Tanihara-san wa Ooue-san ni asoko ni suwaru yoo ni iimashita.
> *Tanihara-san le dijo a Ooue-san que se sentara allí.*

> 石川さんは井上さんにクーラーをつけるように言いました。
> Ishikawa-san wa Inoue-san ni kuuraa o tsukeru yoo ni iimashita.
> *Ishikawa-san le dijo a Inoue-san que pusiera el aire acondicionado.*

29.1.3.3	Las oraciones introducidas por *TO*	Estilo directo e indirecto	Oraciones imperativas
Los modos y tiempos verbales			

En el estilo directo, la forma imperativa del mensaje se reproduce tal como fue expresada. En estilo indirecto, esta forma imperativa pasa siempre a presente informal.

Si la forma imperativa directa era afirmativa, en estilo indirecto, el verbo va en presente informal afirmativo.

Si la forma imperativa directa era negativa, en estilo indirecto, el verbo va en presente informal negativo.

ESTILO DIRECTO

EXPRESIÓN IMPERATIVA + *TO*

ESTILO INDIRECTO

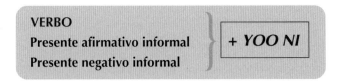

VERBO
Presente afirmativo informal
Presente negativo informal
+ *YOO NI*

ESTILO DIRECTO (ORACIÓN AFIRMATIVA)

> 岡田さんは坂本さんに「窓を開けてください。」と言いました。
> Okada-san wa Sakamoto-san ni "Mado o akete kudasai" to iimashita.
> *Okada-san le dijo a Sakamoto-san: "Abre la ventana".*

ESTILO INDIRECTO (ORACIÓN AFIRMATIVA)

> 岡田さんは坂本さんに窓を開けるように言いました。
> Okada-san wa Sakamoto-san ni mado o akeru yoo ni iimashita.
> *Okada-san le dijo a Sakamoto-san que abriera la ventana.*

ESTILO DIRECTO (ORACIÓN NEGATIVA)

> 尾崎さんは川口さんに「紙を折らないでください。」と言いました。
> Ozaki-san wa Kawaguchi-san ni "Kami o oranaide kudasai" to iimashita.
> *Ozaki-san le dijo a Kawaguchi-san: "No doble el papel".*

ESTILO INDIRECTO (ORACIÓN NEGATIVA)

> 尾崎さんは川口さんに紙を折らないように言いました。
> Ozaki-san wa Kawaguchi-san ni kami o oranai yoo ni iimashita.
> *Ozaki-san le dijo a Kawaguchi-san que no doblara el papel.*

29.1.4	Las oraciones introducidas por *TO*	Estilo directo e indirecto	**La oración interrogativa**

La oración interrogativa puede ser simple o compuesta. (Véase 3. LA ORACIÓN INTERROGATIVA SIMPLE.)

Hay dos tipos de interrogación, la parcial y la total. En la interrogación parcial se pide una explicación y la pregunta se formula mediante el uso de interrogativos. En la total, se pide simplemente una respuesta afirmativa o negativa.

Hay, por último, interrogativas directas e indirectas. En las directas, la interrogación, la pregunta, se reproduce tal como fue formulada. En las indirectas, se producen algunos cambios.

INTERROGATIVA DIRECTA

PARCIAL

前田さんは私に「あなたは何時に大阪に着きましたか。」とききました。

Maeda-san wa watashi ni "Anata wa nan-ji ni Oosaka ni tsukimashita ka" to kikimashita.

Maeda-san me preguntó: "¿A qué hora ha llegado (usted) a Osaka?".

TOTAL

吉本さんは田中さんに「上田さんはもう帰りましたか。」とききました。

Yoshimoto-san wa Tanaka-san ni "Ueda-san wa moo kaerimashita ka" to kikimashita.

Yoshimoto-san le preguntó a Tanaka-san: "¿Ya ha regresado Ueda-san?".

INTERROGATIVA INDIRECTA

PARCIAL

前田さんは私に（私が）何時に大阪に着いた（の）かとききました。

Maeda-san wa watashi ni (watashi ga) nan-ji ni Oosaka ni tsuita (no) ka to kikimashita.

Maeda-san me preguntó a qué hora había llegado (yo) a Osaka.

TOTAL

吉本さんは田中さんに上田さんがもう帰ったかどうかききました。

Yoshimoto-san wa Tanaka-san ni Ueda-san ga moo kaetta ka doo ka kikimashita.

Yoshimoto-san le preguntó a Tanaka-san si Ueda-san ya había regresado.

29.1.4.1	Las oraciones introducidas por *TO*	Estilo directo e indirecto	La oración interrogativa
Vebos introductores *KIKU* y *TAZUNERU* (*preguntar*)			

Los verbos introductores más frecuentes en el estilo directo e indirecto para oraciones interrogativas son **KIKU** y **TAZUNERU** (*preguntar*), pero hay muchos otros verbos que pueden expresar interrogación o duda: **WAKARU** (*comprender*), **SHIRU** (*saber*), **OBOERU** (en presente continuo, *acordarse*), etc.

29.1.4.2	Las oraciones introducidas por *TO*	Estilo directo e indirecto	La oración interrogativa
Acotación. La partícula *TO* y los *KAGI-KAKKO*			

En las oraciones interrogativas directas, parciales y totales, y en las oraciones interrogativas indirectas parciales, el mensaje (la interrogación) se introduce mediante la partícula **TO**. En las oraciones interrogativas indirectas totales, la partícula **TO** suele caer.

En las interrogativas directas, parciales y totales, el mensaje va acotado por los **kagi-kakko**.

En las interrogativas indirectas, parciales y totales, los **kagi-kakko** caen.

29.1.4.3	Las oraciones introducidas por *TO*	Estilo directo e indirecto	La oración interrogativa
Las partículas			

La partícula interrogativa **KA** se mantiene en las interrogativas indirectas.

La persona a quien se pregunta algo está señalada con la partícula **NI**. El canal, en caso de especificarlo, está marcado con **DE**.

29.1.4.4	Las oraciones introducidas por *TO*	Estilo directo e indirecto	La oración interrogativa
Cambios que se producen en la interrogación indirecta			

El paso del estilo directo al indirecto entraña algunos cambios. El verbo, el adjetivo o el nombre de la cláusula que contiene la interrogación debe tomar la forma que aparece en el siguiente cuadro:

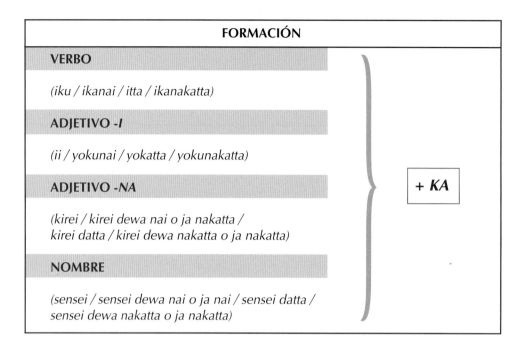

FORMACIÓN	
VERBO	
(iku / ikanai / itta / ikanakatta)	
ADJETIVO -I	
(ii / yokunai / yokatta / yokunakatta)	+ **KA**
ADJETIVO -NA	
(kirei / kirei dewa nai o ja nakatta / *kirei datta / kirei dewa nakatta o ja nakatta)*	
NOMBRE	
(sensei / sensei dewa nai o ja nai / sensei datta / *sensei dewa nakatta o ja nakatta)*	

En las interrogativas indirectas, los verbos y adjetivos –**I** mantienen el tiempo. No hay concordancia con el tiempo del verbo introductor.

29.1.4.5	Las oraciones introducidas por *TO*	Estilo directo e indirecto	La oración interrogativa
Características específicas de la interrogación parcial			

La partícula **TO** introduce siempre la oración interrogativa.

En las interrogativas directas, los verbos y adjetivos pueden ir en formal, pero en las indirectas, tal como muestra el cuadro superior, no.

ESTILO DIRECTO (VERBO)

> 森田さんは私に「どこへ行きましたか。」とききました。
> *Morita-san wa watashi ni "Doko e ikimashita ka" to kikimashita.*
> *Morita-san me preguntó: "¿Adónde has ido?".*

ESTILO INDIRECTO (VERBO)

> 森田さんは私にどこへ行った（の）かとききました。
> *Morita-san wa watashi ni doko e itta (no) ka to kikimashita.*
> *Morita-san me preguntó adónde había ido.*

ESTILO DIRECTO (ADJETIVO –**I**)

鈴木さんは私に「どちらがいいですか。」とききました。
Suzuki-san wa watashi ni "Dochira ga ii desu ka" to kikimashita.
Suzuki-san me preguntó: "¿Cuál de los dos prefieres?".

ESTILO INDIRECTO (ADJETIVO –**I**)

鈴木さんは私にどちらがいい（の）かとききました。
Suzuki-san wa watashi ni dochira ga ii (no) ka to kikimashita.
Suzuki-san me preguntó cuál de los dos prefería.

ESTILO DIRECTO (ADJETIVO –**NA**)

小林さんは私に「どんな映画が好きですか。」とききました。
Kobayashi-san wa watashi ni "Donna eiga ga suki desu ka" to kikimashita.
Kobayashi-san me preguntó: "¿Qué tipo de películas te gusta?".

ESTILO INDIRECTO (ADJETIVO –**NA**)

小林さんは私にどんな映画が好き（なの）かとききました。
Kobayashi-san wa watashi ni donna eiga ga suki (nano) ka to kikimashita.
Kobayashi-san me preguntó qué tipo de películas me gustaba.

ESTILO DIRECTO (NOMBRE)

ポールさんは私に「何時ですか。」とききました。
Pooru-san wa watashi ni "Nan-ji desu ka" to kikimashita.
Paul-san me preguntó: "¿Qué hora es?".

ESTILO INDIRECTO (NOMBRE)

ポールさんは私に何時（なの）かとききました。
Pooru-san wa watashi ni nan-ji (nano) ka to kikimashita.
Paul-san me preguntó qué hora era.

29.1.4.6	Las oraciones introducidas por *TO*	Estilo directo e indirecto	La oración interrogativa

Características específicas de la interrogación total

En japonés hablado, la partícula *TO* de enlace con el verbo introductor suele caer.

Las interrogativas totales requieren como respuesta un *sí* o un *no*. Por lo tanto, en la interrogación (en la pregunta, en la duda) se cuestionará la realización de una acción (si se ha hecho/hace/hará, o no), las características de una cosa (si es de una determinada forma, o no) o la existencia de algo (si es o no es).

Esta duda entre dos términos opuestos se expresa poniendo un *sí* en afirmativo y un *no* en negativo o, con mucha más frecuencia, sustituyendo el *no* por *DOO KA*.

> 平野さんは私に授業に出席したか（しなかったか／どうか）（と）ききました。
> Hirano-san wa watashi ni jugyoo ni shusseki shita ka (shinakatta ka/doo ka) (to) kikimashita.
> *Hirano-san me preguntó si había asistido a clase o no.*

En japonés hablado *DOO KA* suele caer en frases cuyo verbo introductor es *KIKU* (*preguntar*)

> 平野さんは私に授業に出席に出席したか（と）ききました。
> Hirano-san wa watashi ni jugyoo ni shusseki shita ka (to) kikïmashita.
> *Hirano-san me preguntó si había asistido a clase.*

Como verbo introductor, se pueden encontrar muchos verbos que expresan interrogación, duda o incertidumbre: *WAKARU* (*comprender, saber*), *MAYOU* (*dudar*), *OBOERU* (en presente continuo, *acordarse*), *WASURERU* (*olvidar*), *IU* (*decir*), *OSHIERU* (*dar* a alguien una información que no tenía), *SETSUMEI SURU* (*explicar*), *SHINPAI SURU* (*preocuparse*), etc.

Entre la partícula interrogativa *KA* y el verbo introductor va la partícula correspondiente. Por ejemplo, en *SHIRU* (*saber*), un verbo transitivo, será *O* (partícula que señala el complemento directo) o *WA* (enfática). Sin embargo, en japonés hablado esta partícula suele omitirse.

> 私はドアが開くかどうか（を）試しました。
> Watashi wa doa ga aku ka doo ka (o) tameshimashita.
> *Probé (miré) si la puerta se abría o no.*

斎藤さんが弁護士かどうか（は）知りません。

Saitoo-san ga bengoshi ka doo ka (wa) shirimasen.

No sé si Saitoo-san es abogado o no.

谷崎先生の授業が面白いかどうか（を）知っていますか。

Tanizaki-sensei no jugyoo ga omoshiroi ka doo ka (o) shitte imasu ka.

¿Sabe si las clases de Tanizaki-sensei son interesantes o no?

あのセーターがいくらだったか（を）忘れてしまいました。

Ano seetaa ga ikura datta ka (o) wasurete shimaishita.

He olvidado cuánto valía aquel jersey.

Las oraciones interrogativas totales (*no sé/pregunta si…*) no llevan jamás lo que en español se llama adverbio o pronombre interrogativo y que en japonés se considera nombre o pronombre. Del mismo modo, las interrogativas parciales (*¿quién/cómo/cuándo…?*) no llevan nunca **DOO KA**.

マリアさんがいつ来たか（を）知っていますか。

Maria-san ga itsu kita ka (o) shitte imasu ka.

¿Sabes cuándo ha venido María-san?

加藤さんが日本へ帰ったかどうか（を）知っていますか。

Katoo-san ga Nihon e kaetta ka doo ka (o) shitte imasu ka.

¿Sabes si Katoo-san ha regresado a Japón?

Cuando no hay interrogación, sino nominalización, no se deben usar las estructuras propias de las oraciones interrogativas indirectas. En la frase siguiente se debe sustituir la partícula **KA** por **NO** o **KOTO**, ya que la oración subordinada no expresa ni duda ni incertidumbre.

加藤さんが日本に帰った（こと／の）を知っていますか。

Katoo-san ga Nihon ni kaetta (koto/no) o shitte imasu ka.

¿Sabes que Katoo-san ha vuelto a Japón?

Es relativamente fácil confundir este tipo de oraciones completivas con las interrogativas indirectas totales. Sin embargo, si se intenta deducir la interrogativa directa a partir de una oración como la anterior se verá que no es posible, no existe: la oración subordinada es una enunciativa.

ORACIONES SIMPLES

A) 高木さんは十年前にここに来ました。

Takagi-san wa juu-nen mae ni koko ni kimashita.

Takagi-san vino aquí hace diez años.

B) 高木さんは十年前にここに来ましたか。

Takagi-san wa juu-nen mae ni koko ni kimashita ka.

¿Takagi-san vino aquí hace diez años?

ORACIONES COMPUESTAS CORRESPONDIENTES

A) 高木さんが十年前にここに来た（こと／の）を知っていますか。

Takagi-san ga juu-nen mae ni koko ni kita (koto/no) o shitte imasu ka.

¿Sabes que Takagi-san vino aquí hace diez años?

B) 高木さんが十年前にここに来たかどうか（を）知っていますか。

Takagi-san ga juu-nen mae ni koko ni kita ka doo ka (o) shitte imasu ka.

¿Sabes si Takagi-san vino aquí o no hace diez años?

29.2	Las oraciones introducidas por *TO*	El verbo *OMOU* (creer)

29.2.1	Las oraciones introducidas por *TO*	El verbo *OMOU*	Características generales

OMOU significa *creer, pensar, decidir, querer* o *desear*. Con **OMOU** se puede expresar opinión (qué se opina de algo), suposición (qué se cree que va a suceder) y voluntad o deseo (qué se va a hacer o qué se quiere hacer).

La cláusula que expresa opinión, suposición o deseo se une al verbo **OMOU** mediante la partícula **TO**.

Detrás de expresiones como –**SHITA HOO GA II**, **TO OMOU** matiza y suaviza opiniones y consejos.

La cláusula que expresa opinión, suposición o deseo va en informal.

FORMACIÓN	
VERBO	
Informal *(iku / ikanai / itta / ikanakatta)*	
ADJETIVO -*I*	
Informal *(ii / yokunai / yokatta / yokunakatta)*	**+ *TO* + *OMOU***
ADJETIVO -*NA*	
Informal *(kirei + da /dewa nai o ja nai / datta / dewa nakatta o ja nakatta)*	
NOMBRE	
Informal *(sensei + da / dewa nai o ja nai / datta / dewa nakatta o ja nakatta)*	

29.2.2	Las oraciones introducidas por *TO*	El verbo *OMOU*	**Usos de *OMOU***

29.2.2.1	Las oraciones introducidas por *TO*	El verbo *OMOU*	Usos de *OMOU*
Opinión			

Con el verbo ***OMOU*** se puede expresar la propia opinión.

PROPIA OPINIÓN (informal) + *TO* + *OMOU* / *OMOIMASU*

尾崎さんはとても親切な人だと思います。
Ozaki-san wa totemo shinsetsu-na hito da to omoimasu.
Creo que Ozaki-san es muy amable.

Para expresar la opinión de otras personas se debe poner el verbo ***OMOU*** en presente continuo. Además, cuando se trata de la tercera persona, es mejor posponer al verbo términos como –***RASHII/YOO DESU*** *(parece que)* / ***SOO DESU*** *(dice/dicen que)*. (Véase 21. EXPRESIONES DE MODO.)

OPINIÓN TERCERA PERSONA (informal) + *TO* + *OMOTTE IRU / IMASU*
+ *RASHII / YOO DA / SOO DA*

> 石川さんはあの学校のほうがいいと思っているようです。
> Ishikawa-san wa ano gakkoo no hoo ga ii to omotte iru yoo desu.
> *Parece ser que Ishikawa-san cree que aquella escuela es mejor.*

La primera persona también puede utilizar la forma ***TO OMOTTE IRU*** para referirse a sí misma cuando expresa una determinación u opinión sostenida, invariable, a lo largo del tiempo.

Para preguntar la opinión o impresión que alguien tiene sobre un determinado tema se utiliza la siguiente estructura:

TEMA + *O / NITSUITE* + *DOO* + *OMOIMASU KA*

> A : ワインについてどう思いますか。
> Wain nitsuite doo omoimasu ka.
> *¿Qué opina sobre el vino?*
> B : いいと思います。
> Ii to omoimasu.
> *Creo que es bueno.*
> A : どうしていいと思いますか。
> Dooshite ii to omoimasu ka.
> *¿Por qué cree que es bueno?*
> B : ワインを飲むと料理がおいしくなるからです。
> Wain o nomu to, ryoori ga oishikunaru kara desu.
> *Porque cuando bebes vino, la comida te sabe mejor.*

29.2.2.2	Las oraciones introducidas por *TO*	El verbo *OMOU*	Usos de *OMOU*
Conjetura			

En la cláusula que precede a TO OMOU se expone lo que uno supone o cree. Esta cláusula debe ir en informal. Puede posponerla DAROO, un verbo auxiliar que expresa probabilidad.

OPINIÓN (+DAROO) + TO + *OMOU / OMOIMASU*

松永さんは来ないだろうと思います。

Matsunaga-san wa konai daroo to omoimasu.

Me parece que Matsunaga-san no vendrá.

上田さんはもう東京に着いただろうと思います。

Ueda-san wa moo Tookyoo ni tsuita daroo to omoimasu.

Supongo que Ueda-san ya habrá llegado a Tokio.

29.2.2.3	Las oraciones introducidas por *TO*	El verbo *OMOU*	Usos de *OMOU*
Voluntad y deseo			

Con el auxiliar (*jodooshi*) –YOO antepuesto a **TO OMOU** se expresa la propia voluntad o intención. (Véase 21. EXPRESIONES DE MODO.)

七月にベルリンへ行こうと（思います／思っています）。

Shichi-gatsu ni Berurin e ikoo to (omoimasu/omotte imasu).

Pienso ir a Berlín en julio.

Con el auxiliar (*jodooshi*) –**TAI** antepuesto a **TO OMOU** expresamos el propio deseo.

スキーに行きたいと思います。

Sukii ni ikitai to omoimasu.

Quiero ir a esquiar.

29.2.2.4	Las oraciones introducidas por *TO*	El verbo *OMOU*	Usos de *OMOU*
Impresiones y consejos			

TO OMOU matiza y suaviza opiniones y consejos. –**SHITA** + **HOO** + **GA**+ **II** (*es mejor…*); –**SHITA HOO GA II TO OMOU** (*creo que es mejor…*). Si el verbo auxiliar **DAROO** precede a **TO OMOU**, la expresión es aún más educada y cortés: (*creo que será/sería mejor…*)

風邪薬を飲んだほうがいいだろうと思います。

Kaze-gusuri o nonda hoo ga ii daroo to omoimasu.

Me parece que sería mejor que tomara una medicina para el resfriado.

| 29.2.3 | Las oraciones introducidas por *TO* | El verbo *OMOU* | **La forma negativa de la estructura *TO OMOU*** |

La negación puede aparecer en la primera cláusula (la subordinada) o en la principal (el propio verbo **OMOU**). La primera forma es la más común.

> 尾崎さんは来週日本へ帰らないと思います。
> Ozaki-san wa raishuu Nihon e kaeranai to omoimasu.
> *Creo que Ozaki-san no vuelve a Japón la semana próxima.*
> (Es la forma de negar más usual en japonés.)

> 尾崎さんは来週日本へ帰るとは思いません。
> Ozaki-san wa raishuu Nihon e kaeru to wa omoimasen.
> *No creo que Ozaki-san vuelva a Japón la semana próxima.*
> (La negación es más fuerte.)

| 29.2.4 | Las oraciones introducidas por *TO* | El verbo *OMOU* | **Concordancia** |

No hay concordancia entre los tiempos de la primera y segunda cláusulas. Las combinaciones de tiempos verbales posibles son las siguientes:

PRESENTE + PRESENTE

> 尾崎さんは日本へ帰ると思います。
> Ozaki-san wa Nihon e kaeru to omoimasu.
> *Creo que Ozaki-san vuelve/volverá a Japón.*

PASADO + PRESENTE

> 尾崎さんは日本へ帰ったと思います。
> Ozaki-san wa Nihon e kaetta to omoimasu.
> *Creo que Ozaki-san ha vuelto a Japón.*

PRESENTE + PASADO

> 尾崎さんは日本へ帰ると思いました／思っていました。
> Ozaki-san wa Nihon e kaeru to omoimashita/ omotte imashita.
> *Pensé/creía que Ozaki-san volvería a Japón.*

PASADO + PASADO

{ 尾崎さんは日本へ帰ったと思いました／思っていました。
Ozaki-san wa Nihon e kaetta to omoimashita/omotte imashita.
Pensé/creía que Ozaki-san había vuelto a Japón.

LAS ORACIONES CAUSALES (*GEN'IN-SETSU*)

| **30.1** | Las oraciones causales | **Características generales** |

Las causales son oraciones compuestas en las que la subordinada indica la causa o razón de lo expresado en la principal.

Las conjunciones-partícula *KARA*, *NODE* y el nombre *TAME NI* expresan causa o razón y se traducen, indistintamente, por:

causa + por eso + consecuencia.
consecuencia + porque + causa.
como + causa, consecuencia
ya que + causa, consecuencia

Las conjunciones-partícula *KARA* y *NODE* se usan de un modo casi intercambiable y se tiende cada vez más a asimilar la una a la otra. La diferencia estriba en que, mientras que *KARA* indica la razón que conduce al hablante a una opinión o decisión, *NODE* expresa la causa de un hecho, acción o situación reales que han sucedido de manera espontánea. *TAME NI*, al igual que *NODE*, indica la causa natural de un hecho que ha sucedido de modo espontáneo, pero es una conjunción propia de la lengua escrita.

La conjunción-partícula *TO* y la forma –*TE* del verbo también pueden expresar causa. La conjunción-partícula *TO* se traduce por *al + verbo infinitivo*. La forma –*TE* del verbo equivale a la conjunción española *y*.

| **30.2** | Las oraciones causales | *KARA* |

FORMACIÓN

VERBO

Informal *(iku / ikanai / itta / ikanakatta)*
Formal *(ikimasu / ikimasen / ikimashita...)*

ADJETIVO -*I*

Informal *(ii / yokunai / yokatta / yokunakatta)*
Formal *(ii desu / yoku arimasen / yokatta desu)*

ADJETIVO -*NA*

Informal *(kirei* + verbo *dearu* en informal: *da...)*
Formal *(kirei* + verbo *dearu* en formal: *desu...)*

NOMBRE

Informal *(sensei* + verbo *dearu* en informal: *da...)*
Formal *(kirei* + verbo *dearu* en formal: *desu...)*

+ KARA

El verbo o el adjetivo que preceden a **KARA** pueden ir en formal o informal. Y, evidentemente, también pueden ir en formal o informal el verbo o el adjetivo de la segunda cláusula. El uso de uno u otro dependerá de nivel del lenguaje que se utilice. En consecuencia, de las siguientes frases, la primera es la más coloquial y la tercera, la más formal.

1. Primera cláusula INFORMAL + segunda cláusula INFORMAL

おなかがすいたから、すぐ晩ご飯を食べる。
Onaka ga suita kara, sugu bangohan o taberu.
Como tengo hambre, cenaré enseguida.

2. Primera cláusula INFORMAL + segunda cláusula FORMAL

おなかがすいたから、すぐ晩ご飯を食べます。
Onaka ga suita kara, sugu bangohan o tabemasu.
Como tengo hambre, cenaré enseguida.

3. Primera cláusula FORMAL + segunda cláusula FORMAL

おなかがすきましたから、すぐ晩ご飯を食べます。
Onaka ga sukimashita kara, sugu bangohan o tabemasu.
Como tengo hambre, cenaré enseguida.

No se debe confundir el uso causal de **KARA** con el uso temporal, expresado por **TE KARA** (*después de + infinitivo*), ni tampoco con el uso de la partícula **KARA** (*desde*)

仕事が終わってから、家へ帰りました。
Shigoto ga owatte kara, uchi e kaerimashita.
Después de terminar el trabajo, volví a casa.

ジョンさんが日本に来てから、四年です／になります。
Jon san ga Nihon ni kite kara, yo-nen desu/ni narimasu.
Hace cuatro año que John-san ha llegado a Japón.

私は家から学校まで走りました。
Watashi wa uchi kara gakkoo made hashirimashita.
Corrí desde casa hasta la escuela.

KARA es una conjunción causal que denota una fuerte carga de subjetividad y determinación por parte del hablante. Indica la causa o razón que lo conducen a querer realizar una acción o a formular un juicio. Por lo tanto, cuando en la consecuencia aparezca un hecho no controlable por el sujeto, es preferible usar **NODE**:

> とても眠かったので、授業中に眠り込んでしまった。
> Totemo nemukatta node, jugyoo-chuu ni nemurikonde shimatta.
> *Como tenía mucho sueño, me dormí en clase.*

Por el contrario, es preferible usar **KARA** en las frases siguientes:

1. Razón + KARA + orden (-te kudasai, -nasai, etc.)

> 寒いですから、窓を閉めてください。
> Samui desu kara, mado o shimete kudasai.
> *Cierre la ventana, por favor. Es que hace frío.*

2. Razón + KARA + deseo (hoshii, -tai, -te moraitai, etc.)

> とても疲れたから、早く寝たい。
> Totemo tsukareta kara, hayaku netai.
> *Quiero acostarme pronto porque estoy muy cansado/a.*

3. Razón + KARA + invitación (-masen ka, -mashoo ka)

> あのケーキはおいしそうですから、食べましょうか。
> Ano keeki wa oishisoo desu kara, tabemashoo ka.
> *Aquel pastel parece bueno, ¿por qué no nos lo comemos?*

4. Razón + KARA + voluntad (tsumori, -yoo to omou, etc.)

> あの映画は面白いそうですから、見に行こうと思います。
> Ano eiga wa omoshiroi soo desu kara, mi-ni ikoo to omoimasu.
> *Dicen que aquella película es interesante, así que pienso ir a verla.*

5. Razón + *KARA* + consejo (*-ta hoo ga ii, -te kudasai*, etc.)

> この日本語の映画は分かりやすいし、おもしろいから、みんな見に行ったほうがいいです。
>
> Kono nihongo no eiga wa wakariyasui shi, omoshiroi kara, minna mi-ni itta hoo ga ii desu.
>
> *Esta película en japonés es fácil de entender, y además es interesante, así que es mejor que vayáis todos a verla.*

6. Razón + *KARA* + prohibición (*-te ikenai, -naide kudasai*, etc.)

> たばこは健康にはよくないから、吸わないでください。
>
> Tabako wa kenkoo ni wa yokunai kara, suwanaide kudasai.
>
> *El tabaco no es bueno para la salud, así que no fumes/fuméis.*

7. Razón + *KARA* + opinión (*to omou, daroo to omou*, etc.)

> この学校の学生はよく勉強しますから、先生の仕事はあまり大変ではないと思います。
>
> Kono gakkoo no gakusei wa yoku benkyoo shimasu kara, sensei no shigoto wa amari taihen dewanai to omoimasu.
>
> *Los estudiantes de esta escuela estudian mucho, así que el trabajo de profesor creo que no es demasiado duro.*

8. Probabilidad (*daroo, -kamo shirenai…*) + *KARA* + consecuencia

明日海へ行くかもしれないから、水着を準備しておきました。

Ashita umi e iku kamo shirenai kara, mizugi o junbi shite okimashita.

Mañana quizá vaya a la playa, por eso he dejado preparado el bañador.

En la estructura razón/ causa + ***KARA DESU*** (*porque/ es que +causa/ razón*) que se utiliza al explicar la causa o razón de algo, no aparecerá nunca ***NODE***.

> A: ¿***DOOSHITE*** + CONSECUENCIA?
> B: CAUSA (verbo o adjetivo informal) + ***KARA DESU***

A：どうしてチョコレートを食べないんですか。

Dooshite chokoreeto o tabenai n desu ka.

¿Por qué no come chocolate?

B：あまり好きじゃないからです。

Amari suki janai kara desu.

Porque no me gusta demasiado.

En la estructura razón/causa + ***KARA DESU***, delante de ***KARA*** el verbo siempre va en INFORMAL

A：どうして学校を休みましたか。

Dooshite gakkoo o yasumimashita ka.

¿Por qué faltaste a clase?

B：病気だったからです。

Byooki datta kara desu.

Porque estaba enfermo.

FORMACIÓN

VERBO	
Informal *(iku / ikanai / itta / ikanakatta)*	
ADJETIVO -I	
Informal *(ii / yokunai / yokatta / yokunakatta)*	**+ NODE**
ADJETIVO -NA	
Informal *(kirei + na /dewa nai o ja nai / datta / dewa nakatta o ja nakatta)*	
NOMBRE	
Informal *(sensei + na / dewa nai o ja nai / datta / dewa nakatta o ja nakatta)*	

Aunque en situaciones muy formales podemos encontrar el formal precediendo a **NODE**, es más habitual els uso del informal.

私は水泳が大好きなので、毎日プールで泳ぎます。
Watashi wa suiei ga daisuki na node, mainichi puuru de oyogimasu.
Como me gusta mucho la natación, todos los días nado en la piscina.

私は若い時水泳が大好きだったので、毎日プールで泳ぎました。
Watashi wa wakai toki, suiei ga daisuki datta node, mainichi puuru de oyogimashita.
Como a mí, cuando era joven, me gustaba mucho la natación, todos los días nadaba en la piscina.

NODE es una conjunción-partícula que indica que el hecho, la acción o el estado expresados en la segunda cláusula son la consecuencia natural y lógica del hecho, la acción o el estado expresados en la primera cláusula, a la que se pospone. **NODE** carece de la fuerte carga subjetiva y volitiva de **KARA**, es más objetivo e indirecto y no invita ni empuja a la acción. Por ello, se considera más cortés.

冬になったので、気温が下がりました。
Fuyu ni natta node kion ga sagarimashita.
Como ya ha llegado el invierno, las temperaturas han bajado.

{とても遅かったので、開いている店が一つもありませんでした。
Totemo osokatta node, aite iru mise ga hitotsumo arimasen deshita.
Como era muy tarde, no había ninguna tienda abierta.

Al ser más suave y educado, **NODE** se utiliza a menudo para pedir, ordenar o prohibir algo en un tono más cortés, lo que contraviene las reglas que aconsejan el uso de **KARA** con expresiones de orden, ruego, invitación, etc. En este punto se observa un cierto desacuerdo entre el uso social del **NODE** y las reglas de gramática.

{こちらは禁煙ですので、ご遠慮ください。
Kochira wa kin'en desu node, go-enryo kudasai.
Estamos en zona de no fumadores. Absténgase de fumar, por favor.

{鉛筆を忘れたので、貸してください。
Enpitsu o wasureta node, kashite kudasai.
He olvidado el lápiz. Déjeme uno.

| 30.4 | Las oraciones causales | *TAME NI* |

FORMACIÓN
VERBO
Informal *(iku / ikanai / itta / ikanakatta)*
ADJETIVO -I
Informal *(ii / yokunai / yokatta / yokunakatta)*
ADJETIVO -NA
Informal *(kirei + na /dewa nai o ja nai / datta / dewa nakatta o ja nakatta)*
NOMBRE
Informal *(sensei + no / dewa nai o ja nai / datta / dewa nakatta o ja nakatta)*

+ TAME NI

{
今年は雨があまり降らないために、給水制限をすることに決定されました。
Kotoshi wa ame ga amari furanai tame ni, kyuusui-seigen o suru koto ni kettei saremashita.
Como este año casi no llueve, se ha decidido que haya restricciones en el suministro del agua.

{
停電のために、授業が中止になりました。
Teiden no tame ni, jugyoo ga chuushi ni narimashita.
A causa de un apagón, se interrumpieron las clases.

La conjunción causal **TAME NI** pertenece al ámbito de la lengua escrita.

TAME NI es objetivo y descriptivo, y en la oración principal (consecuencia) no aparecerán expresiones de voluntad.

En la oración subordinada (causa) se recogen las causas objetivas que ocasionan un determinado hecho expresado en la oración principal (consecuencia).

El hecho que aparece en la oración principal como consecuencia suele ser algo negativo, no deseado.

KARA y **NODE** pueden reemplazar a **TAME NI**. Sin embargo, este último es mucho más formal y, como se ha dicho, más propio de la lengua escrita que los dos anteriores.

| 30.5 | Las oraciones causales | *La forma –TE* |

FORMACIÓN

VERBOS

Grupo I: *ku: -ite; gu: -ide; su: -shite; mu/nu/bu: -nde; u/tsu/ru: -tte*
Grupo II: *ru: -te*
Grupo III: *suru: shite; kuru: kite*

ADJETIVO -I

(i) + kute   (*isogashii: isogashikute, ii: yokute...*)

ADJETIVO -NA

(na) + de   (*shizuka: shizuka de; kirei: kirei de...*)

NOMBRE

Nombre + *de*   (*sensei: sensei de; natsu: natsu de...*)

La función de la forma –**TE** va más allá de unir frases. En realidad, puede establecer relaciones de causa-consecuencia de forma parecida a la conjunción y en lengua española.

> 滑って膝を打ったんです。
> Subette, hiza o utta n desu.
> *Resbalé y me golpeé la rodilla.*

No se debe olvidar que el adjetivo –**I** también tiene forma –**TE** (–**KUTE**) y que los adjetivos –**NA** y los nombres van seguidos de –**DE**.

> 暗くて何も見えません。
> Kurakute nanimo miemasen.
> *Está oscuro y no se ve nada.*

El uso causal de –**TE** se extiende a la forma –**TE** del presente negativo informal de verbos y adjetivos: –**NAI**.

FORMACIÓN DE LA FORMA –*TE* DE –*NAI*

VERBOS

Verbo presente negativo informal (*i*) + **kute**
(*iku: ikanai: ikanakute; taberu: tabenai: tabenakute...*)

ADJETIVO -*I*

Adjetivo –**I** presente negativo informal + **kute**
(*isogashii: isogashikunai: isogashikunakute...*)

ADJETIVO -*NA*

Adjetivo –**NA** + *dewa nakute / ja nakute*
(*shizuka: shizuka dewa nai: dewa nakute / ja nakute...*)

NOMBRE

Nombre + *dewa nakute / ja nakute*
(*sensei: sensei dewa nai: dewa nakute / ja nakute...*)

> テストは難しくなくて、よかった。
> Tesuto wa muzukashikunakute yokatta.
> *¡Qué bien que el examen no haya sido difícil!*

> ベルリンへ行った時、ドイツ語ができなくて困った。
> Berurin e itta toki, doitsugo ga dekinakute komatta.
> *Cuando fui a Berlín pasé apuros por no hablar alemán.*

En la forma *–TE*, la acción o estado de la primera frase deben ser anteriores o simultáneos a los de la segunda. Si no es así (como en el segundo ejemplo de abajo), debe optarse por *KARA*, *NODE* o *TAME NI*.

> 今朝7時に起きられなくて／起きられなかったので／起きられなかったから、学校に遅れた。
> Kesa shichi-ni ni okirarenakute,/okirarenakatta node,/ okirarenakatta kara, gakkoo ni okureta.
> *Esta mañana no he podido levantarme a las siete y/y por lo tanto he llegado a la escuela con retraso.*

> 明日試験を受けるので／から、今晩遅くまで勉強する。
> Ashita shiken o ukeru node/kara, konban osoku made benkyoo suru.
> *Como mañana me examino, esta noche estudiaré hasta tarde.*

En la segunda cláusula suelen aparecer estados o hechos incontrolables, no voluntarios. Encontraremos también muchos verbos en potencial.

> お酒を飲みすぎて頭が痛くなった。
> O-sake o nomisugite, atama ga itakunatta.
> *He bebido demasiado y me ha dado dolor de cabeza.*

> お茶がこすぎて、飲めません。
> O-cha ga kosugite, nomemasen.
> *El té es demasiado fuerte (amargo) y no me lo puedo beber.*

Especialmente en el caso de *–NAKUTE*, con la forma *–TE* en la primera cláusula, en la segunda aparecen a menudo adjetivos o verbos que expresan sentimientos o estados anímicos: *ii* (qué bien/ qué suerte), **hazukashii** (qué vergüenza)/ **komaru** (sentirse apurado), **zannen** (qué lástima), etc.

来てよかったわ。

Kite yokatta wa.

¡Qué bien que hayamos venido!

バルセロナに来られなくて残念ですね。

Baruserona ni korarenakute zannen desu ne.

¡Qué lástima que no puedas venir a Barcelona!

30.6 | Las oraciones causales | *TO*

La conjunción-partícula ***TO*** expresa una relación causa-efecto directa, natural y espontánea que indica que ante una determinada causa, siempre se produce como consecuencia, de manera inevitable y automática, un determinado fenómeno.

お金を入れると、切符が出ます。

O-kane o ireru to, kippu ga demasu.

Al introducir el dinero, sale el billete.

ストーブを入れると、部屋が暖かくなります。

Sutoobu o ireru to, heya ga atatakaku narimasu.

Al encender la estufa, la habitación se caldea.

La conjunción-partícula ***TO*** se refiere a casos generales (véase 34.1. LA CONJUNCIÓN-PARTÍCULA TO), mientras que la forma –***TE*** se utiliza para hablar de una situación concreta.

お茶が濃いと飲めません。

O-cha ga koi to nomemasen.

Si/cuando el té es amargo, no me lo puedo beber.

このお茶は濃くて飲めません。

Kono o-cha wa kokute, nomemasen.

Este té es amargo y no me lo puedo beber.

お酒を飲みすぎると頭が痛くなります。

O-sake o nomisugiru to, atama ga itakunarimasu.

Si/cuando bebo demasiado alcohol, me da dolor de cabeza.

お酒を飲みすぎて頭が痛くなりました。
O-sake o nomisugite, atama ga itaku narimashita.
He bebido demasiado alcohol y me ha dado dolor de cabeza.

LAS ORACIONES FINALES (*MOKUTEKI-SETSU*)

| 31.1 | Las oraciones finales | **Características generales** |

Las oraciones subordinadas finales expresan el objetivo o finalidad con que se ha llevado a cabo la acción de la principal. También pueden indicar la persona que se beneficia de ella. En japonés, denotan finalidad el nombre formal (***keishiki-meishi***) *TAME NI* (*para*), las conjunciones *YOO NI* y *NONI* (*para*), la doble partícula *NI WA* (*para*) y la expresión verbo (***masu***), o forma **ren´yoo-kei** + *NI* + *IKU/KURU* (*ir a* + *verbo infinitivo*).

| 31.2 | Las oraciones finales | *TAME NI* |

En la oración subordinada, delante de *TAME NI/NO*, encontraremos un nombre o bien, un verbo que expresa una acción controlable por el sujeto. El sujeto de las dos oraciones debe ser el mismo. La estructura subordinada + *TAME NI/NO* + principal equivale en español a *PARA* + *verbo infinitivo/nombre* + *oración principal*; *oración principal* + *PARA* + *verbo infinitivo/nombre*.

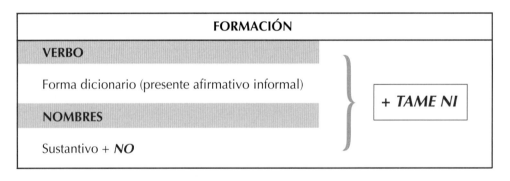

FORMACIÓN
VERBO
Forma dicionario (presente afirmativo informal)
NOMBRES
Sustantivo + *NO*

+ TAME NI

| 31.2.1 | Las oraciones finales | *TAME NI* | **Nombre + *NO* + *TAME*** |

El nombre indica el objetivo de la acción o la persona que se beneficia de ella, para qué o para quién se hace algo.

学生は試験のために勉強します。
Gakusei wa shiken no tame ni benkyoo shimasu.
Los estudiantes estudian para los exámenes.

友達のマリアさんのために和西辞典を買いました。
Tomodachi no Maria-san no tame ni wasei-jiten o kaimashita.
Compré/he comprado un diccionario japonés-español para mi amiga María.

| 31.2.2 | Las oraciones finales | *TAME NI* | **Verbo forma dicionario + *TAME*** |

Expresa el objetivo de la acción. Para qué se hace algo.

> 車を買うためにアルバイトをしています。
> Kuruma o kau tame ni arubaito o shite imasu.
> *Estoy haciendo un trabajo a tiempo parcial para comprarme un coche.*

> 日本へ行くためにお金をためています。
> Nihon e iku tame ni okane o tamete imasu.
> *Estoy ahorrando para ir a Japón.*

| 31.2.3 | Las oraciones finales | *TAME NI* | **Partículas que se posponen a TAME** |

TAME es un nombre y, como tal, puede ir acompañado de una partícula: **NI** (como en los ejemplos anteriores) o **NO**.

> **NOMBRE + *TAME* + *NO* + NOMBRE**

> これは外国人のための文法書です。
> Kore wa gaikokujin no tame no bunpoosho desu.
> *Este es un texto de gramática para extranjeros.*

> 子供のための本を買いました。
> Kodomo mo tame no hon o kaimashita.
> *He comprado/compré un libro para niños.*

TAME (**NI**) puede significar también razón o causa. (Véase 30. LAS ORACIONES CAUSALES.)

> 日本へ仕事をしに行くために日本語を勉強しています。
> Nihon e shigoto o shi-ni iku tame ni nihongo o benkyoo shite imasu.
> *Estoy estudiando japonés porque me voy a trabajar a Japón (causal).*
> *Estoy estudiando japonés para irme a trabajar a Japón (final).*

Cuando delante de **TAME NI** hay un verbo en forma-diccionario como en el ejemplo anterior, el sentido puede ser ambiguo. Sin embargo, si el verbo va en pasado o si hay un adjetivo, sólo puede establecerse una relación causal.

> 日本へ仕事をしに来たために日本語を勉強しています。
> Nihon e shigoto o shi-ni kita tame ni nihongo o benkyoo shite imasu.
> *Como he venido a trabajar a Japón, estoy estudiando japonés.*

> 分かりにくいためにゆっくり読んでいます。
> Wakarinikui tame ni, yukkuri yonde imasu.
> *Estoy leyendo despacio porque es difícil de entender.*

Como nombre que es, **TAME NI** puede ir precedido de **KONO**, **SONO**, **ANO**:

> マリアさんは来月ピアノのコンサートをします。そのために毎日八時間ピアノの練習をします。
> Maria-san wa raigetsu piano no konsaato o shimasu. Sono tame ni mainichi hachi-jikan piano no renshuu o shimasu.
> *María-san da un concierto de piano el mes que viene. Por eso/con esta finalidad ensaya ocho horas diarias.*

31.3	Las oraciones finales	*YOO NI*

Así como delante de **TAME NI** se encuentran verbos de voluntad, acciones o hechos controlables por el sujeto, con **YOO NI** sucede todo lo contrario. Anteceden a **YOO NI** verbos de estado, verbos intransitivos y verbos en modo potencial. En definitiva, delante de **YOO NI** aparecen acciones y estados que están fuera del control del sujeto de la oración principal, más parecidos a deseos o esperanzas que a objetivos. También se usa **YOO NI** cuando los sujetos de la principal y de la subordinada son distintos.

FORMACIÓN	
VERBO	
Presente informal afirmativo / negativo Modo potencial presente informal	**+ YOO NI**

| 31.3.1 | Las oraciones finales | YOO NI | **Verbo potencial** |

Con su acción, el sujeto de la oración principal intenta hacer posible o realizable algo que en el presente no lo es.

試験に合格できるように一生懸命勉強しています。
Shiken ni gookaku dekiru yoo ni isshookenmei benkyoo shite imasu.
Estoy estudiando muchísimo para poder aprobar el examen.

ショパンの曲が上手にひけるように毎日練習をしています。
Shopan no kyoku ga joozu ni hikeru yoo ni mainichi renshuu o shite imasu.
Practico cada día para poder tocar bien una pieza de Chopin.

| 31.3.2 | Las oraciones finales | YOO NI | **Sujeto distinto** |

Con su acción, el sujeto de la principal desea hacer posible que el sujeto de la subordinada haga o pueda hacer algo que en el presente no hace o no puede hacer.

君たちが分かるように詳しく説明しようと思います。
Kimitachi ga wakaru yoo ni kuwashiku setsumei shiyoo to omoimasu.
Voy a explicarlo detalladamente para que me entendáis.

先生は学生が楽しく勉強するように面白いクラスをします。
Sensei wa gakusei ga tanoshiku benkyoo suru yoo ni omoshiroi kurasu o shimasu.
El profesor hace una clase amena para que los alumnos disfruten estudiando.

| 31.3.3 | Las oraciones finales | YOO NI | **Verbos intransitivos** |

Con su acción, el sujeto de la principal desea que ocurra un determinado fenómeno.

風が入らないように窓を閉めてください。
Kaze ga hairanai yoo ni mado o shimete kudasai.
Cierre la ventana para que no entre el viento.

色が落ちないように手で洗ってください。
Iro ga ochinai yoo ni te de aratte kudasai.
Lávelo a mano para que no se destiña.

YOO NI se suele posponer a los verbos en presente informal negativo:

遅れないように急ぎましょう。
Okurenai yoo ni isogimashoo.
Démonos prisa para no llegar tarde.

滑らないように注意して歩いてください。
Suberanai yoo ni chuui shite aruite kudasai.
Camine con cuidado para no resbalar.

31.4	Las oraciones finales	*NONI*

Con **NONI**, la oración subordinada expresa, como con **TAME NI** y **YOO NI**, finalidad, objetivo. Sin embargo, en las oraciones enlazadas con **NONI**, la oración principal expresa el medio, modo, instrumento, tiempo o dinero empleados para realizar el objetivo que aparece en la subordinada. O sea, se centra en el *¿cómo?*, *¿por cuánto?*, *¿en qué?*, *¿con qué?* Las acciones representadas en la principal y en la subordinada suelen ser simultáneas.

FORMACIÓN

VERBO FORMA-DICCIONARIO + *NONI* + ORACIÓN PRINCIPAL

このレポートを書くのに一ヵ月かかりました。
Kono repooto o kaku noni ik-ka-getsu kakarimashita.
He tardado un mes en/para escribir este trabajo.

マドリードへ行くのに電車に乗ります。
Madoriido e iku noni densha ni norimasu.
Cojo el tren para ir a Madrid.

日本人はご飯を食べるのにお箸を使います。
Nihonjin wa gohan o taberu noni o-hashi o tsukaimasu.
Para comer, los japoneses utilizan palillos.

La conjunción **NI WA** indica propósito. Al igual que **NONI**, aparece en frases donde se trata del medio, el modo o el instrumento para conseguir el objetivo que se persigue, pero en **NI WA**, en la segunda cláusula, suelen emitirse juicios sobre la bondad, maldad, oportunidad, necesidad o importancia de utilizar un determinado medio, modo o instrumento. En consecuencia, en la segunda cláusula aparecerán adjetivos o verbos que expresan opinión personal, valoración y juicio.

FORMACIÓN
VERBO **Verbo forma-diccionario** **Nombre (+ *suru*)** } **+ NI WA**

> このかばんは旅行（する）には重すぎます。
> Kono kaban wa ryokoo (suru) ni wa omosugimasu.
> *Esta maleta es demasiado pesada para viajar.*

> 日本語を覚えるには勉強するしかありません。
> Nihongo o oboeru ni wa benkyoo suru shika arimasen.
> *La única manera que existe de/para aprender japonés es estudiar.*

> 合格するには、もっと勉強しなければなりません。
> Gookaku suru ni wa motto benkyoo shinakereba narimasen.
> *Para aprobar, se tiene que estudiar más.*

> 学校へ行くにはこのバスが便利です。
> Gakkoo e iku ni wa kono basu ga benri desu.
> *Este autobús va bien/es práctico para ir a la escuela.*

Detrás de un nombre y con el verbo auxiliar –**sugiru** pospuesto a un adjetivo, **NI WA** indica desproporción entre una cosa y la persona, el lugar, etc., a los que está destinada.

> この問題は子供には難しすぎます。
> Kono mondai wa kodomo ni wa muzukashisugimasu.
> *Este problema es demasiado difícil para un niño.*

> あの机はこの部屋には大きすぎます。
> Ano tsukue wa kono heya ni wa ookisugimasu.
> *Aquella mesa es demasiado grande para esta habitación.*

31.6 | Las oraciones finales | *NI IKU/KURU/KAERU*

La expresión verbo (***masu***), o forma **ren´yoo-kei**, + **NI** + **IKU/ KURU/ KAERU** indica propósito. Se traduce por *ir/ venir/ regresar a + verbo infinitivo.*

FORMACIÓN	
VERBO **Verbo (*masu*)** **Nombre (+ *suru*)**	**NI + IKU/KURU/KAERU**

Verbo (***masu***) + **NI IKU** indica propósito, NO FUTURO. En el caso, por ejemplo: *ir a beber* o *a comprar,* significa que el sujeto realmente se desplaza para realizar la acción.

> コーラを飲みに行きます。
> Koora o nomi-ni ikimasu.
> *Voy a beber un refresco de cola (a alguna parte).*

> 辞書を買いに行きます。
> Jisho o kai-ni ikimasu.
> *Voy a comprar un diccionario (a alguna parte).*

Se puede especificar el lugar adonde se va, a donde se viene o a donde se regresa a hacer una determinada actividad. El lugar irá señalado con **E**, una partícula que expresa desplazamiento.

> 私はデパートへネクタイを買いに行きました。
> Watashi wa depaato e nekutai o kai-ni ikimashita.
> *He ido/fui a unos grandes almacenes a comprar una corbata.*

> 新宿へ映画を見に行きました。
> Shinjuku e eiga o mi-ni ikimashita.
> *He ido/fui a Shinjuku a ver una película.*

FRENTE A:

> 私はデパートでネクタイを買いました。
> Watashi wa depaato de nekutai o kaimashita.
> *He comprado/compré una corbata en unos grandes almacenes.*

> 新宿で映画を見ました。
> Shinjuku de eiga o mimashita.
> *He visto/vi una película en Shinjuku.*

Con la expresión verbo (*masu*) + **NI IKU**, se puede invertir el orden de los complementos:

> パリへ何をしに行きましたか。
> Pari e nani o shi-ni ikimashita ka.
> 何をしにパリへ行きましたか。
> Nani o shi-ni Pari e ikimashita ka.
> *¿Qué has ido/fuiste a hacer a París?*

Con verbos del tercer grupo (NOMBRE + **SURU**) se puede omitir el verbo **SURU**.

> 私は日本へ建築学の勉強をしに行きました。
> Watashi wa Nihon e kenchikugaku no benkyoo o shi-ni ikimashita.
> 私は日本へ建築学の勉強に行きました。
> Watashi wa Nihon e kenchikugaku no benkyoo ni ikimashita.
> *He ido/fui a estudiar arquitectura a Japón.*

> ベルリンへドイツ文学を研究しに行くつもりです。
> Berurin e Doitsu-bungaku o kenkyuu shi-ni iku tsumori desu.
> ベルリンへドイツ文学の研究に行くつもりです。
> Berurin e Doitsu-bungaku no kenkyuu ni iku tsumori desu.
> *Tengo la intención de ir a Berlín a estudiar literatura alemana.*

TAME NI también expresa propósito. La diferencia con **SHI-NI IKU** es que el primero insiste más en el objetivo, en el para qué se ha realizado una determinada acción.

> 先生に相談するために学校へ来ました。
> Sensei ni soodan suru tame ni gakkoo e kimashita.
> *He venido a la escuela para hablar con el profesor.*

> 先生に相談しに学校へ来ました。
> Sensei ni soodan shi-ni gakkoo e kimashita.
> *He venido a la escuela a hablar con el profesor.*

LAS ORACIONES TEMPORALES (*TOKI-SETSU*)

La función de las oraciones subordinadas de tiempo es relacionar temporalmente la acción o el estado que se expresan en éstas respecto a las que aparecen en la oración principal. Entre la oración subordinada (en japonés, la primera cláusula) y la principal puede establecerse una relación de simultaneidad, anterioridad o posterioridad.

32.1	Las oraciones temporales	*TOKI*

TOKI es un nombre formal (**keishiki-meishi**) que suele traducirse por *tiempo* u *hora*, pero que en el caso de las subordinadas temporales, se traduce por *cuando*. El tiempo del verbo de la subordinada determina si la acción que expresa es simultánea, anterior o posterior a la de la principal.

ORACIÓN SUBORDINADA + *TOKI* + ORACIÓN PRINCIPAL

A : いつ尾崎さんに会いましたか。
Itsu Ozaki-san ni aimashita ka.
¿Cuándo viste a Ozaki-san?

B : 昨日、家へ帰る時に、会いました。
Kinoo, uchi e kaeru toki ni, aimashita.
Lo vi ayer, cuando volvía a casa.

Delante de *TOKI* puede ir un verbo, un adjetivo –*I*, un adjetivo –*NA* o un nombre.

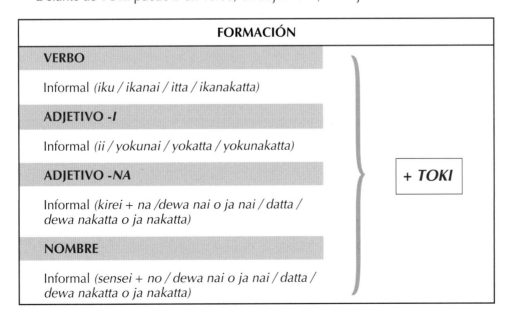

FORMACIÓN	
VERBO	
Informal *(iku / ikanai / itta / ikanakatta)*	
ADJETIVO -*I*	
Informal *(ii / yokunai / yokatta / yokunakatta)*	**+ TOKI**
ADJETIVO -*NA*	
Informal *(kirei + na /dewa nai o ja nai / datta / dewa nakatta o ja nakatta)*	
NOMBRE	
Informal *(sensei + no / dewa nai o ja nai / datta / dewa nakatta o ja nakatta)*	

El tiempo real lo indica el tiempo del verbo o adjetivo de la oración principal. El tiempo del verbo o adjetivo de la primera cláusula (la subordinada) dependerá de la relación temporal que tenga con la acción o el estado expresados en la oración principal: de que éstos sean anteriores, posteriores o simultáneos a la principal. También depende de que en la subordinada aparezca un estado o una acción.

32.1.1	Las oraciones temporales	*TOKI*	**Cuando en la subordinada aparece un estado**
32.1.1.1	Las oraciones temporales	*TOKI*	Cuando en la subordinada aparece un estado
ESTADO + *TOKI* + Oración principal en tiempo presente (tiempo real)			

Si el verbo de la oración principal va en presente, la acción o realmente tiene lugar en el presente u ocurrirá en el futuro. También puede tratarse de una costumbre. (Véase 13. EL VERBO. TIEMPO Y ASPECTO.) En la oración subordinada aparece un estado, expresado en los ejemplos por dos adjetivos y por un verbo de estado: ***IRU*** (*estar*), presente contínuo (*estar + -ando / -iendo*).

SUBORDINADA PRESENTE + *TOKI* + PRINCIPAL PRESENTE

> トムは両親がいない時、家でパーティをします。
> Tomu wa ryooshin ga inai toki, uchi de paati o shimasu.
> *Tom da fiestas en su casa cuando sus padres no están.*
> *Tom dará una fiesta en su casa cuando sus padres no estén.*

Si el sujeto de la subordinada (la primera cláusula) es diferente de la principal éste va marcado con ***GA*** (Véase 1.2. LA PARTÍCULA ***GA***.)

> 私は静かな時しか、勉強できません。
> Watashi wa shizuka-na toki shika, benkyoo dekimasen.
> *Yo sólo puedo estudiar cuando hay silencio.*

> 私は魚が安い時、たくさん買って、冷凍しておきます。
> Watashi wa sakana ga yasui toki, takusan katte, reitoo shite okimasu.
> *Cuando el pescado es barato, compro mucho y lo congelo.*

32.1.1.2	Las oraciones temporales	*TOKI*	Cuando en la subordinada aparece un estado
ESTADO + *TOKI* + Oración principal en tiempo pasado (tiempo real)			

La acción ha tenido lugar realmente en el pasado. Los adjetivos y el verbo ***IRU*** (*estar*) que aparecen en la oración subordinada pueden ir indistintamente en presente o pasado. En español irían en pretérito imperfecto de indicativo.

[S] PRESENTE / PASADO + *TOKI* + [P] PRESENTE

トムは両親が（いない／いなかった）時、家でパーティをしました
Tomu wa ryooshin ga (inai/inakatta) toki, uchi de paati o shimashita.
Tom ha dado/dio una fiesta en su casa cuando sus padres no estaban.

私は静か（な／だった）時しか、勉強できませんでした。
Watashi wa shizuka (na/datta) toki shika, benkyoo dekimasen deshita.
Yo sólo podía estudiar cuando había silencio.

私は魚が（安い／安かった）時、たくさん買って、冷凍しておきました。
Watashi wa sakana ga (yasui/yasukatta) toki, takusan katte reitoo shite okimashita.
Cuando el pescado era barato, compraba mucho y lo congelaba.

32.1.2	Las oraciones temporales	*TOKI*	**Cuando en la subordinada aparece una acción**

32.1.2.1	Las oraciones temporales	*TOKI*	Cuando en la subordinada aparece una acción
ACCIÓN + *TOKI* + Oración principal en tiempo presente (tiempo real)			

El tiempo real lo indica el verbo de la oración principal: el presente. Así pues, la acción realmente tiene lugar en el presente, ocurrirá en el futuro o bien se trata de una acción acostumbrada. El verbo de la subordinada marca la relación temporal de la acción de la subordinada con la de la principal (si es anterior, posterior o simultánea).

Cuando la acción de la oración subordinada va en presente indica que ésta tiene lugar después de la acción de la oración principal o de forma simultánea a aquélla.

S PRESENTE + *TOKI* + P PRESENTE

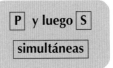

> ご飯を食べる時、手を洗います。
> Gohan o taberu toki, te o araimasu.
> *Me lavo las manos antes de comer. (Primero tiene lugar la principal, P, y después la subordinada, S. En este caso, no pueden ser simultáneas.)*

El significado del verbo determinará si pueden ser acciones simultáneas o no.

> 日本人はご飯を食べる時、「いただきます」と言います。
> Nihonjin wa gohan o taberu toki "itadakimasu" to iimasu.
> *Los japoneses cuando comen dicen: "itadakimasu". (Los japoneses dicen: "itadakimasu" antes de comer.*

> 家へ帰る時、ビールを飲みます。
> Ie e kaeru toki, biiru o nomimasu.
> *Cuando vuelvo a casa, bebo una cerveza. (Bebo una cerveza antes de volver a casa/ Bebo una cerveza por el camino.)*

Cuando la acción de la oración subordinada va en pasado indica que ésta tiene lugar antes que la acción de la oración principal.

S PASADO + *TOKI* + P PRESENTE　　　**S y luego P**

> 日本人はご飯を食べた時、「ごちそうさまでした」と言います。
> Nihonjin wa gohan o tabeta toki, "gochisoo-sama deshita" to iimasu.
> *Los japoneses, cuando acaban de comer, dicen: "gochisoo-sama deshita".*

> 日本人は家へ帰った時、「ただいま」と言います。
> Nihonjin wa uchi e kaetta toki, "tadaima" to iimasu.
> *Los japoneses cuando vuelven (llegan) a casa dicen: "tadaima".*

32.1.2.2	Las oraciones temporales	*TOKI*	Cuando en la subordinada aparece una acción
ACCIÓN + *TOKI* + Oración principal en tiempo pasado (tiempo real)			

El tiempo real lo da el verbo de la oración principal y la acción ha tenido lugar en el pasado. El verbo de la oración subordinada marca la relación temporal de la acción de la subordinada con la de la principal (si es anterior, posterior o simultánea).

Cuando la acción de la oración subordinada va en presente indica que ésta tiene lugar después de la acción de la oración principal, o de forma simultánea a aquélla.

S PRESENTE + *TOKI* + P PASADO   **P y luego S / simultáneas**

{
私は去年京都へ行く時、富士山を見ました。
Watashi wa kyonen Kyooto e iku toki, Fuji-san o mimashita.
El año pasado, cuando iba a Kioto, vi el monte Fuji (por el camino).
}

{
私は３年前に日本へ行く時、新しいかばんを買いました。
Watashi wa san-nen mae ni Nihon e iku toki, atarashii kaban o kaimashita.
Hace tres años me compré una maleta nueva antes de ir a Japón./ Hace tres años me compré una maleta nueva cuando iba a Japón (por el camino).
}

Cuando la acción de la oración subordinada va en pasado indica que ésta tiene lugar antes de la acción de la oración principal.

S PASADO + *TOKI* + P PASADO   **S y luego P**

{
二年前に日本へ行った時に、能を見に行きました。
Ni-nen mae ni Nihon e itta toki ni, Noo o mi-ni ikimashita.
Hace dos años, cuando fui a Japón, fui a ver teatro Noo.
}

> ***TOKI*** es un nombre y, como tal, puede ir seguido de una partícula:
> ***NI*** (marca el momento justo, preciso, en que se produce la acción),
> ***WA*** (indica énfasis o contraste), ***KARA***, etc. (Véase 4. LAS PARTÍCULAS.)

> 昨日家へ帰った時、ビールを飲んでお風呂に入りました。
> Kinoo, uchi e kaetta toki, biiru o nonde o-furo ni hairimashita.
> *Ayer cuando volví (llegué) a casa, me tomé una cerveza y tomé un baño.*

La oración principal no siempre es enunciativa. Podemos encontrar en ella expresiones de deseo, ruego, orden, permiso, prohibición, consejo, etc.

> 日本へ行った時、日本語で話したいです。
> Nihon e itta toki, nihongo de hanashitai desu.
> *Cuando vaya a Japón, quiero hablar en japonés.*

Podemos observar tanto en el ejemplo anterior como en el posterior que, pese a ser acciones que se sitúan en el futuro, el verbo de la subordinada está en tiempo pasado. La razón es que, para llevar a cabo las acciones que expresa la principal, primero hay que realizar la acción que indica la subordinada: ir a Japón

> 日本へ行った時（に）、歌舞伎を見に行ってください。
> Nihon e itta toki (ni), kabuki o mi-ni itte kudasai.
> *Cuando vaya a Japón, vaya a ver teatro kabuki.*

Cuando nos referimos a hechos que ocurrirán, a consejos, ruegos, deseos u ordenes que se pondrán en práctica una vez haya tenido lugar la oración subordinada (*la primera*), –**TARA** puede sustituir a **TOKI**. De hecho, en este tipo de frases (PASADO + **TOKI** + principal), el uso de –**TARA** es más común que el de **TOKI**.

> 日本へ行ったら／行った時、日本語で話したいです。
> Nihon e ittara/itta toki, nihongo de hanashitai desu.
> *Cuando vaya a Japón, quiero hablar en japonés.*

> 日本へ行ったら／行った時、歌舞伎を見に行ってください。
> Nihon e ittara/itta toki, kabuki o mi-ni itte kudasai.
> *Cuando vaya a Japón, vaya a ver teatro kabuki.*

En oraciones (PRESENTE + **TOKI** + principal) –**TARA** no podrá sustituir a **TOKI**, ya que en –**TARA** la oración principal tiene lugar siempre después de la subordinada.

> 日本へ行く時、たくさんおみやげを買って行くつもりです。
> Nihon e iku toki, takusan omiyage o katte iku tsumori desu.
> *Cuando vaya a Japón pienso (comprar y) llevar muchos regalos.*

Otra diferencia entre **TOKI** y –**TARA** es que **TOKI** tiene un sentido estrictamente temporal. Por lo tanto, en oraciones donde aparezcan relaciones condicionales o causales, no se podrá utilizar **TOKI**, sino –**TARA** o, siempre que en la segunda cláusula no aparezcan expresiones de deseo, orden, ruego, invitación, **TO**. (Véase 34. ORACIONES CONDICIONALES.)

> 天気がいいと、散歩をしたくなります。
> Tenki ga ii to sanpo o shitaku narimasu.
> *Si/cuando hace buen tiempo, me entran ganas de pasear.*

> 天気がよかったら、散歩をしたくなります。
> Tenki ga yokattara, sanpo o shitaku narimasu.
> *Si/cuando hace buen tiempo, me entran ganas de pasear.*

Para indicar simultaneidad entre las acciones expresadas por los dos verbos tenemos también **AIDA** y –**NAGARA** (*mientras*).

> 田中さんが新聞を読んでいる間、高橋さんは洗濯をしていました。
> Tanaka-san ga shinbun o yonde iru aida, Takahashi-san wa sentaku o shite imashita.
> *Mientras Tanaka-san leía el periódico, Takahashi-san hacía la colada.*

> 原さんは音楽を聞きながら、宿題をしています。
> Hara-san wa ongaku o kikinagara, shukudai o shite imasu.
> *Hara-san hace los deberes escuchando música.*

| 32.2 | Las oraciones temporales | *MAE (NI)* |

En japonés, **MAE** es un nombre que significa *delante* (espacio) o *antes/hace + tiempo que…* (tiempo). Al ser un nombre, puede ir seguido de una partícula: **NI**, **WA**, etc. Seguido por **NI**, como conjunción, enlaza oraciones subordinadas temporales que expresan posterioridad respecto a la acción de la principal con la misma. La acción o actividad descritas en la oración subordinada tendrán lugar una vez haya terminado la acción que aparece en la principal.

LUGAR + *NO* + *MAE* + PARTÍCULA

あのバスは学校の前を通ります。
Ano basu wa gakkoo no mae o toorimasu.
Aquel autobús pasa por delante de la escuela.

上田さんは映画館の前で友達を待っています。
Ueda-san wa eigakan no mae de tomodachi o matte imasu.
Ueda-san está esperando a sus amigos delante del cine.

HORA + MINUTOS + *MAE NI*

安部さんは七時十分前に起きました。
Abe-san wa shichi-ji jip-pun mae ni okimashita.
Abe-san se ha levantado a las siete menos diez (minutos).

今六時五分前です。
Ima roku-ji go-fun mae desu.
Ahora son las seis menos cinco (minutos).

CANTIDAD DE TIEMPO + *MAE NI*

ポールさんは三年前に日本へ行きました。
Pooru-san wa san-nen mae ni Nihon e ikimashita.
Paul-san fue a Japón hace tres años.

白石さんは一時間前に家へ帰りました。
Shiraishi-san wa ichi-ji-kan mae ni uchi e kaerimashita.
Shiraishi-san ha regresado a casa hace una hora.

MAE NI + FRASE

前にどこに住んでいましたか。
Mae ni doko ni sunde imashita ka.
¿Dónde vivía antes?

Cuando nos referimos a una determinada actividad o acción, *MAE NI* equivale a la locución prepositiva *antes de*, y a la conjuntiva *antes (de) que*.

ANTES DE + NOMBRE

NOMBRE + *NO* + *MAE NI* + ORACIÓN PRINCIPAL

小林さんは試験の前に一生懸命勉強します。
Kobayashi-san wa shiken no mae ni isshookenmei benkyoo shimasu.
Kobayashi-san estudia muchísimo antes de los exámenes.

映画の前にポップコーンを買いました。
Eiga no mae ni poppukoon o kaimashita.
Antes de la película he comprado/compré palomitas.

ANTES DE + VERBO INFINITIVO/ ANTES (DE) QUE + VERBO

VERBO FORMA-DICCIONARIO + *MAE NI* + PRINCIPAL

私は朝ご飯を食べる前に、部屋を片付けます。
Watashi wa asagohan o taberu mae ni, heya o katazukemasu.
Antes de desayunar, ordeno mi habitación.

鈴木さんは家へ帰る前に、仕事の仲間と一緒にビールを飲みます。
Suzuki-san wa uchi e kaeru mae ni, shigoto no nakama to isshoni biiru o nomimasu.
Suzuki-san toma una cerveza con sus compañeros de trabajo antes de volver a casa.

Si el sujeto de la subordinada (la primera cláusula) es diferente de la principal, éste va marcado con *GA*. (Véase 1.2. LA PARTÍCULA *GA*.)

> 私は母が来る前に、きれいに部屋の掃除をします。
>
> Watashi wa haha ga kuru mae ni, kirei-ni heya no sooji o shimasu.
>
> *Yo limpio bien mi habitación antes de que venga mi madre.*

La oración principal no siempre es enunciativa. Podemos encontrar en ella expresiones de deseo, ruego, orden, permiso, prohibición, consejo, etc.

> テレビを見る前に、勉強しなさい。
>
> Terebi o miru mae ni, benkyoo shinasai.
>
> *Estudia antes de ver la tele.*

Para indicar el límite o plazo que tiene el sujeto para realizar una acción (para/antes de + plazo), en japonés se utilizará la partícula compuesta **MADE NI**.

> 金曜日までに、作文を書きなさい。
>
> Kin´yoo-bi made ni, sakubun o kakinasai.
>
> *Escribe la redacción para el viernes.*

> 十時までに帰ってきてください。
>
> Juu-ji made ni kaette kite kudasai.
>
> *Esté de vuelta a casa antes de las diez.*

Cuando en la primera cláusula hay una acción que no controlamos o no sabemos cuándo va a ocurrir, debe sustituirse **MAE NI** por *verbo presente negativo informal* + **UCHI NI** que se traduce por *mientras + verbo subjuntivo negativo/ antes de que + subjuntivo*.

> ぬるくならないうちに、お風呂に入ってください。
>
> Nurukunaranai uchi ni o-furo ni haitte kudasai.
>
> *Báñese antes de que se enfríe el agua.*

> 忘れないうちに、メモをとっておこう。
>
> Wasurenai uchi ni memo o totte okoo.
>
> *Voy a apuntarlo antes de que se me olvide.*

–**KARA** es una conjunción-partícula (***setsuzoku-joshi***) que, pospuesta a la forma *–TE* del verbo, equivale a la locución prepositiva *después de*, y a la conjuntiva *después (de) que*. También puede traducirse por *desde que*.

> **Verbo en forma *–TE* + *KARA* + ORACIÓN PRINCIPAL**

私は起きてから、シャワーを浴びます。
Watashi wa okite kara, shawaa o abimasu.
Me ducho después de levantarme.

La conjunción **TO**, en su uso temporal, también indica que la acción de la oración principal sigue inmediatamente a la acción de la oración subordinada. Sin embargo, **TO** tiene un sentido causal-condicional del que *–TE* + **KARA** carece. Además, **TO** tiene una serie de limitaciones (uso de expresiones de voluntad, orden, etc.) de las que *–TE* + **KARA** está libre. (Véase 34. ORACIONES CONDICIONALES.)

私は起きると、シャワーを浴びます。
Watashi wa okiru to, shawaa o abimasu.
Me ducho al levantarme.

木村さんはご飯を食べてから、歯をみがきます。
Kimura-san wa gohan o tabete kara ha o migakimasu.
Kimura-san se lava los dientes después de comer.

昨日家へ帰ってから、ビールを飲んで晩ご飯を食べました。
Kinoo uchi e kaette kara, biiru o nonde, bangohan o tabemashita.
Ayer, después de llegar a casa, me tomé una cerveza y cené.

森田さんは会社に入ってから、毎朝6時に起きます。
Morita-san wa kaisha ni haitte kara, maiasa roku-ji ni okimasu.
Desde que ha entrado a trabajar (trabaja) en una empresa, Morita-san se levanta todas las mañanas a las seis.

{
田中さんは仕事が終わってから、家へ帰ります。
Tanaka-san wa shigoto ga owatte kara, uchi e kaerimasu.
Cuando termina el trabajo, Tanaka-san vuelve a casa.

La estructura –**TE** + **KARA** puede indicar también el paso del tiempo: *hace + tiempo + que.*

–**TE** + **KARA** + **duración de tiempo** + **DESU/NI NARIMASU**

{
鎌田さんが結婚してから二年です。
Kamada-san ga kekkon shite kara ni-nen desu.
Hace dos años que Kamada-san se ha casado.

{
マイケルさんが日本に来てから一ヵ月になります。
Maikeru-san ga Nihon ni kite kara ik-ka-getsu ni narimasu.
Hace un mes que Michael ha llegado a Japón.

Frente a la forma –**TE**, que simplemente enlaza una acción con otra, la estructura –**TE** + **KARA** incide en la secuencia temporal, en el momento en que tendrá lugar la acción de la oración principal: una vez se haya realizado la acción que expresa la subordinada. Por lo tanto, en frases donde la segunda cláusula sea una derivación o consecuencia de la primera, no se usa –**TE** + **KARA**, sino simplemente la forma –**TE**.

{
松村さんは三鷹駅で電車に乗って、東京駅で降りました。
Matsumura-san wa Mitaka-eki de densha ni notte, Tookyoo-eki de orimashita.
Matsumura-san cogió el tren en la estación de Mitaka y se apeó en la estación de Tokio.

Por el contrario, cuando se quiera insistir en el orden temporal, se optará por la estructura –**TE** + **KARA**.

仕事が終わってから、どこかへ遊びに行きませんか。

Shigoto ga owatte kara, doko-ka e asobi-ni ikimasen ka.

¿Vamos a algún sitio cuando terminemos (después de terminar) el trabajo?

Tanto en el ejemplo anterior como en el posterior, *–TE* + *KARA* podría sustituirse por *–TARA*. Sin embargo, *–TARA* posee, aparte del temporal, un sentido condicional.

勉強してから、漫画を読みなさい。

Benkyoo shite kara, manga o yominasai.

Lee manga después de estudiar.

No se debe confundir la forma *–TE* + *KARA* (*después de*) con la conjunción causal *KARA* (*por eso*). (Véase 30. ORACIONES CAUSALES.)

日本へ来てから、日本語を勉強しています。

Nihon e kite kara, nihongo o benkyoo shite imasu.

Estoy estudiando japonés desde que vine a/estoy en Japón.

日本へ来たから、日本語を勉強しています。

Nihon e kita kara, nihongo o benkyoo shite imasu.

Como he venido a/estoy en Japón, estoy estudiando japonés.

| **32.4** | Las oraciones temporales | *ATO (DE)* |

ATO es un nombre formal (**keishiki-meishi**) que significa *atrás* (espacio), *después* (tiempo). Como adverbio, *ATO* + cantidad de tiempo se traduce por *otro/a/os/as* + *cantidad de tiempo* o *cantidad de tiempo* + *más* (duración de tiempo). Como conjunción, *ATO* (*DE*) enlaza oraciones subordinadas temporales que expresan anterioridad respecto a la acción de la oración principal con la misma. La acción o actividad descritas en la oración subordinada deben tener lugar antes de que se lleve a cabo la acción que aparece en la oración principal.

LUGAR + *NO* + *ATO* + **PARTÍCULA**

健ちゃんは列の後につきました。
Ken-chan wa retsu no ato ni tsukimashita.
Ken-chan se ha puesto/puso al final de la cola.

DURACIÓN DE TIEMPO + *GO/ATO*

一時間後に私を起こしていただけますか。
Ichi-ji-kan-go ni watashi o okoshite itadakemasu ka.
¿Podría despertarme dentro de una hora?

金田さんは二年前に結婚しましたが、六ヵ月後に離婚しました。
Kaneda-san wa ni-nen-mae ni kekkon shimashita ga, rok-ka-getsu-go ni rikon shimashita.
Kaneda-san se casó hace dos años, pero se separó seis meses después.

***ATO* + CANTIDAD DE TIEMPO**

後三十分練習しなさい。
Ato san-jip-pun renshuu shinasai.
Practica treinta minutos más.

後五分待っていただけますか。
Ato go-fun matte itadakemasu ka.
¿Me hará el favor de esperar cinco minutos más?

***ATO DE* + FRASE**

後で電話しましょうか。
Ato de denwa shimashoo ka.
¿Te llamo luego?

私は四時に家へ帰りました。その後で本を読みました。
Watashi wa yo-ji ni uchi e kaerimashita. Sono ato de hon o yomimashita.
He vuelto/volví a casa a las cuatro. Después he leído/leí un libro.

Cuando nos referimos a una determinada actividad o acción, equivale a la locución prepositiva *después de* y a la conjuntiva *después (de) que*.

DESPUÉS DE + NOMBRE

> **NOMBRE + *NO* + *ATO DE* + ORACIÓN PRINCIPAL**

> 授業の後でコーヒーを飲みましょうか。
> Jugyoo no ato de koohii o nomimashoo ka.
> *¿Vamos a tomar un café después de clase?*

> 試験の後で、旅行に出るつもりです。
> Shiken no ato de, ryokoo ni deru tsumori desu.
> *Después de los exámenes pienso irme de viaje.*

DESPUÉS DE + VERBO INFINITIVO/ DESPUÉS (DE) QUE + VERBO

> **VERBO PASADO AFIRM. INFORMAL + *ATO (DE)* + PRINCIPAL**

> ご飯を食べた後で、昼寝しました。
> Gohan o tabeta ato de, hirune shimashita.
> *Después de comer he hecho/hice la siesta.*

> 手紙を書いた後で切手と封筒を買いに行きます。
> Tegami o kaita ato de, kitte to fuutoo o kai-ni ikimasu.
> *Después de escribir la carta iré a comprar el sobre y los sellos.*

> Si el sujeto de la subordinada (la primera cláusula) es diferente de la principal éste va marcado con **GA.** (Véase 1.2. LA PARTÍCULA **GA.**)

> 仕事が終わった後で、お茶でも飲みに行きましょうか。
> Shigoto ga owatta ato de, o-cha demo nomi-ni ikimashoo ka.
> *¿Vamos a tomar algo cuando acabe el trabajo?*

En las frases unidas por –**ATO DE**, al igual que sucede con las enlazadas por –**TE** + **KARA**, hay una relación temporal de anterioridad entre la oración subordinada y la principal. Sin embargo, con –**ATO DE** no es necesario que las dos acciones sean inmediatas en el tiempo. Entre la realización de la subordinada (la anterior) y la principal (la posterior) puede existir un intervalo de tiempo más o menos amplio. Así pues, verbos como **IKU** (*ir*) o **NARU** (*convertirse*), que en el mismo instante de realizarse pueden convertirse en un estado (*voy* y luego *estoy, me convierto* y luego *soy*), suelen preceder a la forma –**TE** + **KARA**.

En consecuencia, al no haber una línea de continuidad entre las acciones como sucedía con –**TE** + **KARA** (una continuidad consecuente con el sentido de la partícula **KARA**, *desde*), no podemos utilizar –**ATO DE** para expresar el concepto *desde que* + *verbo* / *hace* + *cantidad de tiempo que* +*verbo*. (Véase 32.3. –**TE** + **KARA**.)

> ¿? 森田さんは会社に入った後で、毎朝6時に起きます。
> Morita-san wa kaisha ni haitta ato de, maiasa roku-ji ni okimasu.
> ¿?*Después de entrar a trabajar en una empresa, Morita-san se levanta todas las mañanas a las seis.* (Véase 32.3. –**TE** + **KARA.**)

Sin embargo, el hecho de que –**ATO DE** establezca un nexo más laxo entre las dos oraciones, posibilita su uso cuando en la oración principal aparecen acciones no controlables por el sujeto.

> 私が部屋を出た後で、電話がなりました。
> Watashi ga heya o deta ato de, denwa ga narimashita.
> *Sonó el teléfono después de que yo saliera de la habitación.*

Hay ocasiones en que –**TARA** puede sustituir a –**ATO DE.** (Véase 34. ORACIONES CONDICIONALES. **TARA.**) Sin embargo, –**ATO** carece del sentido condicional de –**TARA** (conjunción-partícula condicional-temporal).

> 授業が終わった後で映画に行きましょうか。
> Jugyoo ga owatta ato de eiga ni ikimashoo ka.

> 授業が終わったら映画に行きましょうか。
> Jugyoo ga owattara eiga ni ikimashoo ka.
> *¿Vamos al cine después de clase (cuando termine la clase)?*

AIDA es un nombre que se traduce por *entre, enmedio* (espacio) o *mientras, durante* (tiempo).

> **LUGAR A + *TO* + LUGAR B + *NO* + *AIDA* + PARTÍCULA**

{
学校と花屋の間に本屋があります。
Gakkoo to hanaya no aida ni hon´ya ga arimasu.
Entre la escuela y la floristería hay una librería.
}

> ***SONO AIDA NI* + FRASE**

{
子供が寝ているので、その間に買物に行ってきます。
Kodomo ga nete iru node, sono aida ni kaimono ni itte kimasu.
El niño está durmiendo. Así que, mientras tanto, voy a hacer la compra.
}

AIDA indica simultaneidad entre las acciones expresadas en las oraciones que une. Se traduce por *mientras.*

FORMACIÓN	
VERBO	
- Presente continuo informal (forma –*TE* + *IRU*) - Verbo de estado presente informal	
ADJETIVO -*I*	
Presente informal (*yasui / yasukunai*)	+ *AIDA*
ADJETIVO -*NA*	
Presente informal (*kirei* + *na* / *dewa nai* o *ja nai*)	
NOMBRE	
Informal (*sensei* + *no* / *dewa nai* o *ja nai*)	

AIDA puede ir marcado o no con *NI*. Si no va seguido de *NI* (*AIDA*), la duración de la oración subordinada y la de la principal son iguales. Si va señalado con *NI* (*AIDA NI*), la acción de la oración principal (la segunda) ocupa un espacio de tiempo que se incluye dentro de la oración subordinada, la de mayor duración.

ORACIÓN SUBORDINADA + *AIDA* + ORACIÓN PRINCIPAL

私は日本にいる間、日本語を勉強していました。
Watashi wa Nihon ni iru aida, nihongo o benkyoo shite imashita.
Mientras estuve en Japón estudié japonés.

金本さんは朝の間、洗濯をしていました。
Kanemoto-san wa asa no aida, sentaku o shite imashita.
Kanemoto-san ha estado/estuvo haciendo la colada durante toda la mañana.

Si el sujeto de la subordinada (la primera cláusula) es diferente de la principal, éste va marcado con *GA.* (Véase 1.2. LA PARTÍCULA *GA*.)

田中さんが勉強している間、吉本さんは本を読んでいます。
Tanaka-san ga benkyoo shite iru aida, Yoshimoto-san wa hon o yonde imasu.
Mientras Tanaka-san estudia, Yoshimoto-san lee un libro.

ORACIÓN SUBORDINADA + *AIDA NI* + ORACIÓN PRINCIPAL

私が晩ご飯を食べている間に、尾崎さんが来ました。
Watashi ga bangohan o tabete iru aida ni, Ozaki-san ga kimashita.
Ozaki-san ha venido/vino mientras yo estaba cenando.

夏休みの間に、面白い人と知り合いました。
Natsuyasumi no aida ni, omoshiroi hito to shiriaimashita.
Durante el verano he conocido/conocí a una persona muy interesante.

Con verbos de acción, cuando el sujeto de la oración principal es el mismo que el de la oración subordinada, *AIDA* se puede sustituir por –*NAGARA*. Sin embargo, en –*NAGARA* la acción de la primera cláusula queda subordinada a la acción de la segunda.

私は勉強している間、音楽を聞いています。

Watashi wa benkyoo shite iru aida, ongaku o kiite imasu.

Yo escucho música mientras estudio.

私は音楽を聞きながら、勉強しています。

Watashi wa ongaku o kikinagara, benkyoo shite imasu.

Yo estudio escuchando música.

| **32.6** | Las oraciones temporales | *-NAGARA* |

–NAGARA es una conjunción-partícula que expresa que dos acciones o estados tienen lugar simultáneamente. La acción de la primera cláusula queda, sin embargo, subordinada en importancia a la de la segunda. El sujeto de las dos cláusulas debe ser el mismo. Si no es así, debe sustituirse por *AIDA*.

FORMACIÓN
VERBO (*masu*) + *NAGARA* + **Segunda cláusula**

田中さんは新聞を読みながら、電車を待っています。

Tanaka-san wa shinbun o yominagara, densha o matte imasu.

Tanaka-san espera el tren leyendo el periódico. (La actividad principal es esperar el tren.)

石川さんはアイスクリームを食べながら、散歩しています。

Ishikawa-san wa aisukuriimu o tabenagara, sanpo shite imasu.

Ishikawa-san pasea comiéndose (mientras come) un helado.

Si las acciones de las dos cláusulas son de una importancia parecida, su posición es intercambiable. Sin embargo, si una de las acciones tiene una relevancia superior a la otra (como en el ejemplo de abajo), la actividad principal debe ir en la segunda cláusula.

森田さんは作り方を見ながら、料理をしています。

Morita-san wa tsukurikata o minagara, ryoori o shite imasu.

Morita-san cocina mirando la receta.

UCHI es un nombre que, señalado con la partícula *NI*, expresa duración de tiempo. Puede traducirse al español por *durante, mientras, antes de, antes (de) que, en + cantidad de tiempo*.

> 夏休みのうちにレポートを書き終えようと思います。
> Natsuyasumi no uchi ni repooto o kakioeyoo to omoimasu.
> *Voy a terminar de escribir el trabajo durante las vacaciones de verano.*

> 若いうちに遊びなさい。
> Wakai uchi ni asobinasai.
> *Diviértete ahora que eres (mientras seas) joven.*

UCHI NI indica que la acción que expresa la acción principal (la segunda cláusula) debe realizarse mientras continúe la acción o situación que aparecen en la oración subordinada precediendo a *UCHI NI*.

VERBO *IRU* / FORMA –*TE* + *IRU* + *UCHI NI* + ORACIÓN PRINCIPAL

> 日本にいるうちに日本語を勉強してください。
> Nihon ni iru uchi ni nihongo o benkyoo shite kudasai.
> *Estudie japonés mientras esté/aprovechando que está en Japón.*

> 子供が遊んでいるうちに部屋の掃除をしよう。
> Kodomo ga asonde iru uchi ni heya no sooji o shiyoo.
> *Voy a hacer la limpieza mientras/ aprovechando que los niños juegan.*

VERBO PRESENTE INFORMAL NEGATIVO + *UCHI NI* + ORACIÓN PRINCIPAL

> 疲れないうちに歩きましょう。
> Tsukarenai uchi ni arukimashoo.
> *Andemos mientras podamos/no estemos cansados.*

VERBO POTENCIAL + *UCHI NI* + ORACIÓN PRINCIPAL

毎年日本へ行けるうちに行きます。
Maitoshi Nihon e ikeru uchi ni ikimasu.
Iré a Japón cada año mientras pueda.

ADJETIVO *–I* PRESENTE INFORMAL + *UCHI NI* + ORACIÓN PRINCIPAL

熱いうちにお風呂に入ってください。
Atsui uchi ni o-furo ni haitte kudasai.
Báñese mientras el agua esté caliente.

ADJETIVO *–NA* + *UCHI NI* + ORACIÓN PRINCIPAL

静かなうちに本を読もう。
Shizuka na uchi ni hon o yomoo.
Leeré mientras haya silencio.

NOMBRE + *NO* + *UCHI NI* + ORACIÓN PRINCIPAL

冬休みのうちに毎日スキーをしよう。
Fuyu-yasumi no uchi ni mainichi sukii o shiyoo.
Pienso esquiar todos los días durante/mientras duren las vacaciones de invierno.

UCHI NI también puede indicar que ocurre algo de manera espontánea mientras se desarrolla la acción que aparece en la oración subordinada.

音楽を聞いているうちに寝てしまいました。
Ongaku o kiite iru uchi ni, nete shimaimashita.
Me quedé dormido mientras estaba escuchando música.

説明しているうちに分からなくなってきました。
Setsumei shite iru uchi ni wakaranaku natte kimashita.
Mientras lo estaba explicando, me armé un lío.

LAS ORACIONES ADVERSATIVAS Y CONCESIVAS (*GYAKU-SETSU*)

GA y *KE(RE)DO(MO)* son dos conjunciones –o conjunciones-partícula, según el lugar que ocupen en la frase– que expresan contraste, oposición o contradicción entre el contenido de las dos oraciones que unen.

Hay otras conjunciones de significado equivalente a *GA* y *KE(RE)DO(MO)*: *SHIKASHI*, *DAGA*, *DAKEDO* y *DEMO*, aunque estas últimas encabezan siempre, detrás del punto, la segunda oración.

NONI también expresa contradicción u oposición entre las dos cláusulas que une, pero en las frases enlazadas con *NONI* se trasluce la actitud del hablante –sorpresa, insatisfacción, etc. frente a este hecho.

–TEMO es una conjunción-partícula que se pospone a una oración que contiene la expresión de una circunstancia que, siendo naturalmente un inconveniente, o pudiendo serlo, para la realización de lo expresado en la principal, en este caso no lo es.

33.1 | Las oraciones adversativas y concesivas | *GA*

Dependiendo de su posición en la frase, *GA* puede desempeñar la función de una conjunción (*setsuzokushi*) o de una conjunción-partícula (*setsuzoku-joshi*). (Véase 26.3.3.1. LA CONJUNCIÓN *GA*.)

CONJUNCIÓN (*SETSUZOKUSHI*)

> あのレストランは高い。が、おいしくない。
> Ano resutoran wa takai. Ga oishikunai.
> *Aquel restaurante es caro. Sin embargo, la comida no es buena.*

CONJUNCIÓN-PARTÍCULA (*SETSUZOKU-JOSHI*)

> あのレストランは高いですが、おいしくないです。
> Ano resutoran wa takai desu ga, oishikunai desu.
> *Aquel restaurante es caro, pero la comida no es buena.*

GA expresa contraste entre dos oraciones. También funciona como elemento introductor de explicaciones.

En el caso de *GA* no se puede hablar de subordinación: las frases enlazadas con *GA* continúan teniendo un alto grado de independencia. Por lo tanto, el adjetivo o verbo que precede a *GA* puede ir en formal o informal.

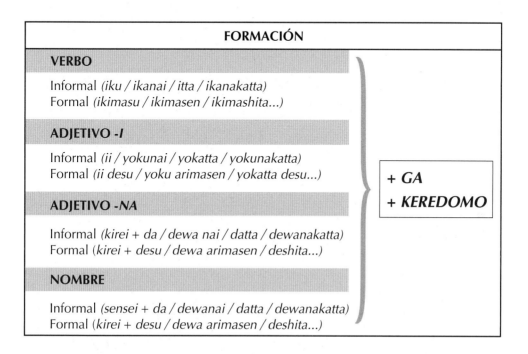

FORMACIÓN	
VERBO	
Informal *(iku / ikanai / itta / ikanakatta)* Formal *(ikimasu / ikimasen / ikimashita...)*	
ADJETIVO -*I*	
Informal *(ii / yokunai / yokatta / yokunakatta)* Formal *(ii desu / yoku arimasen / yokatta desu...)*	**+ *GA*** **+ *KEREDOMO***
ADJETIVO -*NA*	
Informal *(kirei + da / dewa nai / datta / dewanakatta)* Formal *(kirei + desu / dewa arimasen / deshita...)*	
NOMBRE	
Informal *(sensei + da / dewanai / datta / dewanakatta)* Formal *(kirei + desu / dewa arimasen / deshita...)*	

Los adjetivos o verbos de las oraciones unidas por *GA* pueden ir en informal o formal, como se desee, pero las dos deben usar la misma forma. Evidentemente, el uso del formal o del informal dependerá del nivel de lenguaje que se utilice.

INFORMAL + INFORMAL

> プールでは泳いだが、海では泳がなかった。
> Puuru de wa oyoida ga, umi de wa oyoganakatta.

FORMAL + FORMAL

> プールでは泳ぎましたが、海では泳ぎませんでした。
> Puuru de wa oyogimashita ga, umi de wa oyogimasen deshita.
> *He nadado en la piscina, pero no he nadado en el mar.*

GA expresa contraste entre dos proposiciones. Equivale a las conjunciones españolas *y*, *pero*, *sin embargo*. Para expresar contraste, se ve reforzada a menudo con el uso enfático de contraste de la partícula *WA*. (Véase 1.1. LA PARTÍCULA *WA*.)

> パリへは行きましたが、ロンドンへは行きませんでした。
> Pari e wa ikimashita ga, Rondon e wa ikimasen deshita.
> *A París, sí he ido, pero a Londres, no.*

> コーヒーは飲みませんが、ココアは飲みます。
> Koohii wa nomimasen ga, kokoa wa nomimasu.
> *Café, no bebo, pero cacao, sí.*

GA puede expresar una débil oposición entre el contenido de las dos oraciones.

> あの部屋は広いですが、あまり明るくないです。
> Ano heya wa hiroi desu ga, amari akarukunai desu.
> *Aquella habitación es espaciosa, pero no es demasiado clara.*

En caso de que las caracterísiticas sean, ambas, positivas o negativas, en caso de que no haya oposición, *GA* se sustituye habitualmente por la forma –*TE* del adjetivo.

> あの部屋は広くて、明るいです。
> Ano heya wa hirokute, akarui desu.
> *Aquella habitación es espaciosa y clara.*

GA puede desempeñar la función de preámbulo, de introducción a la información que se dará en la segunda cláusula. En este caso, equivale a la conjunción española *y*.

私は太田ですが、松村さんはいらっしゃいますか。
Watashi wa Oota desu ga, Matsumura-san wa irasshaimasu ka.
Soy Oota. ¿Está Matsumura-san?

すみませんが、窓を開けていただけますか。
Sumimasen ga, mado o akete itadakemasu ka.
Perdone. ¿Podría abrir la ventana?

La segunda cláusula se puede omitir cuando no hay problemas de comprensión. Suele omitirse cuando la información que se sobreentiende no es positiva. La frase que resulta es más indirecta y, por lo tanto, más cortés.

マイケルさんは毎日出席するし、よく勉強するんですが...
Maikeru-san wa mainichi shusseki suru shi, yoku benkyoo suru n desu ga...
Michael-san asiste todos los días a clase y estudia mucho, pero...

| 33.1.4 | Las oraciones adversativas y concesivas | *GA* | **Al final de la frase** |

Usado al final de la frase ***GA***, expresa una oposición implícita a lo que ha dicho o hecho el interlocutor.

そうですが...
Soo desu ga...
Sí, pero...

GA también expresa imposibilidad.

尾崎先生は今授業中ですが...
Ozaki-sensei wa ima jugyoo-chuu desu ga...
Ozaki-sensei ahora está en clase... (y no puede recibirle).

Tal como sucedía con **_GA_**, dependiendo de su posición, **_KEREDOMO_** puede funcionar como conjunción (**_setsuzokushi_**) o como conjunción-partícula (**_setsuzoku-joshi_**).

CONJUNCIÓN (**_SETSUZOKUSHI_**)

あのレストランは高いです。けれども、おいしくないです。
Ano resutoran wa takai desu. Keredomo, oishikunai desu.
Aquel restaurante es caro. Sin embargo, la comida no es buena.

CONJUNCIÓN-PARTÍCULA (**_SETSUZOKU-JOSHI_**)

あのレストランは高いけれども、おいしくないです。
Ano resutoran wa takai keredomo, oishikunai desu.
Aquel restaurante es caro, pero la comida no es buena.

KEREDOMO tiene dos formas informales equivalentes: **_KEREDO_** y **_KEDO_**. Al ser más suave y cortés, cuando se usa **_KEREDOMO_**, suele ponerse en formal el verbo y el adjetivo de la segunda oración.

El adjetivo o verbo que lo preceden (el adjetivo o verbo de la primera oración) van frecuentemente en informal, pero también puede ir en formal. El cuadro **FORMACIÓN** de **_GA_** es, por lo tanto, aplicable a **_KEREDOMO_**.

Los usos de **_GA_** y **_KEREDOMO_** son muy semejantes. **_KEREDOMO_** también expresa contraste y oposición entre el contenido de las dos oraciones que enlaza.

あのズボンは高いけれども、買いますよ。
Ano zubon wa takai keredomo, kaimasu yo.
Aquellos pantalones son caros, pero los compraré.

Al igual que **_GA_**, **_KEREDOMO_** se utiliza para introducir un tema, confiriendo un tono cortés y deferente a la frase.

実はお願いがあるんですけれども。
Jitsu wa onegai ga aru n desu keredomo.
En realidad querría pedirle un favor.

Al final de la frase, **KEREDOMO** (y formas derivadas) expresa una oposición implícita. Se sobreentiende y adivina una contradicción o restricción respecto a la oración que lo precede.

映画に行きたかったんですけど …
Eiga ni ikitakatta n desu kedo…
Quería ir al cine, pero…

Al final de una frase que expresa ruego o deseo, **KEREDOMO** le confiere un tono cortés y suave.

ちょっと手伝ってもらいたいんですけれども …
Chotto tetsudatte moraitai n desu keredomo…
Querría que me ayudara un momento.

Las conjunciones **SHIKASHI**, **DAKEDO**, **DAGA** y **DEMO** también expresan contraste y oposición, como **GA** y **KEREDOMO**. Sin embargo, las primeras van siempre después de un punto, al principio de la segunda cláusula.

1ª CLÁUSULA. *SHIKASHI / DAGA / DAKEDO / DEMO* + 2ª CLÁUSULA

テニスが大好きですが／けれども、あまりしません。
Tenisu ga daisuki desu GA/KEREDOMO, amari shimasen.
テニスが大好きです。が／けれども／しかし／だが／だけど／でもあまりしません。
Tenisu ga daisuki desu. GA/ KEREDOMO/ SHIKASHI/ DAGA/ DAKEDO/ DEMO amari shimasen.
Me encanta el tenis, pero apenas juego.

Entre las conjunciones **SHIKASHI**, **DAGA**, **DAKEDO** y **DEMO**, que siempre encabezan, detrás de un punto, la segunda oración, la más coloquial es **DEMO**, seguida de **DAKEDO** y **SHIKASHI**. **DAGA** es la más formal y pertenece al campo de la lengua escrita. Más formales aún son sus derivadas **DESU GA** y **DE GOZAIMASU GA**.

NONI es una conjunción-partícula que, al igual que *GA* o *KEREDOMO*, expresa contradicción u oposición entre las dos cláusulas que une. Sin embargo, en las frases enlazadas con *NONI* se trasluce la sorpresa o descontento del hablante ante un hecho inesperado que contraviene sus expectativas e, incluso, las reglas dictadas por el sentido común. Equivale a *pero, sin embargo, a pesar de.*

Al final de la frase, *NONI* expresa descontento o insatisfacción ante un hecho. Se traduce por *a pesar de, mira que.*

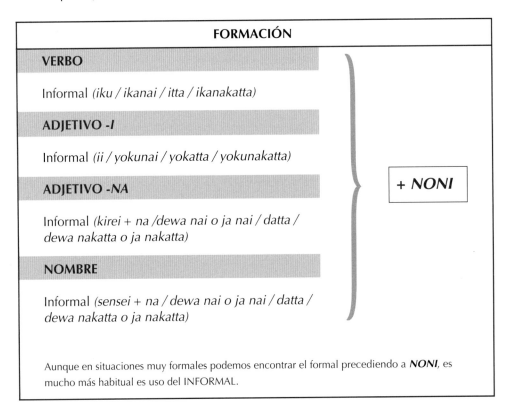

FORMACIÓN
VERBO
Informal *(iku / ikanai / itta / ikanakatta)*
ADJETIVO -*I*
Informal *(ii / yokunai / yokatta / yokunakatta)*
ADJETIVO -*NA*
Informal *(kirei + na / dewa nai o ja nai / datta / dewa nakatta o ja nakatta)*
NOMBRE
Informal *(sensei + na / dewa nai o ja nai / datta / dewa nakatta o ja nakatta)*

+ NONI

Aunque en situaciones muy formales podemos encontrar el formal precediendo a *NONI*, es mucho más habitual es uso del INFORMAL.

Con *NONI*, en la segunda cláusula –la oración principal– se muestran la opinión, el juicio y la postura del hablante ante un hecho inesperado, contrario a lo que preveía o creía lógico.

> 日曜日なのに、会社へ行きます。
> Nichi-yoo-bi na noni, kaisha e ikimasu.
> *Es domingo, pero voy a la empresa.*

> 谷原さんはよくお菓子を食べるのに、とても痩せています。
> Tanihara-san wa yoku o-kashi o taberu noni, totemo yasete imasu.
> *Tanihara-san está muy delgado a pesar de comer muchos dulces.*

Con **NONI**, en la segunda cláusula –la oración principal– no pueden ir expresiones de voluntad: órdenes, invitaciones, sugerencias, etc. Con este tipo de expresiones, se debe sustituir **NONI** por **GA**, **KEREDOMO** o **–TEMO**.

> ちょっと遅くても／遅いけれども／遅いですが、何か飲みに行きませんか。
> Chotto osokutemo/osoi keredomo/ osoi desu ga, nanika nomi-ni ikimasen ka.
> *Aunque sea un poco tarde, ¿vamos a tomar algo?*

> あまり面白くなくても／面白くないけれども／面白くないですが、読んで
> ください。
> Amari omoshiroku nakutemo/ omoshiroku nai keredomo/ omoshiro kunai
> desu ga, yonde kudasai.
> *Aunque no sea muy interesante, léalo.*

> あまり上手ではなくても／ではないけれども／ではありませんが、私も花
> を生けてもよろしいですか。
> Amari joozu dewanakutemo/dewanai keredomo/dewa arimasen ga, watashi
> mo hana o ikete mite mo yoroshii desu ka.
> *Aunque no sea muy bueno (no soy muy bueno, pero) ¿puedo intentar también
> yo hacer un arreglo floral?*

NONI es la conjunción-partícula adecuada cuando se habla de hechos conocidos: hechos pasados ya contrastados que se expresan en pasado, o hechos que están ocurriendo en este momento y que se expresan en presente. En caso de hechos futuros no demostrados, hipotéticos, **NONI** debe sustituirse por **–TEMO**. El uso de **GA** y **KEREDOMO** tampoco sería adecuado.

HECHOS CONOCIDOS QUE PERTENECEN AL PASADO

> 私は水が冷たかったのに、海で泳ぎました。
> Watashi wa mizu ga tsumetakatta noni, umi de oyogimashita.
> *El agua estaba fría, pero me bañé en el mar.*

HECHOS CONOCIDOS QUE PERTENECEN AL PRESENTE

私は水が冷たいのに、海で泳ぎます。

Watashi wa mizu ga tsumetai noni, umi de oyogimasu.

El agua está fría, pero yo me baño en el mar./Aunque el agua esté fría, me baño en el mar.

HECHOS NO CONOCIDOS. SUPOSICIONES E HIPÓTESIS

私は水が冷たくても、海で泳ぎます。

Watashi wa mizu ga tsumetakutemo, umi de oyogimasu.

Me bañaré en el mar aunque el agua esté fría.

Con **NONI**, la segunda cláusula contiene a menudo expresiones de insatisfacción y descontento.

せっかく準備したのに、読まなかったんです。

Sekkaku junbi shita noni, yomanakatta n desu.

A pesar de que lo había preparado expresamente, ni siquiera lo ha leído.

一生懸命勉強したのに、試験に落ちたんです。

Isshookenmei benkyoo shita noni, shiken ni ochita n desu.

A pesar de haber estudiado con todas mis fuerzas, he suspendido.

Muchas veces se omite la segunda oración. Las frases acabadas en **NONI** expresan frustración ante el hecho que, precisamente, se deja implícito.

せっかく準備したのに ...

Sekkaku junbi shita noni...

Y pensar que lo había preparado expresamente…

一生懸命勉強したのに ...

Isshookenmei benkyoo shita noni...

¡Y mira que había estudiado con todas mis fuerzas!

La oración que precede a *–TEMO* es una subordinada que contiene la expresión de una circunstancia que, siendo naturalmente un inconveniente, o pudiendo serlo, para la realización de lo expresado en la oración principal, en este caso no lo es. En este sentido expresa la idea opuesta a la oración condicional.

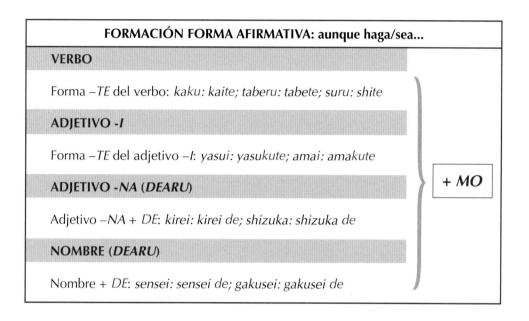

FORMACIÓN FORMA AFIRMATIVA: aunque haga/sea...	
VERBO	
Forma *–TE* del verbo: *kaku: kaite; taberu: tabete; suru: shite*	
ADJETIVO *-I*	
Forma *–TE* del adjetivo *–I*: *yasui: yasukute; amai: amakute*	
ADJETIVO *-NA (DEARU)*	**+ MO**
Adjetivo *–NA* + *DE*: *kirei: kirei de; shizuka: shizuka de*	
NOMBRE (*DEARU*)	
Nombre + *DE*: *sensei: sensei de; gakusei: gakusei de*	

FORMACIÓN FORMA NEGATIVA: aunque no haga/sea...		
VERBO		
Presente negativo inf.:	*ikanai:*	*ikana-kute*
ADJETIVO *-I*		
Presente negativo inf.:	*yasukunai:*	*yasukuna-kute*
ADJETIVO *-NA (DEARU)*		**+ MO**
Presente negativo inf.:	*kirei + dewanai:*	*dewana-kute*
NOMBRE (*DEARU*)		
Presente negativo inf.:	*sensei + dewanai:*	*dewana-kute*

CONDICIONAL

安ければ買いますが、安くなければ買いません。

Yasukereba kaimasu ga, yasukunakereba kaimasen.

Si es barato lo compraré, pero si no es barato no lo compraré.

田中さんがパーティに行けば私も行きますが、田中さんが行かなければ私
も行きません。

Tanaka-san ga paati ni ikeba watashi mo ikimasu ga, Tanaka-san ga ikanakereba
watashi mo ikimasen.

*Si Tanaka-san va a la fiesta yo también iré, pero si Tanaka-san no va, yo
tampoco iré.*

CONCESIVAS

安くても、買いません。

Yasukutemo, kaimasen.

No lo compraré aunque sea barato.

安くなくても、買います。

Yasukunakutemo, kaimasu.

Lo compraré aunque no sea barato.

田中さんがパーティに行っても、私は行きません。

Tanaka-san ga paati ni ittemo, watashi wa ikimasen.

No iré a la fiesta aunque vaya Tanaka-san.

田中さんがパーティに行かなくても、私は行こうと思います。

Tanaka-san ga paati ni ikanakutemo, watashi wa ikoo to omoimasu.

Pienso ir a la fiesta aunque no vaya Tanaka-san.

La diferencia fundamental entre –**TEMO** y **NONI**, es que **NONI** se pospone a
oraciones que expresan acciones o circunstancias conocidas y seguras, y –**TEMO**, aunque
puede seguir a hechos ya conocidos al igual que **NONI**, suele acompañar a hipótesis o
a hechos futuros no demostrados. A menudo el uso de –**TEMO** equivale a *conjunción
aunque + subjuntivo* y el uso de **NONI** a *conjunción aunque + indicativo*.

HECHO PROBADO. HA SUCEDIDO EN EL PASADO

昨日鎌田さんは病気だったのに、働きました。

Kinoo Kamada-san wa byooki datta noni, hatarakimashita.

Ayer, a pesar de estar/aunque estaba enfermo, Kamada-san trabajó.

HECHO PROBADO. ESTÁ SUCEDIENDO AHORA

今日鎌田さんは病気なのに、働いています。

Kyoo Kamada-san wa byooki na noni, hataraite imasu.

Hoy, a pesar de estar/ aunque está enfermo, Kamada-san está trabajando.

HECHO NO PROBADO. QUIZÁ SUCEDA EN EL FUTURO

明日病気でも、鎌田さんは働くでしょう。

Ashita byooki demo, Kamada-san wa hataraku deshoo.

Mañana, Kamada-san trabajará aunque esté enfermo.

Detrás de un interrogativo y pospuesto a un verbo, –**TEMO** expresa la idea: *no importa qué/quién/cómo/dónde*, etc.

だれに聞いても、同じことを言うでしょう。

Dare ni kiite mo, onaji koto o iu deshoo.

Preguntes a quien preguntes, te dirá lo mismo.

いつ行っても、あの病院はいつも人でいっぱいで、少なくとも二時間ぐらい待たなければならないんです。

Itsu ittemo, ano byooin wa itsumo hito de ippai de, sukunakutomo ni-ji-kan gurai matanakereba naranai n desu.

Vayas cuando vayas, en aquel hospital siempre hay mucha gente y tienes que esperar dos horas como mínimo.

あの店では、何を買っても、高いです。

Ano mise de wa, nani o kattemo, takai desu.

En aquella tienda, compres lo que compres, es caro.

Con **DONNA NI** y **IKURA**, y pospuesto a un verbo –**TEMO** expresa imposibilidad. Equivale a *por mucho que* + *verbo subjuntivo, por* (*muy*) + *adjetivo* + *que* + *verbo ser en subjuntivo.*

いくら走っても、間に合わないでしょう。

Ikura hashitte mo, ma-ni-awanai deshoo.

Por mucho que corramos, no llegaremos a tiempo.

どんなに若くても、栄養には気をつけたほうがいいです。

Donna ni wakakutemo, eiyoo ni wa ki o tsuketa hoo ga ii desu.

Por (muy) joven que se sea, hay que tener cuidado con la alimentación.

Pospuesto a un adjetivo, −**TEMO** señala su grado máximo posible. Por ejemplo: **takai** = *alto/caro*, **takakutemo** = *por alto/caro que sea*; **yasui** = *barato*, **yasukutemo** = *por barato que sea.*

あの部屋は広くても、このピアノは入らないと思います。
Ano heya wa hirokutemo, kono piano wa hairanai to omoimasu.
Por grande que sea aquella habitación, este piano no cabrá.

忙しくても、昼ご飯を食べる時間があるでしょうね。
Isogashikutemo, hirugohan o taberu jikan ga aru deshoo ne.
Por ocupado que estés, tendrás tiempo para comer, ¿no?

−**TEMO**, seguido de los adjetivos **II** o **YOROSHII** componen la forma utilizada para pedir y dar permiso. (Véase EL VERBO. MODO.)

ここに座ってもいいですか。
Koko ni suwatte mo ii desu ka.
¿Puedo sentarme aquí?

LAS ORACIONES CONDICIONALES (*JOOKEN-SETSU*)

34.1	Las oraciones condicionales	**La conjunción-partícula *TO***

TO es una conjunción-partícula condicional-temporal-causal que puede traducirse por:

Si + indicativo (***iku to***: *si vas* / ***yokunai to***: *si no es bueno...*)

Al + infinitivo (***ikanai to***: *al no ir* / ***sensei da to***: *al ser profesor...*)

Cuando + indicativo/subjuntivo (***iku to***: *cuando vas* / *ibas* / *vayas...*)

FORMACIÓN
VERBO
Informal presente (*iku* / *ikanai*)
ADJETIVO -*I*
Informal presente: (*ii* / *yokunai*)
ADJETIVO -*NA* (*DEARU*)
Informal presente: (*kirei* + *da* / *dewa nai o ja nai*)
NOMBRE (*DEARU*)
Informal presente: (*sensei* + *da* / *dewa nai o ja nai*)

+ *TO*

Con verbos de acción en la primera y segunda cláusulas, ***TO*** indica que la segunda acción sigue inmediatamente a la primera. Puede ir acompañado del adverbio ***sugu***: *enseguida*. La acción puede situarse en el presente o en el pasado. El tiempo del verbo de la segunda cláusula, la principal, dará el tiempo real, ya que el de la primera, la subordinada, va siempre en presente.

朝起きるとすぐシャワーを浴びます。
Asa, okiru to sugu shawaa o abimasu.
Por las mañanas, en cuanto me levanto me ducho.

今朝起きるとすぐシャワーを浴びました。
Kesa okiru to sugu shawaa o abimashita.
Esta mañana, en cuanto me he levantado me he duchado.

Cuando en la primera cláusula tiene lugar una acción o un efecto, en la segunda cláusula se produce una acción, un efecto o un estado que es un fenómeno espontáneo, inevitable y acostumbrado consecuencia de la primera cláusula.

まっすぐ行くと、ガソリンスタンドがあります。
Massugu iku to, gasorin-sutando ga arimasu.
Si sigue recto, encontrará una gasolinera.

秋になると、木の葉が落ちます。
Aki ni naru to, ko-no-ha ga ochimasu.
Al llegar/cuando llega el otoño, caen las hojas de los árboles.

> La acción que aparece en la segunda cláusula no puede tener lugar antes que la acción de la primera cláusula.

このボタンを押すと、切符が出ます。
Kono botan o osu to, kippu ga demasu.
Al pulsar/si/cuando se pulsa este botón, sale el billete.

En la segunda oración puede aparecer un hecho que sólo suceda una vez. Así pues, **TO** también puede usarse en casos particulares. Deben ser, sin embargo, ciertos e inevitables.

パブロさんは今度の一月十四日になると三十八歳になります。
Paburo-san wa kondo no ichi-gatsu juu-yok-ka ni naru to, san-juu has-sai ni narimasu.
Pablo-san cumplirá treinta y ocho años (cuando llegue) el próximo catorce de enero.

田中さんは今年の四月になると会社に入ります。
Tanaka-san wa kotoshi no shi-gatsu ni naru to kaisha ni hairimasu.
Tanaka-san entrará en una empresa (cuando llegue) abril de este año.

Cuando se habla de fenómenos acostumbrados o de casos particulares ciertos e inevitables, se puede sustituir **TO** por **–TARA** o **–BA**, aunque las acciones unidas por **TO** serán más inmediatas. La fuerte relación causa-efecto entre cláusulas unidas por **TO** hace que se suela utilizar para describir fenómenos del mundo natural o físico.

夜になると暗くなります。
Yoru ni naru to kuraku narimasu.
Al llegar/cuando llega la noche, oscurece.

春になると花が咲きます。
Haru ni naru to hana ga sakimasu.
Al llegar/cuando llega la primavera, florecen las flores.

Siendo la segunda cláusula una consecuencia directa, inevitable y lógica de la acción, efecto o estado de la primera, no pueden aparecer en esta segunda oración enlazada con **TO** expresiones que muestren la voluntad o el propósito del hablante: órdenes, sugerencias, consejos, invitaciones, consejos, deseos o intenciones. En estos casos, deberá sustituirse **TO** por –**TARA**, –**BA** o **NARA**.

明日天気がよければ、散歩に行きませんか。
Ashita tenki ga yokereba, sanpo ni ikimasen ka.
Si mañana hace buen tiempo, ¿vamos a pasear?

冬になったら、スキーに行くつもりです。
Fuyu ni nattara, sukii ni iku tsumori desu.
Cuando llegue el invierno, pienso ir a esquiar.

頭が痛いなら、寝たほうがいいです。
Atama ga itai nara, neta hoo ga ii desu.
Si/ya que te duele la cabeza, es mejor que te acuestes.

Si el sujeto de la subordinada –la primera cláusula– es diferente de la principal éste va marcado con **GA.** (Ver 1.2. LA PARTÍCULA **GA.**)

Cuando el verbo de la segunda cláusula va en pasado, puede indicar descubrimiento o sorpresa ante un hecho inesperado. En estos casos, –**TARA** puede substituir a **TO**, pero no puede hacerlo –**BA**.

私が図書館へ行くと、閉まっていました。
Watashi ga toshokan e iku to, shimatte imashita.
Al ir/cuando fui a la biblioteca, estaba cerrada.

$\left\{\begin{array}{l}\text{私が木村さんの家に行くと誰もいませんでした。}\\\text{Watashi ga Kimura-san no ie ni iku to, daremo imasen deshita.}\\\textit{Cuando fui a casa de Kimura-san, no había nadie.}\end{array}\right.$

| 34.2 | Las oraciones condicionales | La conjunción-partícula -*BA* |

La conjunción condicional –**BA** indica que la cláusula que la precede expresa una condición real o hipotética. Se traduce por:

Si + verbo indicativo/subjuntivo, presente o pasado. (**Ikeba** : *si vas/ fueras /hubieras ido / **Sensei nara** (**ba**)/**deareba**: si es/ fuera/ hubiera sido profesor…*).

FORMACIÓN		
VERBOS		
Forma afirmativa:	*iku: i-ke*	
Forma negativa:	*ikanai: ikana-kere*	
ADJETIVO -I		
Forma afirmativa:	*yasui: yasu-kere*	
Forma negativa:	*yasukunai: yasukuna-kere*	**+ BA**
ADJETIVO -NA		
Forma afirmativa:	*kirei + nara / dearu: dea-re*	
Forma negativa:	*kirei + denai: dena-kere*	
NOMBRE		
Forma afirmativa:	*sensei + nara / dearu: dea-re*	
Forma negativa:	*sensei + denai: dena-kere*	

La conjunción-partícula –**BA** puede indicar que el fenómeno que aparece en la segunda cláusula es una consecuencia fija, acostumbrada e inevitable de la acción, el estado o el efecto de la primera cláusula. **TO** o –**TARA** podrían substituir a –**BA**. Sin embargo, la relación temporal entre dos cláusulas unidas por –**BA** es más débil que entre las unidas por **TO**, ya que –**BA** incide ante todo en la condición. También, con –**BA**, es más débil la relación causa-efecto.

> このボタンを押せば、切符が出ます。
> Kono botan o oseba, kippu ga demasu.
> *Si se pulsa este botón, sale el billete.*

> 暖房を入れれば、部屋が暖かくなります。
> Danboo o irereba, heya ga atatakaku narimasu.
> *Si se pone la calefacción, la habitación se caldea.*

Si en la primera cláusula hay un verbo de acción, ésta tiene que ser anterior a la acción, el efecto o el estado que aparecen en la segunda cláusula.

> あそこに登れば、海が見えます。
> Asoko ni noboreba, umi ga miemasu.
> *Si se sube allí, se ve el mar.*

> あの橋を渡れば、公園があります。
> Ano hashi o watareba, kooen ga arimasu.
> *Si cruza aquel puente, encontrará un parque.*

–BA puede expresar hipótesis. En la primera cláusula aparecerá un hecho hipotético y en la segunda, intenciones, opiniones, etc., basadas en éste.

> 明日時間があれば、美容院へ行きます。
> Ashita jikan ga areba, biyooin e ikimasu.
> *Mañana, si tengo/tuviera tiempo, iré/iría a la peluquería.*

Si el sujeto de la subordinada –la primera cláusula– es diferente de la principal éste va marcado con **GA.** (Véase 1.2. LA PARTÍCULA **GA.**)

> A：明日何をするつもりですか。
> Ashita nani o suru tsumori desu ka.
> *¿Qué piensas hacer mañana?*
> B：天気がよければ、ゴルフをするつもりですが、天気がよくな
> ければ、家で本を読んだり、テレビを見たりするつもりです。
> Tenki ga yokereba, gorufu o suru tsumori desu ga, tenki ga yokunakereba,
> uchi de hon o yondari terebi o mitari suru tsumori desu.
> *Si hace buen tiempo, voy a jugar al golf, pero si no hace buen tiempo,*
> *pienso quedarme en casa leyendo, viendo la televisión…*

Cuando en la primera cláusula hay un adjetivo o un verbo de estado, en la segunda pueden aparecer órdenes, sugerencias, consejos, invitaciones, deseos o intenciones. En este caso, **TO** no podría sustituir a **–BA**, pero sí, **–TARA**. Sin embargo, con **–BA** se refuerza mucho más el carácter condicional de la oración.

暑ければ、クーラーをつけてください。
Atsukereba, kuuraa o tsukete kudasai.
Si tiene calor, ponga el aire acondicionado.

分からなければ、先生に聞いたほうがいいでしょう。
Wakaranakereba, sensei ni kiita hoo ga ii deshoo.
Si no lo entiende, es mejor que pregunte al profesor.

明日天気がよければ、ハイキングに行こうと思っています。
Ashita tenki ga yokereba, haikingu ni ikoo to omotte imasu.
Si mañana hace buen tiempo, pienso ir de excursión.

Cuando en la primera cláusula aparece un verbo de acción, en la segunda no pueden aparecer expresiones de invitación, orden, consejo, etc. En estos casos debe sustituirse **–BA** por **–TARA**. El uso de **TO** tampoco sería adecuado.

田中さんが来たら、私に電話をかけるように言ってください。
Tanaka-san ga kitara, watashi ni denwa o kakeru yoo ni itte kudasai.
Si viene/cuando venga Tanaka-san, dígale que me llame.

日本へ行ったら、本をたくさん買っておいたほうがいいです。
Nihon e ittara, hon o takusan katte oita hoo ga ii desu.
Si va/cuando vaya a Japón, es mejor que compre muchos libros.

Con **–BA**, la segunda oración puede ir en pasado únicamente cuando se trata de hipótesis irreales o situaciones que se repetían en el pasado.

COSTUMBRES

小さい時、天気がよければ、公園で遊びました。
Chiisai toki, tenki ga yokereba, kooen de asobimashita.
Cuando era pequeño, si/cuando hacía buen tiempo jugaba en el parque.

日本にいた時、日本人の友達が家に来れば、パエーリャを作りました。
Nihon ni ita toki, nihonjin no tomodachi ga uchi ni kureba, paeerya o
tsukurimashita.
Cuando estaba en Japón, si/cuando venían amigos japoneses a casa, hacía paella.

HIPÓTESIS IRREALES EN EL PASADO

田中さんは忙しくなければ、パーティに来たでしょう。
Tanaka-san wa isogashikunakereba, paati ni kita deshoo.
Si Tanaka-san no hubiera estado ocupado, habría venido a la fiesta.

君はもっと勉強すれば、合格したでしょう。
Kimi wa motto benkyoo sureba, gookaku shita deshoo.
Si hubieras estudiado más, habrías aprobado.

Si no se trata de costumbres o de hipótesis irreales en el pasado, deberá reemplazarse
–BA por **TO** y **–TARA** : (*al/cuando…*)

私が窓を開けると／開けたら雪が降っていました。
Watashi ga mado o akeru to/aketara, yuki ga futte imashita.
Al abrir/cuando abrí la ventana, estaba nevando.

テレビをつけると／つけたら地震の映像が映っていました。
Terebi o tsukeru to/tsuketara, jishin no eizoo ga utsutte imashita.
Al encender/cuando encendí la tele, salían imágenes del terremoto.

Para indicar arrepentimiento, disconformidad o reconvención frente a una acción o
una situación presentes o pasadas existe la estructura **–BA II/ YOKATTA NONI**: *¡Ojalá
+ pretérito imperfecto/pluscuamperfecto de subjuntivo!*

–BA II NONI (presente)

もっと勉強すればいいのに。
Motto benkyoo sureba ii noni.
¡Ojalá estudiara más!

ちゃんと部屋をかたづければいいのに。
Chanto heya o katazukereba ii noni.
¡Ojalá ordenara bien la habitación!

–BA YOKATTA NONI (pasado)

> もっと勉強すればよかったのに。
> Motto benkyoo sureba yokatta noni.
> *¡Ojalá hubiera estudiado más!*

> もっと面白ければよかったのに。
> Motto omoshirokereba yokatta noni.
> *¡Ojalá hubiera sido más interesante!*

La forma condicional *–BA* del verbo *DEKIRU* (*poder*) se utiliza cuando pedimos u ordenamos algo de manera cortés. **Dekireba**: *si es posible.*

> できれば、明日までにコピーをしていただけますか。
> Dekireba, ashita made ni kopii o shite itadakemasu ka.
> *Si le es posible, ¿podría hacer las fotocopias para mañana?*

> できれば、ついでにコーヒーを持って来てくださいませんか。
> Dekireba, tsuide ni koohii o motte kite kudasaimasen ka.
> *Si es posible, ¿podría traerme un café de paso?*

Para preguntar cómo se hace una determinada cosa, existe la siguiente estructura: *DOO verbo en forma condicional –BA + II DESU KA*.

> 郵便局へはどう行けばいいですか。
> Yuubinkyoku e wa doo ikeba ii desu ka. Iku (ir) : ikeba
> *¿Cómo se va a Correos?*

> どう食べればいいでしょうか。
> Doo tabereba ii deshoo ka. Taberu (comer): tabereba
> *¿Cómo se debe comer eso?*

Para indicar que el fenómeno que aparece en la segunda cláusula aumentará en número o intensidad de manera proporcional al incremento descrito en la primera cláusula (*cuánto más… más*), existe la estructura: *verbo/adjetivo forma condicional –BA + verbo/adjetivo infinitivo + HODO + segunda cláusula.*

私は最近寝れば寝るほど眠くなります。

Watashi wa saikin nereba neru hodo nemuku narimasu.

Últimamente, cuanto más duermo más sueño tengo.

アパートは明るければ明るいほどいいです。

Apaato wa akarukereba akarui hodo ii desu.

Un apartamento, cuanto más claro sea, mejor.

Para indicar obligación (*tener que* + *infinitivo*), se añade **NARIMASEN** o **IKEMASEN** a la forma condicional negativa –**BA** de verbos, adjetivos o nombres. (Véase 21. EXPRESIONES DE MODO.)

私は明日田中さんの家へ行かなければなりません。

Watashi wa ashita Tanaka-san no ie e ikanakereba narimasen.

Mañana tengo que ir a casa de Tanaka-san.

アパートは明るくなければなりません。

Apaato wa akarukunakereba narimasen.

Un apartamento tiene que ser claro.

34.3 | Las oraciones condicionales | **La conjunción-partícula –TARA**

–**TARA** es una conjunción-partícula condicional-temporal que puede traducirse por:
Si + indicativo/subjuntivo (**ittara**: *si vas/si fueras/si hubieras ido…*).
Cuando + indicativo/subjuntivo: (**ittara**: *cuando vayas…*).

FORMACIÓN	
VERBO	
Pasado informal (*itta / ikanakatta*)	
ADJETIVO -I	
Pasado informal (*yasukatta / yasukunakatta*)	**+ RA**
ADJETIVO -NA	
Pasado informal (*kirei* + *datta / dewa nakatta* o *ja nakatta*)	
NOMBRE	
Pasado informal (*sensei* + *datta / dewa nakatta* o *ja nakatta*)	

Cuando en la primera cláusula hay un verbo de acción, las dos cláusulas siguen un estricto orden temporal: una vez se ha completado la acción de la primera, tiene lugar la segunda.

> 今晩家に帰ったら、お風呂に入って晩ご飯を食べようと思う。
> Konban, uchi ni kaettara, o-furo ni haitte bangohan o tabeyoo to omou.
> *Esta noche, cuando llegue a casa, pienso tomar un baño y cenar.*

> Si el sujeto de la subordinada –la primera cláusula– es diferente de la principal éste va marcado con **GA.** (Véase 1.2. LA PARTÍCULA **GA**.)

> 吉田さんが来たら、この問題を解決できると思います。
> Yoshida-san ga kitara, kono mondai o kaiketsu dekiru to omoimasu.
> *Cuando venga/si viene/si viniera Yoshida-san podremos/podríamos resolver este problema.*

–TARA indica la condición necesaria para que se produzca un fenómeno concreto. Esta condición expresada por *–TARA* puede tratarse de una hipótesis (*si ocurre A, tendrá lugar B*) o referirse a una relación temporal (*cuando haya sucedido A, tendrá lugar B*).

> 暖房を入れたら、部屋が暖かくなります。
> Danboo o iretara, heya ga atatakaku narimasu.
> *Si se pone/cuando se pone la calefacción, la habitación se caldea.*

> 松本さんが来たら、この書類を渡してください。
> Matsumoto-san ga kitara, kono shorui o watashite kudasai.
> *Cuando venga/si viene Matsumoto-san, entréguele este documento.*

Si ponemos *MOSHI* (el adverbio japonés que equivale a la conjunción condicional *SI* española) la ambigüedad desaparece.

> もし松本さんが来たら、この書類を渡してください。
> Moshi Matsumoto-san ga kitara, kono shorui o watashite kudasai.
> *Si viene Matsumoto-san, entréguele este documento.*

> もしバルセロナにいらっしゃったら、お知らせ下さい。
> Moshi Baruserona ni irasshattara, o-shirase kudasai.
> *Si viene a Barcelona, avíseme.*

Cuando no se mantiene el orden entre la primera y la segunda cláusulas, el *–TARA* condicional-hipotético (*si*) debe sustituirse por **NARA**, y el *–TARA* temporal (*cuando*) por **TOKI**.

> 三鷹へ行くなら、中央線に乗ってください。
> Mitaka e iku nara, chuuoo-sen ni notte kudasai.
> *Si va a Mitaka, coja la línea Chuuoo.*

> 私は三鷹へ行く時、中央線に乗ります。
> Watashi wa Mitaka e iku toki, chuuoo-sen ni norimasu.
> *Cuando voy a Mitaka, cojo la línea Chuuoo.*

EXPRESIONES DE INVITACIÓN, ORDEN, CONSEJO, ETC.

Con *–TARA*, en la segunda cláusula pueden aparecer siempre expresiones de invitación, orden, consejo, deseo, etc. (Con **TO** no era posible jamás y con *–BA*, sólo cuando en la primera oración había un adjetivo o un verbo de estado.)

> 仕事が終わったら、ビールを飲みましょうか。
> Shigoto ga owattara, biiru o nomimashoo ka
> *¿Tomamos una cerveza cuando hayamos terminado el trabajo?*

> 新聞を読み終わったら、貸していただけますか。
> Shinbun o yomiowattara, kashite itadakemasu ka.
> *¿Me dejará el periódico cuando haya terminado de leerlo?*

TIEMPO PASADO EN LA SEGUNDA CLÁUSULA

Con *–TARA*, la segunda cláusula puede ir en pasado siempre que aparezcan en ella hechos inesperados, no buscados por el hablante. Este uso puede compartirlo con **TO**, pero no con *–BA*.

> 今朝駅へ行ったら／行くと地下鉄が故障していました。
> Kesa, eki e ittara/iku to, chikatetsu ga koshoo shite imashita.
> *Esta mañana cuando he ido a la estación, el metro estaba averiado.*

> 今朝あの店へ行ったら／行くと閉まっていました。
> Kesa, ano mise e ittara/iku to, shimatte imashita.
> *Esta mañana cuando he ido a aquella tienda, estaba cerrada.*

Cuando se quiere expresar la idea *después de hacer A, hice B* (que en tiempo presente es posible expresar con –*TARA*), debe utilizarse la forma –*TE*.

> 今晩家に帰ったら、すぐお風呂に入って晩ご飯を食べます。
> Konban, uchi ni kaettara, sugu o-furo ni haitte bangohan o tabemasu.
> *Esta noche, en cuanto llegue a casa, tomaré un baño y cenaré.*

> 夕べ家に帰って、すぐお風呂に入って晩ご飯を食べました。
> Yuube, uchi ni kaette, sugu o-furo ni haitte bangohan o tabemashita.
> *Ayer, en cuanto llegué a casa, tomé un baño y cené.*

Con –*TARA* pueden expresarse también hipótesis irreales en el pasado (*si hubiera… habría…*) añadiendo el verbo auxiliar *DAROO* o *DESHOO*.

> お金があったら、家を建てたでしょう。
> O-kane ga attara, ie o tateta deshoo.
> *Si hubiera tenido dinero, me habría construido una casa.*

Si se añade *NONI*, se expresa pesar ante un determinado hecho.

> もっと時間があったら、いい仕事ができたのに。
> Motto jikan ga attara, ii shigoto ga dekita noni.
> *Si hubiera tenido más tiempo, habría podido hacer un buen trabajo.*

PROPOSICIONES Y SUGERENCIAS

La forma –*TARA* de los adjetivos *II* y *YOROSHII* (*bueno/bien*) se suelen utilizar en proposiciones, sugerencias e invitaciones.

> よかったら、海へ行きませんか。
> Yokattara, umi e ikimasen ka.
> *¿Por qué no vamos a la playa si le parece bien?*

> よろしければ、映画に行きましょうか。
> Yoroshikereba, eiga ni ikimashoo ka.
> *Podríamos ir al cine, si le pareciera bien.*

La locución –**TARA DOO DESU KA** (y sus formas más educadas –**TARA DOO DESHOO KA/ TARA IKAGA DESU KA/ TARA IKAGA DESHOO KA**) expresa sugerencia o consejo: *¿por qué no hace/y si hiciera…?*

> 少し休んだらどうでしょうか。
> Sukoshi yasundara doo deshoo ka
> *¿Y si descansara un poco?*

> タクシーを呼んだらどうですか。
> Takushii o yondara doo desu ka.
> *¿Por qué no llama un taxi?*

34.4	Las oraciones condicionales	La conjunción-partícula *NARA*

NARA es una conjunción-partícula que indica que el hablante se basa en lo que ha dicho su interlocutor, tomando esta información como condición, para extraer de ello una determinada conclusión.

Si/ya que + indicativo (**Iku** (**no**) **nara**: *si/ya que vas…*)

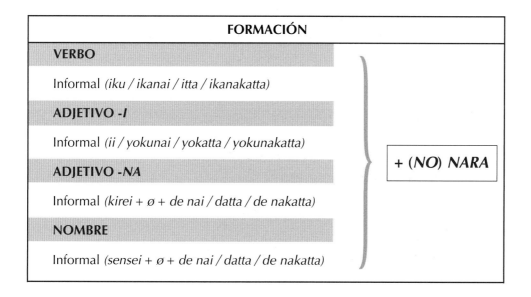

FORMACIÓN	
VERBO	
Informal *(iku / ikanai / itta / ikanakatta)*	
ADJETIVO -I	+ (NO) NARA
Informal *(ii / yokunai / yokatta / yokunakatta)*	
ADJETIVO -NA	
Informal *(kirei + ø + de nai / datta / de nakatta)*	
NOMBRE	
Informal *(sensei + ø + de nai / datta / de nakatta)*	

El nominalizador **NO** que une **NARA** con el verbo y el adjetivo –**I** es opcional en japonés moderno. Sin embargo, hay textos que identifican este **NO** con el **NO** enfático (**no/n desu**) y que, por lo tanto, consideran más naturales las expresiones que lo incluyen. La forma **NO NARA** puede pasar a –**N NARA** en japonés hablado.

> あなたが行くん／のなら、私も行きます。
> Anata ga iku n/no nara, watashi mo ikimasu.
> *Si tú vas, yo también voy.*

> Si el sujeto de la subordinada –la primera cláusula– es diferente de la principal éste va marcado con **GA**. (Véase 1.2. LA PARTÍCULA **GA**.)

> あの部屋が明るいのなら、借りますよ。
> Ano heya ga akarui no nara, karimasu yo.
> *Si aquel piso es luminoso, lo alquilaré.*

Detrás de un nombre y sustituyendo a **WA**, **NARA** señala el tema que retoma el hablante después de que lo haya introducido su interlocutor.

> 大正時代のことなら、尾崎さんに聞いてください。
> Taishoo-jidai no koto nara, Ozaki-san ni kiite kudasai.
> *Si se trata de la época Taishoo, pregunte a Ozaki-san.*

> コンピューターなら、吉川さんがよく知っています。
> Konpyuutaa nara, Yoshikawa-san ga yoku shitte imasu.
> *Si se trata de ordenadores, Yoshikawa-san sabe mucho de eso .*

NARA indica que el hablante se basa en la información que le ha ofrecido su interlocutor, o sea, en un hecho seguro y comprobado, para tomar una decisión, emitir un juicio, etc. (*Ya que/si…*) En resumen, que –**BA** indica condición hipotética, y **NARA** indica condición determinada y conocida.

A : あなたは今晩ディスコへ行きますか。
Anata wa konban disuko e ikimasu ka.
¿Va a la discoteca esta noche?
B : ええ、行きます。あなたは。
Ee, ikimasu. Anata wa?
Sí, voy. ¿Y usted?
A : あなたが行くのなら、私も行きます。
Anata ga iku no nara, watashi mo ikimasu.
Si va usted, yo también iré.

A : あのセーターは高いですか。
Ano seetaa wa takai desu ka.
¿Es caro aquel jersey?
B : いいえ、八千円ですよ。買いますか。
Iie, hassen-en desu yo. Kaimasu ka.
No, vale ocho mil yenes. ¿Vas a comprarlo?
A : 八千円なら買いますよ。
Hassen-en nara kaimasu yo.
Si vale ocho mil yenes, lo compro.

Otro punto en el que **NARA** difiere de **TO**, de –**TARA** y de –**BA** es que **NARA** está libre de la relación consecutiva primera-segunda cláusula. NARA es la conjunción-partícula condicional adecuada cuando hay simultaneidad entre las acciones de la primera y segunda cláusulas o, incluso, cuando la segunda precede a la primera.

Con **NARA**, en la segunda cláusula pueden encontrarse expresiones de voluntad.

英語の小説を買うなら、学校の前の本屋へ行きなさい。
Eigo no shoosetsu o kau nara, gakkoo no mae no hon´ya e ikinasai.
Si vas a comprar novelas en inglés, ve a la librería de delante de la escuela.

大阪へ行くなら、新幹線で行きなさい。
Oosaka e iku nara, shinkansen de ikinasai.
Si vas a Osaka, ve en Shinkansen.

La conjunción japonesa equivalente a *y*, la conjunción copulativa por excelencia en español, es *SOSHITE*. La conjunción *SOSHITE* va siempre entre dos oraciones independientes, encabezando la segunda oración. (Véase 26.3.4 LA CONJUNCIÓN COPULATIVA.)

> 上田さんは三鷹駅へ行きました。そして、電車に乗りました。
> Ueda-san wa Mitaka-eki e ikimashita. Soshite, densha ni norimashita.
> *Ueda-san ha ido/fue a la estación de Mitaka y ha subido/subió al tren.*

Sin embargo, en japonés, la función de unir sustantivos dentro de una misma oración la desempeñan las partículas (posposiciones) *TO*, *YA* y la conjunción *TOKA*, equivalentes a la conjunción española *y*. (Véase 4. LAS PARTÍCULAS.)

> 渡辺さんはウェーターにハンバーガーとポテトチップとコーラを注文しました。
> Watanabe-san wa weetaa ni hanbaagaa to poteto chippu to koora o chuumon shimashita.
> *Watanabe-san ha pedido/pidió al camarero una hamburguesa, patatas fritas y un refresco de cola.*

> 渡辺さんはウェーターにハンバーガーやポテトチップやコーラを注文しました。
> Watanabe-san wa weetaa ni hanbaagaa ya poteto chippu ya koora o chuumon shimashita.
> *Watanabe-san ha pedido/pidió al camarero una hamburguesa, patatas fritas, un refresco de cola… (y más cosas que no se mencionan).*

> 渡辺さんはウェーターにハンバーガーとかポテトチップとかコーラを注文しました。
> Watanabe-san wa weetaa ni hanbaagaa toka poteto chippu toka koora o chuumon shimashita.
> *Watanabe-san ha pedido/pidió al camarero una hamburguesa, patatas fritas, un refresco de cola… (y más cosas que no se mencionan).*

También existen las oraciones copulativas unidas por la forma *–TE* del verbo, afirmativa y negativa, por la forma de enlace o forma *ren´yoo-chuushi-kei*, por la expresión *–TARI* y por la conjunción *SHI*. Sin embargo, estas expresiones o conjunciones no se limitan a unir o enumerar acciones, sino que pueden tener a la vez un sentido causal, adversativo, etc.

Los verbos, adjetivos _–I_ y adjetivos _–NA_ tienen forma _–TE_.

ADJETIVOS _–I_

Adjetivo (_–i_) + _KUTE_: **takai**: **taka** (**i**) + **kute** = **takakute**

ADJETIVOS _–NA_

Adjetivo + _DE_ (verbo _DEARU_): **shizuka**: **shizuka** + **de** = **shizuka de**

VERBOS

PRIMER GRUPO (equivale al grupo A de la clasificación anterior)

–KU	–ITE	kaku:	kaite
		*iku:	itte
–GU	–IDE	oyogu	oyoide
–MU	–NDE	yomu	yonde
–NU	–NDE	shinu	shinde
–BU	–NDE	asobu	asonde
–SU	–SHITE	hanasu	hanashite
–TSU	–TTE	matsu	matte
–U	–TTE	kau	katte
–RU	–TTE	kaeru	kaette

SEGUNDO GRUPO (equivale a los grupos B y C)

–RU	–TE	taberu	tabete

TERCER GRUPO (equivale a los grupos D y E respectivamente)

		kuru	kite
		kuru	shite

*La forma –TE de verbo IKU es regular: ITTE

VERBO **DEARU** (NOMBRES + **DEARU**)
Verbo **dearu**: DE Yoshimoto-san de

La forma −**TE** sirve para unir oraciones. Es una simple forma de enlace, sin tiempo determinado, que indica que la frase continúa. El tiempo lo determina el último verbo o adjetivo.

> あの部屋は広くて明るいです。
> Ano heya wa hirokute akarui desu.
> *Aquella habitación es grande y clara.*

> 田中さんは先生で大学で教えています。
> Tanaka-san wa sensei de daigaku de oshiete imasu.
> *Tanaka-san es profesor y enseña en la universidad.*

> この問題は複雑で解決できません。
> Kono mondai wa fukuzatsu de kaiketsu dekimasen.
> *Este problema es complicado y no sé resolverlo.*

> 私は朝ご飯を食べて学校へ行きました。
> Watashi wa asagohan o tabete gakkoo e ikimashita.
> *He desayunado/desayuné y he ido/fui a la escuela.*

La forma −**TE** se traduce por *y*. A veces, une simplemente una serie de características que posee una persona o cosa (enlazando adjetivos). Otras, une una secuencia consecutiva de acciones (enlazando verbos). Puede tener un sentido causal. (Véase 30. LAS ORACIONES CAUSALES.)

> 私はお菓子を食べすぎておなかが痛いです。
> Watashi wa okashi o tabesugite, onaka ga itai desu.
> *He comido demasiados dulces y me duele la barriga.*

> 暗くて何も見えません。
> Kurakute nanimo miemasen.
> *Está oscuro y no se ve nada.*

Tengan un sentido causal o no, las acciones unidas con la forma −**TE** siempre mantienen un estricto orden temporal: la primera acción es la primera que ha tenido lugar y la última, la última acción.

今朝郵便局へ行って、（そこで）切手を買いました。

Kesa yuubinkyoku e itte, (soko de) kitte o kaimashita.

Esta mañana he ido a Correos y he comprado sellos (allí).

Si los sujetos de las dos oraciones son diferentes, la forma –**TE** expresa simultaneidad.

先生が説明して、学生がノートをとります。

Sensei ga setsumei shite, gakusei ga nooto o torimasu.

El profesor explica y los estudiantes toman apuntes.

La forma –**TE** de los verbos puede desempeñar funciones semejantes a las del gerundio español.

上田さんは歩いて大学へ行きます。

Ueda-san wa aruite daigaku e ikimasu.

Ueda-san va andando a la universidad.

吉本さんは急いで作文を書きました。

Yoshimoto-san wa isoide sakubun o kakimashita.

Yoshimoto-san ha escrito la redacción deprisa (dándose prisa).

La forma –**TE** del verbo puede ir seguida de partículas, conjunciones y verbos o adjetivos auxiliares (***jodooshi***). (Véase 13. TIEMPO Y ASPECTO DEL VERBO y 21. EXPRESIONES DE MODO.)

–**TE** + **ARU**:	*estar + participio*
–**TE** + **HOSHII**:	*querer que + subjuntivo* (querer que alguien realice una acción o que ocurra un determinado fenómeno)
–**TE** + **IKU**:	*ir + gerundio* (recoge un cambio que se producirá cara al futuro)
–**TE** + **IRU**:	*estar + gerundio*
–**TE** + **KARA**:	*después de + verbo infinitivo/después (de) que + subjuntivo*
–**TE** + **KUDASAI**:	forma imperativa
–**TE** + **KURU**:	*venir + gerundio* (recoge un cambio que ha venido produciéndose)
–**TE** + **MIRU**:	*intentar + verbo infinitivo*
–**TE** + **MO**:	*aunque*
–**TE** + **MO** + **II**:	expresión para dar y pedir permiso
–**TE** + **OKU**:	*dejar + participio*
–**TE** + **SHIMAU**:	indica que una acción está terminada
–**TE** + **WA** + **IKENAI**:	expresa prohibición

–NAIDE es la forma *–TE* negativa del verbo. El adjetivo carece de ella.

GRUPO I

La última sílaba de la forma-dicionario del verbo (acabada en *–U*) se pasa a su equivalente en la tabla de los hiragana acabada en *–A*. Esta es la forma *mizen-kei* del verbo. Si a la forma *mizen-kei* se le añade el auxiliar *–NAI*, se obtiene la forma presente informal negativa del verbo. Si se le suma *–DE*, se obtiene la forma *–TE* negativa del verbo.

kaku:	kaka	+	NAI	+	DE	=	kakanide
oyogu:	oyoga	+	NAI	+	DE	=	oyoganaide
yomu:	yoma	+	NAI	+	DE	=	yomanaide
shinu:	shina	+	NAI	+	DE	=	shinanaide
asobu:	asoba	+	NAI	+	DE	=	asobanaide
kasu:	kasa	+	NAI	+	DE	=	kasanaide
matsu:	mata	+	NAI	+	DE	=	matanaide
kau:	kawa	+	NAI	+	DE	=	kawanaide
kaeru:	kaera	+	NAI	+	DE	=	kaeranaide

GRUPO II

Se elimina la terminación (la sílaba *–RU*) y se añade *–NAI* (presente informal negativo) y luego *–DE*:

taberu:	tabe	+	NAI	+	DE	=	tabenaide
miru:	mi	+	NAI	+	DE	=	minaide

GRUPO III

Si a la forma *mizen-kei* del verbo, se le añade *–NAI*, se obtiene el presente negativo informal. Si al presente negativo informal se le suma *–DE*, se tiene la forma *–TE* negativa del verbo.

kuru	ko	+	NAI	+	DE	=	konaide
suru	shi	+	NAI	+	DE	=	shinaide

Presente informal negativo (acabado en *NAI*) + *DE*

La forma –***NAIDE*** tiene un sentido negativo, opuesto a la forma –***TE*** afirmativa. Expresa que una acción, contra lo que es o era de esperar, no se ha realizado o no se realizará.

FORMA –***TE*** AFIRMATIVA

> 佐藤さんはお風呂に入って寝ました。
> Satoo-san wa o-furo ni haitte nemashita.
> *Satoo-san tomó un baño y se acostó.*

> 辞書を見て作文を書きなさい。
> Jisho o mite sakubun o kakinasai.
> *Escribid una redacción mirando el diccionario.*

FORMA –***TE*** NEGATIVA

> 佐藤さんはお風呂に入らないで寝ました。
> Satoo-san wa o-furo ni hairanaide nemashita.
> *Satoo-san se acostó sin bañarse.*

> 辞書を見ないで作文を書きなさい。
> Jisho o minaide sakubun o kakinasai.
> *Escribid una redacción sin mirar el diccionario.*

Al igual que la forma –***TE*** afirmativa, –***NAIDE*** también puede ir seguida de auxiliares:

–*NAIDE* + *KUDASAI*

> この紙を折らないでください。
> Kono kami o oranaide kudasai.
> *No doble este papel.*

> この本を持って帰らないでください。
> Kono hon o motte kaeranaide kudasai.
> *No se lleve este libro a casa.*

−NAIDE + HOSHII / MORAITAI

私の日記を読まないでもらいたい。
Watashi no nikki o yomanaide moraitai.
No quiero que lea mi diario.

台所を汚さないでほしい。
Daidokoro o yogosanaide hoshii.
No quiero que ensucies la cocina.

−NAIDE + OKU

後で時間がたっぷりあるので、昼ご飯を作らないでおきました。
Ato de jikan ga tappuri aru node, hirugohan o tsukuranaide okimashita.
Después tendremos mucho tiempo, por eso no he dejado la comida hecha.

35.4	Las oraciones copulativas	−ZU NI

Cuando −**NAIDE** equivale a **sin** + **infinitivo**, puede sustituirse por el auxiliar −**ZU** + **NI**.

−**ZU** es un auxiliar que expresa negación, al igual que −**NAI**. Los dos van pospuestos a la forma **mizen-kei** del verbo.

GRUPO I

kaku:	kaka	+ ZU	+ NI	=	kakazu ni
oyogu:	oyoga	+ ZU	+ NI	=	oyogazu ni
yomu:	yoma	+ ZU	+ NI	=	yomazu ni
shinu:	shina	+ ZU	+ NI	=	shinazu ni
asobu:	asoba	+ ZU	+ NI	=	asobazu ni
kasu:	kasa	+ ZU	+ NI	=	kasazu ni
matsu:	mata	+ ZU	+ NI	=	matazu ni
kau:	kawa	+ ZU	+ NI	=	kawazu ni
kaeru:	kaera	+ ZU	+ NI	=	kaerazu ni

GRUPO II

Se debe eliminar la terminación (la sílaba –**RU**) y añadir –**ZU** + **NI**

taberu: tabe   + ZU + NI = tabezu ni
miru: mi   + ZU + NI = mizu ni

GRUPO II

kuru   ko   + ZU + NI = kozu ni
suru   se   + ZU + NI = sezu ni

{
佐藤さんはお風呂に入らずに寝ました。
Satoo-san wa o-furo ni hairazu ni nemashita.
Satoo-san se acostó sin bañarse.

A –**ZU NI** no se le pueden posponer los auxiliares **KUDASAI**, –**HOSHII** o –**MORAITAI**, como sí podía hacerse con –**NAIDE**.

35.5 | Las oraciones copulativas | **Forma de enlace o *ren'yoo-chuushi-kei***

La forma de enlace se obtiene a partir del presente afirmativo formal al que se extrae la terminación –**MASU**, es decir, la forma **ren´yoo-kei**. O, dicho de otro modo, la unión de oraciones es una de las funciones de la forma **ren´yoo-kei**.

Ren'yoo-kei = verbo presente formal afirmativo (–*MASU*)

Forma-diccionario		presente formal	verbo (*masu*)
Hataraku	(*trabajar*)	hataraki-masu	hataraki
Asobu	(*jugar*)	asobi-masu	asobi
Nomu	(*beber*)	nomi-masu	nomi
Taberu	(*comer*)	tabe-masu	tabe

La forma **verbo (*masu*)**, al igual que la forma –**TE**, tiene dos usos: indica el orden en que han sucedido dos acciones, o enumera dos acciones o estados simultáneos.

35.5.1	Las oraciones copulativas	Forma de enlace o *ren'yoo-chuushi-kei*	**Ordenar acciones**

La forma –**TE** indica una sucesión de acciones fuertemente relacionadas la una con la otra. Con verbo (**masu**), la relación temporal entre las acciones es mucho más débil.

毎朝七時に起き、散歩に行きます。
Maiasa shichi-ji ni oki, sanpo ni ikimasu.
Todas la mañanas me levanto a las siete y me voy a pasear.

La forma verbo (**masu**), como en el ejemplo **A**, indica cuál de las acciones tiene lugar primero, pero no que ocurran de una manera consecutiva. En cambio, en el ejemplo **B**, la forma –**TE** indica que una acción sucede a continuación de la otra

A : 仕事が終わり、会社を出る。
Shigoto ga owari, kaisha o deru.
B : 仕事が終わって、会社を出る。
Shigoto ga owatte, kaisha o deru.
Termino el trabajo y salgo de la empresa.

En caso de que una acción conlleve otra, se debe usar la forma –**TE**. Asimismo, cuando la primera acción es la causa o el desencadenante de la segunda, es obligado el uso de la forma –**TE**.

上田さんは武蔵境駅で電車に乗って、新宿まで行きました。
Ueda-san wa Musashisakai-eki de densha ni notte, Shinjuku made ikimashita.
Ueda-san ha cogido/cogió el tren en la estación de Musashisakai y ha ido/fue hasta Shinjuku.

試験が終わってみんなほっとした。
Shiken ga owatte, minna hotto shita.
Han terminado/ terminaron los exámenes y todos se han sentido/sintieron aliviados.

35.5.2	Las oraciones copulativas	Forma de enlace o *ren'yoo-chuushi-kei*	**Enumerar acciones o estados simultáneos**

Con la forma verbo (**masu**) se pueden enunciar una serie de acciones que transcurren de manera simultánea.

> 先生が説明し、学生がノートをとる。
> Sensei ga setsumei shi, gakusei ga nooto o toru.
> *El profesor explica y los estudiantes toman apuntes.*

Si el sujeto de las dos oraciones es el mismo, la idea de simultaneidad sólo podrá expresarse con verbo (**masu**).

> パーティでみんな歌い、おどった。
> Paati de minna utai, odotta.
> *En la fiesta todos cantamos y bailamos.*

Si los sujetos de las dos oraciones son diferentes, la idea de simultaneidad podrá expresarse con verbo (**masu**) y con la forma –**TE**.

> 春、鳥が鳴き、花が咲く。
> Haru, tori ga naki, hana ga saku.
> 春、鳥が鳴いて、花が咲く。
> Haru, tori ga naite, hana ga saku.
> *En primavera, los pájaros cantan y las flores florecen.*

Cuando la primera oración expresa el modo en que se realiza la segunda, o sea, cuando equivale a un gerundio en español, sólo puede utilizarse la forma –**TE**.

> 私は急いで学校へ行きました。
> Watashi wa isoide gakkoo e ikimashita.
> *He ido/fui a la escuela precipitadamente/dándome prisa.*

> 竹田さんは歩いて家へ帰ります。
> Takeda-san wa aruite uchi e kaerimasu.
> *Takeda-san vuelve a casa andando.*

Suele decirse que verbo (*masu*) es más formal que la forma –*TE* y que pertenece al campo de la escritura. Sin embargo, en el japonés escrito se utilizan a menudo las dos formas mezcladas. Cuando dos frases tienen una relación consecutiva acentuada, se unen con la forma –*TE*, y cuando no la tienen, con la forma verbo (*masu*).

朝、起きて、シャワーを浴び、散歩に行く。
Asa, okite, shawaa o abi, sanpo ni iku.
Por la mañana, me levanto, me ducho y voy a pasear.

昨日デパートへ行って、ズボンを買い、友達と映画に行きました。
Kinoo deepato e itte, zubon o kai, tomodachi to eiga ni ikimashita.
Ayer fui a los grandes almacenes, compré unos pantalones y me fui al cine con un/a/os/as amigo/a/os/as.

Mezclar las dos formas facilita la lectura y mejora el estilo. Unir repetidamente frases sólo con la forma –*TE* o con verbo (*masu*) hace que la frase suene poco natural.

| 35.6 | Las oraciones copulativas | *TARI SURU* |

Las funciones de –*TARI SURU* son básicamente dos: ofrecer una enumeración no exhaustiva de acciones que el sujeto lleva a cabo en el presente o ha realizado en el pasado, y expresar reiteración o alternancia de acciones o estados. Además, con un solo –*TARI* seguido del verbo *SURU* se menciona una acción como ejemplo representativo de otras.

FORMACIÓN	
VERBO	
Pasado informal (*itta / ikanakatta*)	
ADJETIVO -*I*	
Pasado informal (*yokatta / yokunakatta*)	**+ RI SURU / DESU**
ADJETIVO -*NA*	
Pasado informal (*kirei + datta / dewa nakatta o ja nakatta*)	
NOMBRE	
Pasado informal (*sensei + datta / dewa nakatta o ja nakatta*)	

35.6.1	Las oraciones copulativas	*TARI SURU*	**Enumeración no exhaustiva**

Con –**TARI SURU**, de entre todas las acciones que realiza o ha realizado el sujeto, se escogen dos o tres de forma representativa. Estas acciones no siguen un orden temporal como sucede con las oraciones unidas por la forma –**TE**. Tampoco puede establecerse ninguna relación causal entre ellas como sí podía suceder con las oraciones unidas por la forma –**TE**.

今朝、掃除をしたり買物に行ったりしました。
Kesa, sooji o shitari, kaimono ni ittari shimashita.
Esta mañana he hecho la limpieza, he ido de compras…

La forma –**TARI** tiene semejanzas con la partícula **YA** (aunque la segunda sólo aparece en listas no exhaustivas de sustantivos) y **TOKA** (lista incompleta de nombres y acciones que se hacen normalmente).

A：週末にどんなことをしますか。
Shuumatsu ni donna koto o shimasu ka.
¿Qué (tipo de cosas) haces los fines de semana?
B：本を読んだり映画に行ったりします。
Hon o yondari, eiga ni ittari shimasu.
本を読むとか、映画に行くとかします。
Hon o yomu toka, eiga ni iku toka shimasu.
Leo, voy al cine…

Se puede sustituir –**TARI** por **TOKA** porque se mencionan acciones que se llevan a término habitualmente, sin especificar el tiempo.

A：昨日何をしましたか。
Kinoo nani o shimashita ka.
¿Qué hiciste ayer?
B：掃除をしたり洗濯をしたり買物をしたりしました。
Sooji o shitari, sentaku o shitari, kaimono o shitari shimashita.
掃除や洗濯や買物などをしました。
Sooji ya sentaku ya kaimono nado o shimashita.
Hice la limpieza, la colada, la compra, etc.

En –*TARI SURU*, el verbo puede ir en voz pasiva, causativa y causativa-pasiva, así como formar parte de estructuras más complejas usando el verbo *SURU* como nexo de unión.

先生は学生にテープを聞かせたり作文を書かせたりします。
Sensei wa gakusei ni teepu o kikasetari, sakubun o kakasetari shimasu.
先生は学生にテープを聞いたり作文を書いたりさせます。
Sensei wa gakusei ni teepu o kiitari, sakubun o kaitari sasemasu.
Los profesores hacen escuchar cintas, escribir redacciones, etc., a los alumnos.

図書館でご飯を食べたりたばこを吸ったりしてはいけません。
Toshokan de gohan o tabetari, tabako o suttari shite wa ikemasen.
En la biblioteca no se puede comer, ni fumar, ni…

パーティで友達と話したり歌を歌ったりして楽しかった。
Paati de tomodachi to hanashitari, uta o utattari shite tanoshikatta.
En la fiesta, hablé con mis amigos, canté y (por eso) me divertí.

ゆうべディスコへ行って、友達と話したり、踊ったりして、とても楽しかったです。
Yuube disuko e itte, tomodachi to hanashitari, odottari shite, totemo tanoshikatta desu.

Forma *TE* + *TARI* + TARI + Forma *TE*

Anoche fui a la discoteca. Hablé con mis amigos, bailé, etc. Me divertí mucho.

35.6.2	Las oraciones copulativas	TARI SURU	Reiteración de unas acciones determinadas

Con verbos de sentido opuesto, –**TARI SURU** indica reiteración.

今日は雨が降ったりやんだりしています。
Kyoo wa ame ga futtari yandari shite imasu.
Hoy no hace más que llover y dejar de llover.

田中さんは部屋に入ったり出たりしています。
Tanaka-san wa heya ni haittari detari shite imasu.
Tanaka-san entra y sale de la habitación.

吉本さんはドアを開けたり閉めたりしています。
Yoshimoto-san wa doa o aketari shimetari shite imasu.
Yoshimoto-san no para de abrir y cerrar la puerta.

35.6.3	Las oraciones copulativas	TARI SURU	Alternancia de acciones o estados

Con el mismo verbo o adjetivo en afirmativo y negativo, o con verbos y adjetivos de sentido contrario, –**TARI SURU** indica discontinuidad (a veces es así, a veces de forma opuesta; a veces hace una cosa determinada, a veces no). En este grupo, el verbo **SURU** puede sustituirse por **DESU**.

上田さんは授業に出席したり、しなかったりです／します。
Ueda-san wa jugyoo ni shusseki shitari shinakattari desu/shimasu.
Ueda-san a veces asiste a clase y a veces no.

この魚屋の魚は新鮮だったり、古かったりです／します。
Kono sakana-ya no sakana wa shinsen dattari, furukattari desu/shimasu.
El pescado de esta pescadería a veces es fresco y a veces no.

あの学校の試験は難しかったり、やさしかったりです／します。
Ano gakkoo no shiken wa muzukashikattari yasashikattari desu/ shimasu.
Los exámenes de aquella escuela a veces son difíciles y a veces, fáciles.

35.6.4	Las oraciones copulativas	TARI SURU	Una única acción como ejemplo

Con un solo –*TARI* seguido del verbo **SURU**, se menciona una acción como ejemplo representativo de otras acciones.

> 試験の時、隣の人と話したりしてはいけません。
> Shiken no toki, tonari no hito to hanashitari shite wa ikemasen.
> *Durante los exámenes no se puede hablar con la persona de al lado (ni hacer cosas por el estilo).*

Con el verbo negativo, tiene una fuerte carga enfática y significa: *no hago/haces/ hace... cosas de ese tipo.*

> 私はうそをついたりしません。
> Watashi wa uso o tsuitari shimasen.
> *Yo no digo mentiras (ni otras cosas por el estilo).*

35.7 Las oraciones copulativas   –*SHI*

–*SHI* es una conjunción partícula que desempeña la función de una conjunción copulativa.

FORMACIÓN		
VERBO		
Verbo informal (*iku / ikanai / itta / ikanakatta*)		
ADJETIVO -*I*		
Adjetivo informal (*ii / yokunai / yokatta / yokunakatta*)		
ADJETIVO -*NA*		**+ SHI**
Verbo ***dearu*** informal (*kirei + da / dewa nai o ja nai / datta / dewa nakatta o ja nakatta*)		
NOMBRE		
Verbo ***dearu*** informal (*sensei + da / dewa nai o ja nai / datta / dewa nakatta o ja nakatta*)		
Aunque en situaciones muy formales podemos encontrar el formal precediendo a **SHI**, es mucho más habitual el uso del INFORMAL.		

Aunque **SHI** se comporta siempre como una conjunción copulativa o aditiva, existen diferentes estructuras compuestas por **SHI**.

35.7.1	Las oraciones copulativas	*SHI*	**Adición de dos acciones o estados**

En esta estructura se citan dos acciones, estados o características del sujeto unidos con *–SHI* con sentido aditivo. Muchas veces, las oraciones están reforzadas por la partícula **MO** (*también*). Esta estructura equivale a *…y, además…; o, no sólo… sino también…*

PRIMERA ORACIÓN + *SHI* + SEGUNDA ORACIÓN

昨日雨も降ったし、風も吹いた。
Kinoo, ame mo futta shi, kaze mo fuita.
Ayer llovió y también sopló el viento.

田中さんは水泳もできるし、テニスもできます。
Tanaka-san wa suiei mo dekiru shi, tenisu mo dekimasu.
Tanaka-san sabe nadar y, además, sabe jugar al tenis.

35.7.2	Las oraciones copulativas	*SHI*	**Enunciación y conclusión / valoración**

En esta estructura se enuncian dos o más acciones, estados o características del sujeto que conducen a una conclusión o valoración. Equivale a *…no sólo… sino también… Por lo tanto…*

PRIMERA ORACIÓN + *SHI* + SEGUNDA ORACIÓN + *SHI* + CONCLUSIÓN / VALORACIÓN / JUICIO

田中さんは水泳もできるし、テニスもできるし、スポーツが上手です。
Tanaka-san wa suiei mo dekiru shi, tenisu mo dekiru shi, supootsu ga joosu desu.
Tanaka-san sabe nadar y, además, sabe jugar al tenis. Es muy bueno en deportes.

吉田さんはあまり勉強しないし、よく欠席するし、あまりいい学生じゃあ
りません。
Yoshida-san wa amari benkyoo shinai shi, yoku kesseki suru shi, amari ii
gakusei dewa arimasen.
Yoshida-san apenas estudia y, además, falta mucho a clase. No es muy buen estudiante.

35.7.3	Las oraciones copulativas	*SHI*	**Enunciación de un solo aspecto y elipsis**

En esta estructura se nombra una sola acción o característica, o un solo estado, añadiéndolos con la conjunción-partícula –**SHI** a los que se han enunciado previamente.

ORACIÓN + *SHI*

A : 林さんはあまりまじめな人ではないと思います。

Hayashi-san wa amari majime-na hito dewanai to omoimasu.

Creo que Hayashi-san no es una persona muy seria.

B : よくうそをつくし。

Yoku uso o tsuku shi.

Y encima, dice muchas mentiras.

A : あの部屋はちょっと狭い。

Ano heya wa chotto semai.

Aquella habitación es un poco pequeña.

B : 暗いし。

Kurai shi.

Y además, es oscura.

LAS ORACIONES COMPARATIVAS (*HIKAKU-SETSU*)

| 36.1 | Las oraciones comparativas | **Características generales** |

En las frases comparativas expresamos la igualdad o la diferencia que existe entre **DOS** personas, animales, lugares o cosas. Para expresar comparación, en japonés existen diversas estructuras como –**NO HOO GA** –**YORI** o –**ONAJI KURAI**; adverbios como **MOTTO**, o partículas como **HODO**.

高橋さんのほうが松本さんより背が高いです。
Takahashi-san NO HOO GA Matsumoto-san YORI se ga takai desu.
Takahashi-san es MÁS alto QUE Matsumoto-san.

このコートは高いです。あれはもっと高いです。
Kono kooto wa takai desu. Are wa MOTTO takai desu.
Este abrigo es caro. Aquél es todavía MÁS caro.

La comparación puede expresarse en términos de igualdad o superioridad. En japonés, no existe la forma comparativa de inferioridad propiamente dicha (*menos que…*).

今日は昨日より暑いです。
Kyoo wa kinoo yori atsui desu.
Hoy hace más calor que ayer.

今日も昨日も同じくらい暑いです。
Kyoo mo kinoo mo onaji kurai atsui desu.
Hoy hace tanto calor como ayer.

今日は昨日ほど暑くないです。
Kyoo wa kinoo hodo atsukunai desu.
Hoy no hace tanto calor como ayer.

Con un adjetivo, se compara la misma cualidad en objetos diferentes. Con un verbo precedido de un adverbio, la intensidad con que se lleva a cabo una determinada acción.

ADJETIVO (*HAYAI*)

飛行機のほうが電車より速いです。
Hikooki no hoo ga densha yori hayai desu.
El avión es más rápido que el tren.

ADVERBIO (*YOKU*) + VERBO (*BENKYOO SHIMASU*)

{ 吉本さんのほうが山田さんよりよく勉強します。
Yoshimoto-san no hoo ga Yamada-san yori yoku benkyoo shimasu.
Yoshimoto-san estudia más que Yamada-san.

36.2	Las oraciones comparativas	Comparativas de superioridad

36.2.1	Las oraciones comparativas	Comparativas de superioridad	NO HOO GA –YORI

> **A es MÁS + adjetivo+ QUE B**
> **A + verbo + MÁS + adverbio + QUE B**

FORMACIÓN

> **NOMBRE + *NO HOO GA* + NOMBRE + *YORI***

{ 斉藤さんのほうが森田さんより親切です。
Saitoo-san no hoo ga Morita-san yori shinsetsu desu.
Saitoo-san es más amable que Morita-san

FORMACIÓN	
VERBO	
Verbo informal (*iku / ikanai / itta / ikanakatta*)	
ADJETIVO -*I*	
Adjetivo *I* informal (*ookii / ookikunai / ookikatta / ookikunakatta*)	**+ *HOO GA***
ADJETIVO -*NA*	
Adjetivo **NA** informal (*kirei + na / dewa nai o ja nai / datta / dewa nakatta o ja nakatta*)	
NOMBRE + VERBO *DEARU*	
Nombre informal (*sensei + dearu / dewa nai o ja nai / datta / dewa nakatta o ja nakatta*)	

{ 地下鉄で行くほうがバスで行くより速いです。
Chikatetsu de iku hoo ga basu de iku yori hayai desu.
Es más rápido ir en metro que ir en autobús.

{ 部屋はもちろん静かなほうがうるさいよりいいです。
Heya wa mochiron shizuka-na hoo ga urusai yori ii desu.
Una habitación, por supuesto, es mejor que sea tranquila que ruidosa.

{ 女であるほうが男であるより辛いと思いますか。
Onna dearu hoo ga otoko dearu yori tsurai to omoimasu ka.
¿Cree que es más duro ser una mujer que un hombre?

La partícula –**GA** de (**NO**) **HOO GA** señala el sujeto y responde a las siguientes preguntas:

**NOMBRE + *TO* + NOMBRE + *TO* + DOCHIRA (*NO HOO*) *GA*
+ ADJETIVO / ADVERBIO**

{ A：このスカートとあれとどちら（のほう）が高いですか。
Kono sukaato to are to dochira (no hoo) ga takai desu ka.
¿Qué falda es más cara, ésta o aquélla?
B：このスカートのほうが（あれより）高いです。
Kono sukaato no hoo ga (are yori) takai desu.
Esta falda es más cara (que aquélla).

**VERBO/ADJ. –*I* + *NO TO* + VERBO/ADJ. –*I* + *NO TO* +
DOCHIRA (*NO HOO*) *GA* + ADJETIVO / ADVERBIO**

{ A：家で食事をするのと外で食事をするのとどちら（のほう）が 楽しいと
思いますか。
Uchi de shokuji o suru no to soto de shokuji o suru no to dochira (no
hoo) ga tanoshii to omoimasu ka.
¿Qué te parece más divertido, comer en casa o fuera?
B：外で食事をするほうが楽しいと思います。
Soto de shokuji o suru hoo ga tanoshii to omoimasu.
Creo que es más divertido comer fuera.

La partícula **GA** señala el sujeto y, por lo tanto, si el nombre, el adjetivo o el verbo que van delante de (**NO**) **HOO** desempeñan otra función sintáctica, la partícula **GA** debe sustituirse por otra.

A：魚と肉とどちらのほうをよく食べますか。
Sakana to niku to dochira no hoo o yoku tabemasu ka.
¿Qué comes más, carne o pescado?
B：魚のほうを（肉より）よく食べます。
Sakana no hoo o (niku yori) yoku tabemasu.
Como más pescado (que carne).

私は上田さんとより田中さんの方とよく話します。
Watashi wa Ueda-san to yori Tanaka-san no hoo to yoku hanashimasu.
Hablo más a menudo con Tanaka-san que con Ueda-san.

Se pueden añadir modificadores delante de los adjetivos o adverbios: **zutto** + *adjetivo/ adverbio = mucho más + adj./ adv.;* **chotto** + *adj./ adv. = un poco más + adj./adv.*

東京のほうが奈良より人口がずっと多いです。
Tookyoo no hoo ga Nara yori jinkoo ga zutto ooi desu.
La población de Tokyo es mucho mayor que la de Nara.

吉本さんのほうが金田さんよりちょっと背が高いです。
Yoshimoto-san no hoo ga Kaneda-san yori chotto se ga takai desu.
Yoshimoto-san es un poco más alto/a que Kaneda-san.

吉本さんのほうが金田さんより五センチ背が高いです。
Yoshimoto-san no hoo ga Kaneda-san yori go-senchi se ga takai desu.
Yoshimoto-san es cinco centímetros más alto/a que Kaneda-san.

36.2.2	Las oraciones comparativas	Comparativas de superioridad	**WA –YORI**

A es MÁS + adjetivo+ QUE B
A + verbo + MÁS + adverbio + QUE B

–**NO HOO GA** parte de la pregunta –**DOCHIRA** (**NO HOO**) **GA** y sirve para determinar cuál de los dos términos comparados posee en mayor grado una cualidad o realiza con mayor intensidad una actividad determinada. En este caso, ninguno de los dos términos comparados es, en particular, el tema. Si uno de los dos términos que aparecen en la oración comparativa se ha convertido previamente en el tema, debe sustituirse –**NO HOO GA** por la partícula **WA**.

> このズボンは色がきれいだし、デザインもいいです。でも、このズボンは ほかのよりずっと高いです。
>
> Kono zubon wa iro ga kirei da shi, dezain mo ii desu. Demo, kono zubon wa hoka no yori zutto takai desu.
>
> *El color de estos pantalones es bonito y el diseño también. Pero estos pantalones son mucho más caros que los otros.*

VERBO INFORMAL PASADO AFIRMATIVO + **HOO GA II** expresa consejo, no comparación. (Véase 21. EXPRESIONES DE MODO.)

> 風邪薬を飲んだほうがいいと思います。
>
> Kaze-gusuri o nonda hoo ga ii to omoimasu.
>
> *Creo que es mejor que tome una medicina para el resfriado.*

36.2.3	Las oraciones comparativas	Comparativas de superioridad	*MOTTO*

El adverbio **MOTTO** (*más*) expresa superioridad. Precede a un adjetivo, adverbio o verbo.

MOTTO + ADJETIVO

> もっと細いズボンはありませんか。
>
> Motto hosoi zubon wa arimasen ka.
>
> *¿No tiene pantalones más estrechos?*

MOTTO + ADVERBIO

> もっとゆっくり話してください。
>
> Motto yukkuri hanashite kudasai.
>
> *Hable más despacio, por favor.*

MOTTO + VERBO

> もっと勉強すればよかったのに。
> Motto benkyoo sureba yokatta noni.
> *¡Ojalá hubiera estudiado más!*

36.3	Las oraciones comparativas		Comparativas de igualdad
36.3.1	Las oraciones comparativas	Comparativas de igualdad	*–ONAJI KURAI*

> **A es TAN + adjetivo + COMO B**
> **A + verbo + TANTO COMO B**

> 加藤さんのアパートも石川さんのも同じくらい広いです。
> Katoo-san no apaato mo Ishikawa-san no mo onaji kurai hiroi desu.
> *El apartamento de Katoo-san es tan grande como el de Ishikawa-san.*

> **A *MO* B *MO ONAJI KURAI* + ADJETIVO / ADVERBIO**

> 水泳もテニスも同じくらい好きです。
> Suiei mo tenisu mo onaji kurai suki desu.
> *Me gusta tanto la natación como el tenis.*

> A：この本とあれとどちら（のほう）が面白いですか。
>   Kono hon to are to dochira (no hoo) ga omoshiroi desu ka.
>   *¿Qué libro es más interesante, éste o aquél?*
> B：どちらも同じくらい面白いです。
>   Dochira mo onaji kurai omoshiroi desu.
>   *Los dos igual.*

> ***DOCHIRA MO ONAJI KURAI* + ADJETIVO / ADVERBIO**

A ：この車とあれとどちら（のほう）が速く走りますか。

Kono kuruma to are to dochira (no hoo) ga hayaku hashirimasu ka.

¿Qué coche corre más rápido, éste o aquél?

B ：どちらも同じくらい速く走ります。

Dochira mo onaji kurai hayaku hashirimasu.

Corre tan rápido el uno como el otro.

B ：どちらも同じくらいです。

Dochira mo onaji kurai desu.

Los dos igual.

36.3.2	Las oraciones comparativas	Comparativas de igualdad	**–HODO**

A NO es TAN + adjetivo + COMO B

A + NO verbo + TANTO COMO B

A *WA* B *HODO* + ADJETIVO NEGATIVO / (ADVERBIO) + VERBO NEGATIVO

船は飛行機ほど速くないです。

Fune wa hikooki hodo hayakunai desu.

El barco no es tan rápido como el avión.

坂本さんは高橋さんほど速く話しません。

Sakamoto-san wa Takahashi-san hodo hayaku hanashimasen.

Sakamoto-san no habla tan rápido como Takahashi-san.

金本さんはスペイン語ができますが、前田さんほどできません。

Kanemoto-san wa supein-go ga dekimasu ga, Maeda-san hodo dekimasen.

Kanemoto-san habla español, pero no tanto como Maeda-san.

Véase otros usos de **HODO** en 4.16. LA PARTÍCULA **HODO**

36.4	Las oraciones comparativas	El superlativo

36.4.1	Las oraciones comparativas	El superlativo	**ICHIBAN / MOTTOMO**

El superlativo se aplica al grado máximo en que los adjetivos o adverbios expresan una cualidad determinada. En japonés se forma anteponiendo los adverbios **MOTTOMO** o **ICHIBAN** a adjetivos y adverbios.

> オレンジは私が一番好きな果物です。
> Orenji wa watashi ga ichiban suki-na kudamono desu.
> *La naranja es la fruta que más me gusta.*

36.4.2	Las oraciones comparativas	El superlativo	**Prefijo SAI–**

El prefijo **SAI–** también expresa forma superlativa:

SAI-KOO:	*el más alto, el máximo*
SAI-TEI:	*el más bajo, el peor*
SAI-RYOO:	*el mejor*
SAI-SHIN:	*el más moderno*
SAI-DAI:	*el más grande*
SAI-SHOO:	*el más pequeño*

Estos sustantivos desempeñan la función de complemento del nombre y, por lo tanto, se unen al nombre por la partícula **NO**.

> この製品は最新の技術で作られました。
> Kono seihin wa saishin no gijutsu de tsukuraremashita.
> *Este producto ha sido fabricado con la ingeniería más moderna.*

> 今度の試験でクラスで最低の成績を取りました。
> Kondo no shiken de kurasu de saitei no seiseki o torimashita.
> *En este examen he sacado la nota más baja de la clase.*

Algunos de estos sustantivos desempeñan la función de adverbios de tiempo: **saikin** = *últimamente*; **saisho** (**ni**) *en primer lugar*; **saigo** (**ni**) = *en el último lugar*, etc...

金本さんは最近結婚しました。
Kanemoto-san wa saikin kekkon shimashita.
Kanemoto-san se ha casado hace poco.

最初に野菜を炒めてください。
Saisho ni yasai o itamete kudasai.
Primero rehoga las verduras.

El ámbito o grupo al que pertenecen los objetos entre los que se extrae el superlativo irá marcado con la partícula **DE**. Detrás de la enumeración de objetos que comparamos (tres como mínimo) también irá **DE**. (Véase 4.8. LA PARTÍCULA DE.)

エベレストは世界で一番高い山です。
Everesuto wa sekai de ichiban takai yama desu.
El monte Everest es la montaña más alta del mundo.

ジョンさんはクラスで一番よく勉強する学生です。
Jon-san wa kurasu de ichiban yoku benkyoo suru gakusei desu.
John-san es el estudiante que más estudia de la clase.

富士山は日本で最もきれいな山です。
Fuji-san wa Nihon de mottomo kirei-na yama desu.
El monte Fuji es la montaña más bonita de Japón.

Para preguntar qué miembro de un determinado grupo posee el grado superlativo, se utiliza un pronombre interrogativo diferente según se trate de una persona, un animal, un lugar o una cosa.

36.4.3	Las oraciones comparativas	El superlativo	**Superlativo de personas**

A：吉田さんとマックスさんとジョンさんの中で誰が一番背が高いですか。

Yoshida-san to Makkusu-san to Jon-san no naka de, dare ga ichiban se ga takai desu ka.

¿Quién es más alto, Yoshida-san, Max-san o John-san?

B：マックスさんです。

Makkusu-san desu.

Max-san.

A：会社の中で誰が一番遅く家へ帰りますか。

Kaisha no naka de dare ga ichiban osoku uchi e kaerimasu ka.

¿De la empresa, quién es el que regresa más tarde a casa?

B：田中さんが一番遅く帰ります。

Tanaka-san ga ichiban osoku kaerimasu.

Tanaka-san es quien regresa más tarde.

36.4.4	Las oraciones comparativas	El superlativo	**Superlativo de animales y cosas**

(ÁMBITO / A *TO* B *TO* C) *NO NAKA DE, DORE GA ICHIBAN* + ADJETIVO / ADVERBIO + VERBO

A：自転車とオートバイと自動車の中でどれが一番速いですか。

Jitensha to ootobai to jidoosha no naka de, dore ga ichiban hayai desu ka.

¿Qué es más veloz, la bicicleta, la motocicleta o el coche?

B：自動車が一番速いです。

Jidoosha ga ichiban hayai desu.

El coche es el más rápido.

A：ペットの中で何が一番好きですか。

Petto no naka de, nani ga ichiban suki desu ka.

¿Qué animal de compañía te gusta más? / ¿Cuál es tu animal de compañía favorito?

B：猫が一番好きです。

Neko ga ichiban suki desu.

El gato es el que más me gusta.

36.4.5	Las oraciones comparativas	El superlativo	Superlativo de lugares

(ÁMBITO / A *TO* B *TO* C) *NO NAKA DE, DOKO GA ICHIBAN* + ADJETIVO / ADVERBIO + VERBO

A：東京と大阪と京都の中でどこが一番人口が多いですか。

Tookyoo to Oosaka to Kyooto no naka de doko ga ichiban jinkoo ga ooi desu ka.

¿Qué ciudad tiene mayor número de habitantes, Tokio, Osaka o Kyoto?

B：東京が一番人口が多いです。

Tookyoo ga ichiban jinkoo ga ooi desu.

Tokio es la que tiene mayor número de habitantes.